鉄道と愛国

鉄道と愛国

中国・アジア3万キロを列車で旅して考えた

吉岡桂子
Keiko Yoshioka

岩波書店

はじめに

毎日、開くフェイスブックがある。ウクライナ鉄道だ。

ロシアがウクライナを侵攻した二〇二二年二月二四日から読み始めた。戦火から鉄路を守り、避難する人たちを運ぶ。動員されて殉死した若い職員を悼む。国内の空港が全て閉鎖されているため、列車で首都キーウを目指す世界の首脳らを迎える。つかの間でも日常を取り戻そうと、あえてイースター(復活祭)を祝う。ロシアの暴挙は、戦時の鉄道の姿をあぶりだしている。

ロシアの線路の幅は一五二〇ミリ。旧ソ連の構成国だったウクライナも基本的に同じ幅だ。その先ポーランドからは欧州規格の一四三五ミリとなる。ウクライナでは一部に残る欧州と同じ幅の鉄路を復旧し、ポーランドに向けて直通列車を運行しようとしている。欧州の鉄路は国境を越えて広がる。線路の幅は勢力圏の象徴である。

鉄道は、国家と個人、政治と経済、歴史と現在が交差し、越境しあう場所だ。

海を渡る新幹線を追いかけて、三〇年近くになる。

きっかけは、朝日新聞経済部の記者として一九九五年から約二年間、運輸省(現国土交通省)を担当したことだ。中国政府が北京―上海に初めて高速鉄道を敷く構想を打ち出し、日本政府は新幹線を売り込もうと必死になっていた。「日中友好」の象徴とされ、ＯＤＡ（政府の途上国援助）で支援する前提だった。

その後、私は特派員として北京と上海に通算八年ほど駐在し、高速鉄道商戦を取材することになった。中国政府は日本とドイツ、フランスを巧みに競わせた。日欧とも翻弄された。結果的に東北新幹線はやて、独ＩＣＥ、仏ＴＧＶをベースとする車両がすべて中国へ渡った。外国の技術を導入してカエル跳びで一気に進化させるやり方は、中国の産業政策の典型だ。死亡事故を起こしても、トライ・アンド・エラーの一幕として忘れられていく。わずか数年で日本の新幹線網を上回る距離を運行し始め、ほんとうに驚いた。

二〇二〇年秋までの三年半はバンコクを拠点にし、習近平政権が進める対外戦略「一帯一路」の沿線二〇か国以上を訪ねた。中国の影響力を探るためだ。ちょうどアジア各地で高速鉄道構想が浮上し、日本と中国が受注をめぐって激しくぶつかりあっていた。アジアの国々は日中を両天秤にかけた。かつて日欧を手玉にとった中国のように。

正直言うと、これほど早く、中国の高速鉄道が新幹線のライバルとして国際市場に現れるとは思っていなかった。日本のかけ声は、かつての「独仏に負けるな」から「中国に負けるな」に転じた。だが、変わらなかったものがある。ビジネスの最前線にいる企業の人たち以上に政治家や官僚、そして世論が熱くなることだ。同じく巨額の資金がうごめく国家プロジェクトでも、ダムや橋とは違う。新幹線には日本社会の「熱」が宿る。私が「海を渡る新幹線」にこだわり続けている理由の一つだ。

新幹線の源流は、戦前の「弾丸列車」にある。日本国内だけでなく、大日本帝国として侵略した朝鮮半島や中国を抜けて、欧州や東南アジアまで延ばす構想もあった。第二次世界大戦の敗戦で国外は途絶えたが、国内では東京―下関の計画が時を置かずして甦る。外資導入を前提に政財界の一部が動いた。国鉄には技術者が残っていた。ただ、朝日新聞社説が「『弾丸列車』案に反対す」「新線建設より復旧第一」(一九四六年九月三日朝刊一面)と書いたように、戦火の爪痕は深く、それどころではなかった。

戦前と地続きにあった「夢の超特急」が新幹線となって開業したのは、一九六四年一〇月、東京五輪が開かれた秋のこと。東京―新大阪を最高時速二〇〇キロ超で走り、約四時間で結んだ。営業速度は世界一。国鉄総裁石田礼助は「新幹線は、全世界の鉄道の新時代を告げるもの」と語っている。敗戦から二〇年足らず。「安かろう悪かろう」と皮肉られながら欧米に割安の日本製品の輸出攻勢をかけていた時代だ。列強の一角を占めたにもかかわらず敗戦で砕けた日本人のプライドを、新幹線は埋める存在にもなっただろう。

そして、新幹線開業の四年後。日本は西ドイツ(現ドイツ)を抜いて「世界第二位の経済大国」に駆け上る。0系と呼ばれる団子鼻で白地に青いラインが映える初代ひかりは、当時を知る世代にとって「上げ潮」日本の記憶を呼び起こす記号である。

中国が高速鉄道を本格的に開業させたのは、北京五輪が開かれた二〇〇八年八月。北京―天津を最高時速三五〇キロで走った。営業速度として世界最速を記録した。日本では「ぱくり新幹線」と揶揄《やゆ》されながらも、中国はあっというまに路線網を広げていく。北京—上海が開業した前年の一〇年には、中国は経済規模でも日本を追い抜く。「世界第二の経済大国」は入れ替わった。日本と中国は高速鉄道の受注で競い合う存在だ。

新幹線を通じて日中関係をたどると、時代とともに移りゆく双方の姿が浮かび上がる。鉄道が敷設された近代以降の歴史を縦軸に、地理的な広がりを横軸にして考えれば、日本と中国、台湾、アジアとの関係が縦横無尽に浮かび上がるのではないか。

そう考えて、列車に乗り、人に会った。

この本は、二つの部分から構成される。

第一部「海を渡る新幹線」は、中国が高速鉄道の建設を計画してから、日欧の技術を吸収して世界最長の路線網を実現し、輸出にも乗り出すようになっていく動きを追う。新幹線を持つ日本は、もう一方の主役として登場する。対象となるのは、鄧小平の指揮のもと改革開放政策に本格的に踏み出した一九九〇年代から、習政権下で膨張主義を隠さなくなった二〇二〇年代までだ。経済を軸とした全球化《グローバリゼーション》が、米中対立を背景に変貌していく。

第二部「大東亜縦貫鉄道から一帯一路」は、中国、香港、台湾、韓国、東南アジア、インド、ハンガリーなど各地を訪ねたルポが中心となる。「一帯一路」の誕生から攻勢、そして中国内外で壁にぶつかる様子を体感した。

常に気にかけていたことがある。

主語は誰なのか。

高速に限らず鉄道を新設する計画を持つのは、主に新興・途上国だ。彼らは政治や外交、ビジネスの打算を働かせて、造らせる相手を選んでいる。日本や中国の動きのみに目を奪われがちだが、鉄道を走らせる国の主体性を見逃してはならない。なぜ日本を選んだのか。なぜ中国なのか。なぜ建設は遅れるのか……。その過程を具体的に追いかけると、日本と中国に対する視線のありように気づく。そこから、日本への期待も見えてくる。あわせて、米中対立が激化するなかで、なぜ彼らの多くは片側にはっきりとつかないのか。鉄道以外の行動様式の背景にあるものが見えてくる。

中国やバンコクに駐在していた時、休みの日はもちろんのこと、出張の移動を飛行機から列車に切り替えようと時刻表と格闘した。列車が好きなことに加えて、もう一つ理由がある。

飛行機は点から点への移動になる。途中は雲しか見えない。列車は、それぞれの地を踏みしめて走る。政治学者で、鉄道を通じて社会を分析する「鉄学者」を自称する原武史は著書『「線」の思考 鉄道と宗教と天皇と』でこう書く。「「点」と「点」を結ぶことで「線」が成立する。「線」は「点」と同様、空間が限定されながら、一つの地点を越える広がりを持つという意味では、「面」とも共通する」。線は、鉄道を意味する。私は、原が言う「線」を自分の足で「面」へと広げたかった。日中関係というテーマを携えて各地の鉄道を乗り歩いた。日本について、中国について、越境を繰り返して問いかけながら、線を面に広げて理解する試みを続けた。

中国や東南アジアにとどまらず、シルクロード沿線のウズベキスタン、サウジアラビアやイスラエルなど中東、ドイツやフランスなど欧州、米国、ロシアと、その距離は三〇年あまりで三万キロを数えた。繰り返し乗った路線も一回分だけ数えているので、実際に乗った距離ははるかに長い。

鉄道は、そこに暮らす人々とともにある。だからこそ、列車の旅は楽しい。この本を読みながら、三万キロの旅の道連れになってくださると、とてもうれしい。

なお、本文中では敬称を略した。肩書は基本的に取材当時のものを用いた。出典を明記していない発言は、筆者のインタビューによる。為替レートは、注記がある場合以外は二〇二三年五月時点のものです。

目 次

はじめに
地図 中国の主な高速鉄道路線図
地図 「中欧班列」の主なルート

第一部 海を渡る新幹線 …… 1

序 幻の新幹線輸出計画 3
1 友好の象徴 打算と贖罪 8
2 鉄輪VSリニア 紆余曲折 20
3 砕けた友好の呪文 政冷経熱 29
4 中国高鉄大躍進と急減速 43
5 そして、あの事故 暗転 57

6 国威を乗せたライバル 71
7 赤い超特急「復興号」と鉄のラクダ 79
コラム 麗しき記憶 初の輸出は台湾 94

第二部 大東亜縦貫鉄道と一帯一路 …… 101

序 歴史の貯蔵庫、瀋陽鉄路陳列館で「あじあ」号に出会う 103
1 三本のレールに歴史あり 中越を結ぶ寝台列車 112
2 ラオスの夢か、中国の罠か 「陸鎖国」に乗り込む鉄道 125
3 マイペースなタイ マイペンライな新幹線 146
4 「マラッカジレンマ」がせきたてるマレーの鉄路 161
コラム 泰緬鉄道の「歴史戦」 176
5 バンドン・ショックの示唆 インドネシア 182
コラム 日本人が愛する中古車両 193
6 「赤いはやぶさ」発車ベルはいつ? インド 200
7 「契約一〇年機密」の鉄道 ハンガリー 215
コラム 中国で消えた時刻表が日本で生き続けるわけ 229

8　「ひかり」「のぞみ」が走った鉄路で　韓国　235
9　デモ隊と歩いたトラムの道　香港　256
注　271
年表　日本と中国・アジアの高速鉄道をめぐる動き　285
おわりに　289

［写真提供］9頁、58頁および95頁の写真は朝日新聞社の提供による。
それ以外の写真はすべて筆者撮影。
［地図製作］鳥元真生

中国の主な高速鉄道路線図
(2022年末時点、中国の鉄道専門ウェブメディア『鉄道視界』を参考に作成)
時速300キロ以上
時速200キロ以上
ウランバートル
チチハル
ジャムス
綏化
ハルビン
珠斯花
牡丹江
長春
シリンホト
エレン
通遼
四平
延吉西
赤峰
瀋陽
フフホト
張家口
承徳
錦州
包頭
北朝鮮
大同
北京
山海関
丹東
天津
大連
銀川
石家荘
太原
煙台
邯鄲
済南
韓国
青島
庄寨
徐州
連雲港
日本
宝鶏
西安
鄭州
阜陽
南京
襄陽
合肥
上海
万州
武昌
杭州
九江
重慶
南昌
長沙
上饒
懐化
温州
衡陽
貴陽
福州
贛州
桂林
韶関
柳州
厦門
百色
広州
汕頭
南寧
香港
憑祥
北海
湛江
海口
ベトナム
三亜

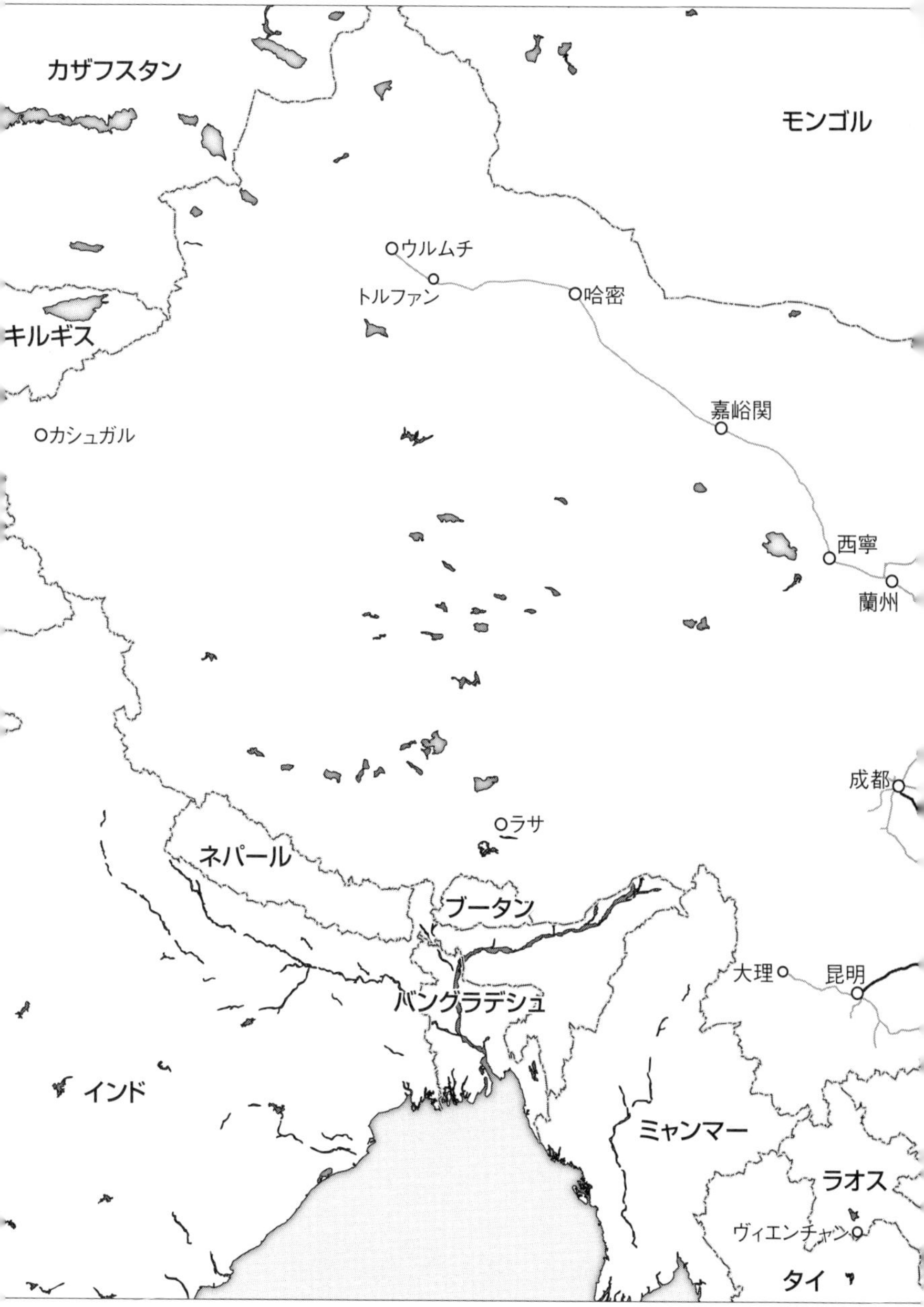

カザフスタン
モンゴル
ウルムチ
トルファン
哈密
キルギス
カシュガル
嘉峪関
西寧
蘭州
成都
ラサ
ネパール
ブータン
大理
昆明
バングラデシュ
インド
ミャンマー
ラオス
ヴィエンチャン
タイ

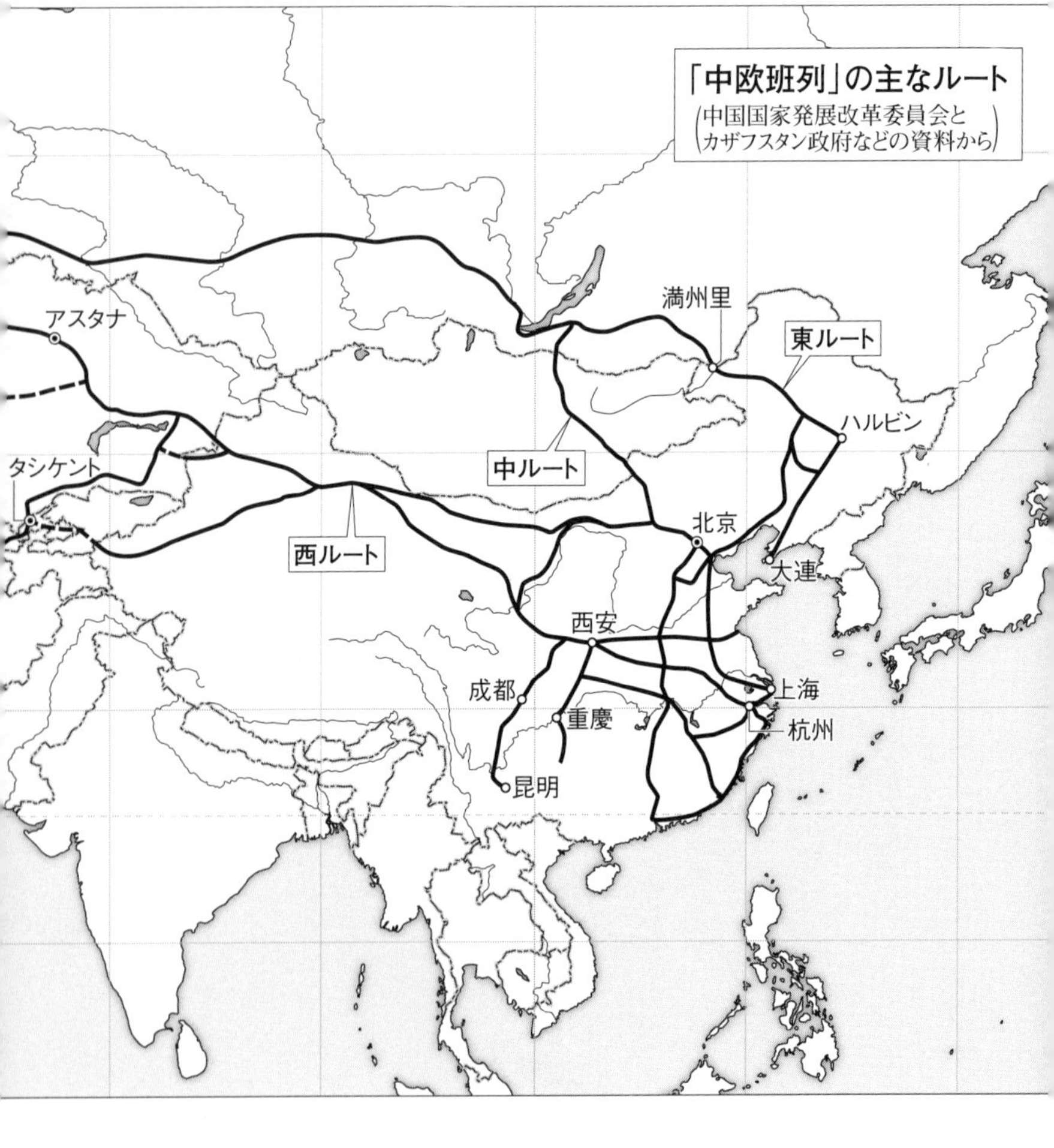
「中欧班列」の主なルート
(中国国家発展改革委員会とカザフスタン政府などの資料から)
満州里
東ルート
アスタナ
ハルビン
中ルート
タシケント
北京
西ルート
大連
西安
成都
上海
重慶
杭州
昆明

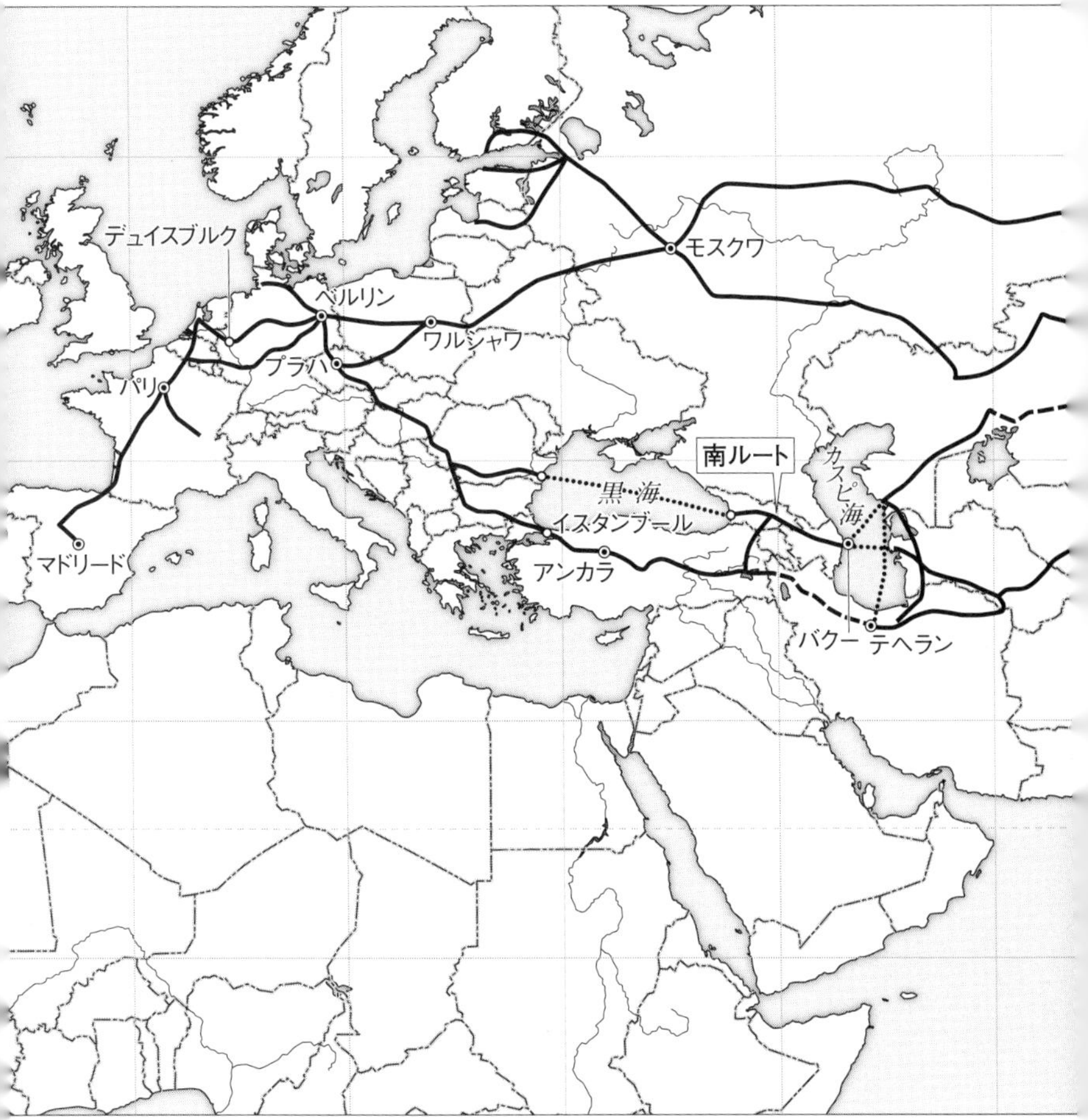

デュイスブルク
ベルリン
モスクワ
ワルシャワ
プラハ
パリ
マドリード
南ルート
黒海
カスピ海
イスタンブール
アンカラ
バクー
テヘラン

第一部

海を渡る新幹線

序　幻の新幹線輸出計画

高速鉄道をめぐる日本と中国の物語。まずは、この話から始めたい。

日本の新幹線が中国東北部を走る構想があった。渤海湾《ぼっかいわん》に面した港町大連からロシア国境に近い厳寒の地ハルビンまで、約九二〇キロ。日本が一九三二年に建国した「満州国」で、植民地経営を支えた南満州鉄道(満鉄)の路線と重なる。花形特急あじあが駆けたルートだった。

あじあは、日本の鉄道技術の粋を集めて開発され、最高時速は一〇〇キロを超えた。当時の日本国内の列車よりも速かった。東京五輪にあわせて一九六四年に開業した新幹線のルーツだ。

二〇〇六年一一月のこと。一九九〇年代から始まった中国の高速鉄道商戦が終盤を迎えていた。

「ハルビンから大連まで日本に任せたい。寒冷地でもあり、高度な技術が必要だ。軌道、信号、車両まで一式を新幹線方式でお願いしたい」

天安門広場の西、中国共産党中央軍事委員会にも近い鉄道省の会議室。技術部門の実力者、運輸局長の張曙光は、日本大使館の公使だった西宮伸一に切り出した。

同席していた一等書記官（運輸担当）伊地知英己の証言である。あじあが走った路線を数十年の時を経て、日本の新幹線が走る。彼は思わず、息を飲んだ。時空を超えて歴史的な現場に立ち合っている気がした。

「いいじゃないか」

駐中国日本大使の宮本雄二は乗り気だった。

北京の日本大使館から東京の外務省に向けて公電がうたれた。

意見は割れた。国土交通省を含めて日本政府内には、宮本同様に悪くない案だと受け止める意見もあった。ただ、日本企業は消極的だった。

この路線の南端の大連は北緯約四〇度。岩手県と同じぐらいだ。ハルビンは約四五度。北海道の稚内周辺にあたり、冬には零下四〇度にもなる。「ここまで厳寒の地を新幹線は走ったことがない。輸出するからには日本で経験を積み上げ、完全に対応できる自信がある場所であるべきだ」。技術者は尻込みした。

さらに、プライドもあった。

「やるなら幹線だ。北の端はやりたくない」

首都北京と商都上海を結ぶ約一三〇〇キロ。日本で言えば東海道新幹線に例えられる最大の幹線をめぐって、日本は政・官・財こぞって、九〇年代初めから売り込みをかけてきた。中国政府が高速鉄道計画を拡大するにつれて、広州—武漢も対象になった。その本命から外し、「端っこ」を割り当てようとする提案にも見えた。信頼を壊すものだと反発する意見もあった。

政治的なリスクを嫌う声もあった。

「満鉄と重なる路線に新幹線を走らせるなんて、鉄道省はやる気でも、途中で中国の反日世論を浴びて頓挫しかねない」

商売としても疑問符がついた。

「日本に全部任せるというのは本気か。高速鉄道の運賃は在来線より高い。富裕層が多い北京―上海、広州ならともかく、東北部で成り立つのか。技術だけ渡して終わるのではないか」

とにかく、二の足を踏む材料はやまほどあったのだ。


張は粘る。翌〇七年二月、来日し、国土交通省や日本企業の幹部らと会う。大連―ハルビンについて改めて「新幹線」の全面的な協力を求めた。

だが、日本側は結局、断った。

交渉に立ち合った元書記官の伊地知は振り返る。「もし、あの時に引き受けていたら……。今となっては歴史のひとこまになってしまいました」


中国は国交正常化前から新幹線技術に関心を寄せてきた。

「中国、新幹線も打診　技術導入」

「復交(国交正常化)前提に国鉄も意欲」

一九七二年一月一六日、朝日新聞朝刊一面の見出しだ。(1)

日本と中国が国交を正常化する八か月前。中国は早くも新幹線の技術に照準を合わせていた。パイプ役の一人は、元国鉄総裁の十河《そごう》信二だ。東京五輪が開かれた六四年に開業した東海道新幹線（東京―新大阪）の実現に尽力し、「新幹線の父」と呼ばれる。

日本が設立した満鉄で戦中、理事を務めた。戦後も中国の鉄道関係者らと親交があった。日中友好の象徴として新幹線に期待を寄せ、朝日新聞の取材にこうコメントしている。

「この話はいずれ実現する日がくると思う。問題はわが国の政治姿勢だが、あわてず気長に取り組んでもらいたい、と国鉄当局にいってある。中国はもともと、鉄道について熱心な国で、最近も私の訪中を希望する書簡をたびたびよこしている」

中国の鉄道は当時、電化された区間すらごく一部。新幹線技術の導入の対象とされた北京―広州（約二三〇〇キロ）は在来線で丸二日かかっていた。現実的とは思えない前のめりな打診は、日本の新幹線がそれほど輝いていた証しとも言える。

鉄道に詳しく「鉄学者」を自称する政治学者、原武史は言う。「新幹線の開発には十河氏や技師長だった島秀雄氏をはじめ、戦前の満鉄や国鉄、鉄道省の関係者が多く携わっている。戦争には敗れても日本の技術は負けてなんかいないと考える、日本社会の期待やナショナリズムを背負った存在でもありました」

ひかりは戦中、日本が植民地にした朝鮮半島の釜山から旧満州のロシア国境に近いハルビンまで走っていた急行と同じ名前だ。

新幹線の名前としては公募で選ばれたとはいえ、戦後二〇年足らず。日本がアジアを主導する「大東亜共栄圏」の構想を、思い出す人もいただろう。

新幹線は、日本と中国の歴史の交差点にある。

日本や欧州から技術を導入して整備した中国の高速鉄道を今、復興号が駆ける。習近平政権の政治スローガン「中華民族の偉大なる復興」から名付けられた。最高時速三五〇キロ。営業距離は四万二〇〇〇キロ(二〇二二年末)に及び、地球一周分より長い(2)。日本の新幹線の一〇倍以上の距離を数える。

香港やロシア国境に近い佳木斯《ジャムス》、北朝鮮国境の丹東まで達し、台湾海峡に臨む平潭《ピンタン》島(福建省)には橋を架けて乗り入れた。三五年には七万キロまで延ばす計画だ。海底トンネルを掘って台湾までつなぐ構想まである(3)。台湾側は全くとりあっていないが、「統一」の象徴として中国内の愛国主義をあおる。

大日本帝国時代の日本がもくろんだ大東亜縦貫鉄道は、日本からアジアや欧州まで鉄路で結ぶ計画だった。

二一世紀の覇権を米国に挑む習政権は、対外戦略「一帯一路」に沿って中国から西へ南へと列車でつなごうとしている。

新幹線に「日中友好」を期待した時代は遠い昔の車窓に消えた。新幹線の対中輸出は、複雑な二国間関係に翻弄されながら進んだ。日中はいま、車両の輸出で激しくぶつかりあう。

どこで軌道は変わったのか。どこへ向かうのか。

新幹線が映す日中半世紀の旅へ出かけよう。

Ⅰ　友好の象徴　打算と贖罪

鄧小平、新幹線に乗る

中国で新幹線を語るとき、欠かせない人物がいる。改革開放の総設計師と呼ばれる鄧小平だ。一九七八年一〇月。副首相だった鄧が来日し、夫人の卓琳とともに新幹線に乗った。ひかり八一号で東京から京都へと向かう。団子鼻に青いライン、０系の時代だ。

日中国交正常化から六年。中国社会を大混乱に陥れた政治闘争「文化大革命」が、発動者だった毛沢東の死をきっかけに幕を下ろして一年が過ぎていた。中国はイデオロギーよりも経済成長による富の力で国を束ねる方向へかじを切りつつあった。

鄧は副首相といえども事実上の最高実力者として、政治の実権を握っていた。

乗車の感想を問われた鄧は、改革開放の気概を込めて、こう答えている(1)。

「速い。後ろからムチで打たれて追いかけられているような感じだ。今の私たちにはぴったりだ」

「近代化は何かとわかったよ」

「中国にもこんな速度が必要だ」

中国では二一世紀になってもなお、鄧の生涯を振り返るドラマ『歴史転換期における鄧小平』（国営メディア中国中央テレビ（ＣＣＴＶ））などで、繰り返し取り上げられている場面だ。人々の記憶には、鄧夫妻が新幹線に乗る姿が伝説のように刻まれている。来日時に見学した新日鉄（現日本製鉄）や日産自動車の工場とともに、新幹線もまた、日本の先進技術の象徴としてとらえられた。

鄧が日本から戻って約一か月後。中国共産党第一一期三中全会で改革開放路線が正式に決まった。日本にとって戦後の復興の象徴だった新幹線は、経済発展を目指す中国にとって政治的な宣伝の舞台装置となった。

中国の経済規模は当時、日本のわずか四分の一。日本からの技術と資金を渇望していた。

来日した中国副首相鄧小平は東海道新幹線に乗った．右は通訳＝1978 年 10 月 26 日

政府援助も鉄道から

「中国の近代化にできる限り協力していきたい」

鄧の来日から約一年後の七九年一二月、首相の大平正芳が訪中する。中国政府に対して初めて政府の途上国援助（ＯＤＡ）の供与を約束した。六つの案件のうち、三つが鉄道にかかわるものだった。[2] 石炭を日本などに向けて輸出するための貨物輸送の拡充を主な狙いとした。その後も各地の電化、北京の地下鉄、重慶のモノレールなどの整備から専門家による技術指導まで、鉄道は対中ODAの重要な一角を占めた。

伏線があった。

七四年一一月。国鉄技師長瀧山養《まもる》を団長とする鉄道関係者が二〇日間にわたって訪中した。国交正常化後、国鉄技術陣のトップとして初めて中国から招かれた訪問団だった。

見学した車両などには毛沢東精神をたたえる滅私奉公のスローガンが貼られていた。国家指導層が愛用していた高級車「紅旗」に乗り、「国賓待遇で熱烈歓迎を受けた」「戦後中国への技術協力のさきがけとなった」。瀧山は著書『遥かなる鉄路を歩みて——ある鉄道マンの激動の軌跡』に、そう書く(3)。

国鉄総裁の高木文雄も七八年七月、訪中。「日中鉄道技術協力計画書」の締結に合意する(4)。

日本大使館の一等書記官(運輸担当)として立ち会った土井勝二は振り返る。「中国はソ連からの技術援助を、路線対立から突如打ち切られた苦い経験から、「外国の援助を一切受けない」と警戒していました。それでも、瀧山氏ら国鉄幹部陣は中国の支援に情熱を燃やし、協力を軌道にのせた」

敗戦後も中国で人民解放軍や鉄路局に「留用(ほぼ強制的に留め置かれて働かされること)」として残り、鉄路の復旧や建設を担った日本人技術者の縁もある。終戦から四半世紀。ビジネスへの期待だけではなく、過去の侵略に贖罪意識を持つ経済人も多くいた。満鉄の流れをくむ中国の鉄道への郷愁もあった。

八九年六月、民主化を求めて街に出た人々を人民解放軍が戦車で弾圧した「天安門事件」が起きる。欧米諸国が中国へ経済制裁に踏み出し、日本のODAは一時、見合わされた。しかし、ほどなく復活する。事件時に日本大使館の書記官だった元駐タイ日本大使の佐藤重和は言う。「隣国日本にとっては、混乱する中国よりも豊かで安定した中国の方が国益に合致する。経済界だけでなく、政治家や政府も、そう考えていました」

北京―上海高速鉄道商戦の幕開け

鉄道協力の対象に在来線だけでなく、高速鉄道が加わったのは一九九〇年代からだ。

中国鉄道省は九〇年、外国の先進的な経験を基礎に国内情勢に合わせて高速鉄道の技術を開発する必要性を、国務院(政府)に対して報告した。(5) 一〇年内に時速二〇〇キロ以上の列車を走らせることを目標にした。高速鉄道の新線を建設し、旅客の輸送をできるだけ移す方針だった。在来線に余裕を持たせて、経済成長を支える石炭など資源や食糧を大量に運ぶ貨物列車を増便したいと考えた。

ソ連崩壊の翌年の九二年。鄧は広東省など南部を訪ねて改革開放の加速を指示する。いわゆる「南巡講話」は、高速鉄道の開発にとっても号砲となった。

念頭に置かれたのは、北京―上海間だ。

総延長一三〇〇キロを最高時速三五〇キロで結ぶ。運行時間は一四時間から五時間以下に短縮される見通しだった。総事業費は一〇〇〇億元、日本円に換算して数兆円に上る規模と想定されていた。この区間は平地が多く、トンネルを造る必要がほとんどない。中国政府内では九五年に着工し、二〇〇〇年までに開業するという気の早い目標も語られた。(6)(7)

巨大市場のうごめきを、欧州勢が見逃すはずがない。

北京に駐在経験がある土井が、運輸(現国土交通)審議官として新幹線の売り込みの前線にいた。「シラク大統領がフランス企業を連れて韓国や中国を訪問し、先頭に立って鉄道や原発、ダムなどの大型プロジェクトに売り込みをかけていた。日本も官民あげた対応が必要だと考えました」

「新幹線システムの採用を」――。トヨタ自動車会長の豊田章一郎は一九九四年九月、日中経済協会訪中団の最高顧問として北京を訪問し、首相の李鵬に対してアピールした。(8) 自民党、社会(現社民)党、新党さきがけの連立政権下で、首相を務めた村山富市(社会党)も九五年五月に訪中した際、李に対して技術協力をはっきりと表明した。

「高速鉄道計画にわが国の技術と経験をいかせば、(日中の)協力のシンボルになる」(9)

おりしも戦後五〇年。

「植民地支配と侵略によって、多くの国々、とりわけアジア諸国の人々に対して多大な損害と苦痛を与えました」

「あらためて痛切な反省の意を表し、心からのお詫びの気持ちを表明いたします」

その夏に発表された、いわゆる「村山談話」には戦争に対する反省とおわびが率直に書き込まれている。(10)

経済界のリーダーたちも、中国との戦争を知る世代だ。贖罪意識を持つ人もいれば、かつて支配した大陸に新幹線を走らせる野心を燃やす人もいた。土井は言う。「国鉄の技術陣には日本の新幹線は世界一優れているという自負があった。アジアの鉄道大国である中国で、欧州勢には負けたくないという気持ちは強かったと思います」

新幹線の輸出は、日本からの援助として円借款を投じ、日本企業が技術協力する前提で進んだ。国際協力機構（ＪＩＣＡ）によると、一九七九年から二〇〇七年を通じて、日本にとって中国はインドネシアに次ぐＯＤＡの供与先だった。中国から見ればこの時期、日本からの援助が最大の比率を占めた。

日本は円借款をテコにアクセルを踏みこむ。技術者が赴いて、北京や上海で高速鉄道セミナーを開いた。国鉄最後の技師長だった岡田宏が熱心に日本の技術の優位性を説いて歩いた。[11]岡田は、新幹線の建設などを担う日本鉄道建設公団（現鉄道建設・運輸施設整備支援機構）の総裁も務めた人物だ。国交正常化以降の鉄道協力を通じて、中国の技術者から慕われていた。「大都市が連なる中国は、野原を突っ走る欧州の機関車方式よりも、通勤電車を速くしたような日本の新幹線がふさわしい」

機関車方式とは、先頭車両にモーターをつけて客車を引っ張る方式で、動力集中型と呼ばれる。フランスのＴＧＶが代表格だ。これに対して、新幹線は複数の車両にモーターを配置し、動力分散型と呼ばれた。岡田らは新幹線方式の方が、「発進や停止に機敏に対応できる」と強調した。

九五年四月、「北京―上海高速鉄道計画協力推進委員会」が発足する。ＪＲグループ各社や日本鉄道車両輸出組合（現日本鉄道システム輸出組合）、日本政府から運輸省、外務省らが顔をそろえた。中国から鉄道関係者を招いて、信号や土木など技術を研修した。

九六年四月、受注に向けて「北京―上海高速鉄道計画日本連合」（二〇〇〇年に中国高速鉄道日本連合に改名）が結成される。代表幹事は川崎重工業、三菱商事が務めた。川崎重工社長大庭浩を団長としたミッションを皮切りに、車両や信号メーカー、商社など日本企業が連携し、売り込みにあたった。

私は九五年春から二年近く、朝日新聞経済部の記者として運輸省を担当していた。北京―上海の商戦が熱を帯びてきたころだ。

「ドイツやフランスに負けるわけにはいかないのです。オールジャパンでね、日本は総力をあげて中国の大陸に新幹線を走らせる」

運輸次官の豊田実が夜回り取材で訪ねた自宅で、そう話していた。「新幹線は日本の誇る技術。日中友好のシンボルにもなる」。鉄道が好きで運輸省に入ったと言うほどの鉄道ファンだった。

日本はインフラ商戦で黒星が続いていた。

九三年八月、韓国の高速鉄道はフランス・アルストムがさらっていった。[12]「目と鼻の先の韓国で日本が負けるようなことは何としても避けたい[13]」。国鉄総裁高木文雄がかつて、そう語った路線だったにもかかわらず。日本が提示した価格が割高だっただけではない。韓国が新幹線の技術を導入して国産化した車両を輸出することについて、日本側が難色を示したことも嫌がられた。植民地化をめぐる歴史問題が影響したとの指摘もあった。

九七年八月、中国の三峡ダムをめぐる国際入札でも日本勢は敗退する。[14]このダムは、総事業費が日本円に換算して四兆円を超える巨大プロジェクトで、欧州、カナダ勢と競っていた。日本企業は発電機一四基の国際入札で一基も獲れなかった。惨敗だった。

台湾の高速鉄道商戦でも劣勢だった。日本が植民地支配した時代に鉄道の基礎を整備した地でも、国際ビジネスに慣れた欧州企業は手強い相手だった。

北京―上海新幹線では、前のめりにならざるをえなかったのだ。

この年の一一月、来日した首相の李鵬には小田原―名古屋間で新しい車両、７００系に乗ってもらった。

歴代首相の靖国神社の参拝や教科書における戦争にかかわる記述の仕方など歴史をめぐる問題で、日本と中国との間は常に緊張感が漂っていた。ただ、「円借款を使って、日本の新幹線を買ってもらう。日本企業は潤う。技術は中国に教えてあげる」(次官の豊田)という姿勢を疑う声は、ほとんど聞かれなかった。経済規模や技術力で、日本は中国に対して圧倒的な優位にあると認識していたからだ。

小渕首相の「親書」

一九九八年四月一六日。元首相の竹下登は、北京の人民大会堂にいた。首相を退いてからもたびたび訪中し、中国との間に太いパイプを持っていた。ＪＲグループや官民でつくる「日中鉄道友好推進協議会」の名誉会長として、日中の鉄道交流の協定書の調印に立ち合った。日本経済団体連合会(経団連)名誉会長の平岩外四がかたわらにいた。のちに中国への新幹線輸出で反対意見の急先鋒となるＪＲ東海社長の葛西敬之の姿もあった。まさにオールジャパンだった。

交流といっても、日本の技術を中国に売り込むために、日本が車両や安全運行にかかわる技術研修などを引き受ける内容である。

一行は、中国の要人が執務する中南海も訪ねた。首相の朱鎔基に会うためだ。運輸次官として立ち合った黒野匡彦は振り返る。「日本の技術を売るな、という声よりも、日本は受注を逃すな、という声のほうが永田町を含めて世論としては強かった。そちらのプレッシャーを感じていました」

その半年後、一一月には国家主席の江沢民が来日する。東京から仙台まで東北新幹線に乗った。この来日について多くの日本人が記憶するのは、江が天皇、皇后両陛下が主催する晩餐会で「過去の侵略の歴史」に対する「反省」を求めたことだろう。日本では世論の強い反発があった。その影に隠れて忘れ去られた出来事として、新幹線のトップセールスがある。

「二一世紀の友好のシンボルにしたい」

首相の小渕恵三は江との会談で、北京―上海高速鉄道に対して新幹線を強く推した。さらに、「中国高速鉄道計画に対する日本の協力」について親書を渡したのだ[15]。運輸省の元幹部によると、高速鉄道用の車両や信号などの技術や新幹線の運行に関するノウハウなどを積極的に移転し、資金についても円借款などで支援するという内容だった。

翌年の訪中で小渕は、念を押す。

「最新技術を全面的に移転するとともに、資金面での協力を検討していく考え」

「合弁会社の設立、技術提携等により中国に最も適した世界最高の高速鉄道システムを共同開発したい」

九九年七月。小渕の訪中にあたって、日本政府が作成した発言要領の一部だ。極秘・無期限と記されている。当時の政府関係者から入手したものだ[16]。

小渕に続いて、自民党の山崎拓、野中広務らが訪中し、たたみかけるように売り込みをかけた。とりわけ、小渕内閣で官房長官を務めた野中は、江の側近で九人いる指導層の一人だった曽慶紅と親しい関係にあった。「南京大虐殺事件があった江蘇省南京周辺など、一部試験線はODAを活用して無償援助でやってはどうか」。野中からそう、持ちかけられた日本政府幹部もいる。

歴史問題をめぐる対立があっても、政治家の往来は途絶えなかった。中国の世界貿易機関（WTO）加盟にあたって、日本が中国との二国間交渉で合意したのも、このころだ。米国より早い決断だった。中国の経済成長が、日本のビジネスにも有利に働くととらえられていた。

日本の経済規模はまだ、中国の四倍以上あった。技術の優位性に強い自信があった。

この時期、政・官・財をあげた新幹線セールスを支えた人物がいる。日本財団会長の笹川陽平である。運輸次官だった豊田からの要請を受けて、朱鎔基や上海市トップの黄菊にも働きかけた(17)。九七年に「日中鉄道友好推進協議会」を発足させ、九八年に竹下らの訪中を実現させた立役者だ。

「中国政府高官からフランスの大統領シラクは椅子に座る間のないぐらい熱心にTGVや原発をトップセールスしているよ、日本も必要だよと言われたのです。私自身は新幹線のセールスマンになったようでした」。笹川は振り返る。「日本は鉄道に限らず幅広い分野への援助で、中国の近代化に尽くした。その貢献は中国の人々に知られていなかったのです。日中友好には、新幹線のようなシンボリックなものが必要と考えました。我々の熱意と政官財オールジャパンの姿勢は竹下元首相らとの訪中もらった。

を経てようやく伝わったと思います」

協議会の活動に七億円超の資金を投じた。中国の技術者を数百人規模で日本に招いて研修を受けてもらった。

日本人技術者の銅像？

山東省青島市。一九世紀末にドイツが建設した港湾都市である。ナチス・ドイツ時代、国鉄総裁を務めたユリウス・ドルプミュラーも若き日にドイツの租界地で技術者として滞在していた(18)。その後、一九四五年の敗戦まで、日本が計一五年超にわたって支配した。

ここに、世界最大の鉄道車両メーカーで中国国有企業の中国中車(CRRC)の中核工場がある。「青島四方機車車両」だ。高速車両、地下鉄、トラムやモノレールの生産からリニアモーターカーの開発まで幅広く手がける。ドイツが先導した鉄道にかかわる製品を生産した工場が起源で、戦中は日本が占有した。一〇〇年あまりの歴史を持つ。

戦後は川崎重工業が八〇年代から長年にわたって協力した。

「阪口先生のことは永遠に忘れられない」

四方車両で語り継がれている日本人がいる。

阪口章。川崎重工業の技術者で元兵庫工場長だ。八〇年代に青島に駐在して技術指導にあたった。ホテルもなかった時代、工場の質素な宿泊施設に寝泊まりしていた。『日中鉄道友好推進協議会――15年のあゆみ』にこんな記述がある。

衆議院議員の赤澤亮正（自民党、鳥取県二区）が二〇〇四年、国土交通省官房総務課企画官（国際政策担当）として青島を訪ねたときのことだ。社長張軍が涙ながらに食事会で思い出を語った。

「二〇年前（八〇年代を指す）の青島は今日のような繁盛振りはなく、寂しい軍港だった。当時の四方車両は規模が小さく実力もない、みすぼらしい会社だった。会社を率いる者としては心細く感じただけではなく、劣等感さえあった。そのような状況下で、川崎重工は私たちを見下すことなく、協定書に署名し協力を約束してくれた」

「（阪口さんは）昨年ガンで亡くなられたが、その訃報を聞いて私は二日間泣き続けた。当時の四方車両の様子を目の前にして「かつての日本も同じ状況にあった」という言葉がいったい私たちにどれだけの勇気と自信を与えてくれたことだろう」

「日本の新幹線技術を中国に導入すると坂口さんと約束した」

工場の敷地には、坂口さんが固辞したにもかかわらず、銅像が建てられている――。日本で取材をしていると、そんなうわさを幾度も耳にした。日中国交正常化五〇年を迎えた二二年の夏、川崎重工業会長の金花芳則を神戸の本社に訪ねた。

「銅像は建っていませんけれども、四方を訪ねると名前があがります。今も継続的な交流があり、四方は長年のビジネスパートナーです」

技術者どうしの長い交流をベースに、日本勢の中には高速鉄道商戦を勝ち抜けると信じていた人も少なくない。

だが、中国は想像以上にしたたかだった。

2　鉄輪VSリニア　紆余曲折

リニアへの熱意

中国大陸を目指す日本の新幹線の前に立ちはだかったのは、フランスのTGVやドイツのICEなどを抱える欧州勢だけではなかった。

磁気浮上式リニアモーターカーである。

磁気の反発力や引き合う力を利用して車体を浮上させて走る。中国政府は一九九〇年代後半、リニアも鉄道の高速化の選択肢として強い関心を寄せた。首相の朱鎔基が執着していたのだ。清華大学電機製造学科の出身で、先進技術を好んだ。

運輸次官経験者によると、中国側は政治的なパイプ役を担っていた自民党の大物政治家、野中広務を通じて、「日中でリニアを共同開発できないか」と打診してきたこともある。

日本勢にリニアの輸出は全く念頭になかった。「日本で実用化できていない技術は外国には出せない。開発するJR東海も中国と協力する気はないと一貫して断っていた」。あくまでも、車輪が軌道を走る鉄輪方式が採用されるものとして、新幹線を売り込んでいた。建設や運用のコストが、鉄輪方式に比べて数倍かかることなどを理由にあげて、リニア排除に動いた。

ただ、中国はこだわった。どんなやりとりがあったのか。二〇一七年一〇月、JR東海で長くトップを務めた葛西敬之を、東京・品川駅わきの社屋に訪ねた。旧国鉄時代から、超電導リニアの開発にもかかわってきた実力者だ。

「北京の郊外に日中共同で延長五〇キロの実験線を造ってリニアを開発しよう」

国家主席の江沢民から、一九九八年の来日時に提案された。

中国側からは「技術者五〇人とともに山梨の実験線に乗せてほしい」という要望も受けた。「ありえない」。葛西ははねつけた。「JR東海は上場会社で株主もいる。上場民間企業の企業秘密であって、そのような依頼には応じられるはずがありません。リニアの技術を渡すつもりはない」

それでも、二〇〇〇年一〇月に来日した首相の朱は、リニアの山梨実験線に乗りたがった。中国政府は日本政府に対して、北京―上海の高速鉄道の車種の選定の参考として必要だと説明した。日本側は飲まざるをえなかった。「山梨リニアの技術を渡せば、北京―上海間に新幹線導入も考えると、朱首相が言っている」。ある元運輸審議官は、中国政府の関係者からささやかれたこともある。

朱は夫妻で、実験区間一八キロで最高時速四五〇キロを味わう。運輸相の森田一は同行した。JR東海の葛西は顔を出さず、副社長による対応にとどめた。

朱は同じ日、新幹線のぞみで神戸へ移動した。

『朱鎔基答記者問』（人民出版社）によると、朱は山梨での乗車後、香港メディアの取材にこう答えている。

「リニアか鉄輪のどちらが好きか」

「専門家が比較しているところだ。現在結論は出せない」

「北京—上海線における日本との協力の機会はあるか」

「機会はある」

「ドイツやフランスと比べて？」

「競争が必要だ(1)」


じらすかのようだ。来日前に北京で日本メディアの集団取材に応じたときも、「比較して選択する。上海にリニアの実験線を造ることを決めた。(リニアと鉄輪を)比べるためだ」と述べていた。さらに、「関心があれば、日本も中国で(リニア)実験線を造ることもできる。たとえば北京で」と呼びかけた。

朱の受け入れを準備した元運輸審議官の土井勝二は明かす。「リニアの技術は実験段階であるうえ、電力消費量が大きく、コストの面からも北京—上海高速鉄道には適さない。日本政府は中国側にはっきり伝えていました。リニアを試乗してもらったのは、新幹線を円滑に売り込むためです」

日本勢は、中国がリニアの呪縛から解き放たれることを待っていた。

ドイツのリニア、上海を走る

リニアの技術の提供に応じたのは、ドイツだ。

高速リニアモーターカー「トランスラピッド」。オランダ国境に近いドイツ北西部のエムスラントに実験線を設けて走らせていた。システムを開発したのはドイツ・シーメンスなどだ。最高時速は四五〇キロ。山梨と同じだった。

首相の朱は来日する三か月前にドイツを訪問し、首相ゲアハルト・シュレーダーとの間で、上海市にトランスラピッドを導入することで合意した。浦東国際空港から市街地へ向けて約三〇キロを最高時速四三〇キロで結ぶ計画だった[2]。

〇二年のおおみそか。上海リニアの実験線が開通した。わざわざ訪中したシュレーダーと朱が、乗り込んだ[3]。

「ドイツは最高の物を中国に持ち込んだ。日本は技術を出し惜しみする」「中国にまた世界一が生まれた」。中国メディアは讃えていた。

ドイツ・シーメンスなどの技術で造られた上海のリニアモーターカー．首相の朱鎔基がリニアにこだわった＝2003年9月20日，上海市浦東新地区の竜陽路駅

私が上海支局に赴任したのは、上海リニア開業直後の〇三年春。さっそく乗ってみた。車内の電光掲示板に注目していると、最高時速四三〇キロを一瞬、記録した。ただ、振動が不自然で、長距離を乗りたいとは思えなかった。高架を走る車窓から、出稼ぎ労働者が住む掘っ立て小屋のような住宅が見えた。庶民の生活を考えれば、地下鉄など都市交通の充実が先だろうと感じた。

北京—上海高速鉄道計画からリニアの選択肢が消えたのは、江沢民、朱鎔基とも現役から退いた〇三年だった。指導部の交代を待っていたかのように、鉄道省が推してきた鉄輪に固まった。

日本勢には安堵感が漂った。

上海リニアの事業費は日本円にして一五〇〇億円相当だと伝えられていた。これだけのお金を投じ、中国では未知数な技術を用いて人を乗せて走る実験ができる。命の値段が安いのだ。同時に、この強引さが中国の科学技術の発展を速めている面もある。

もっとも、浙江省杭州までの延伸の可能性が取りざたされていたが、立ち消えになった。走行中に発火する事故もあり、安全性への懸念は消えなかった。沿線予定地の住民の一部は、磁場による被害への警戒や騒音問題などから反対の声をあげるようになった。

本家ドイツでは〇六年に実験線で死亡事故が起きた。〇八年に営業路線の建設を断念した。

「ドイツは自国で使えない技術を中国に売り抜けた。うまくやったものだ」。日本の鉄道技術者、大沼富昭は皮肉っぽく言った。二〇〇〇年前後の三年間、国際協力機構（ＪＩＣＡ）の長期専門家として北京に駐在し、技術指導にあたった。中国の高速鉄道の情報収集も重要な役割だった。

朱が執着したリニアは、上海の三〇キロ区間に封じ込められたまま運行を続けている。

「中華の星」の限界

リニア論争が決着するまで、中国内の鉄道省を中心とした鉄輪派は、じっとしていたわけではなかった。高速鉄道の車両を自力で開発しようともがいていた。

いや、「自力」とは言い過ぎかもしれない。欧州や日本から技術を取り入れながら、車両や信号システムを丸ごと輸入することなく、速く走れる国産の列車を造ろうとしていたのだ。時速一二〇キロ級から一四〇キロ級、一六〇キロ級へと順を追って開発していった。

藍箭(青い矢)、先鋒、春城、中原の星、長白山、唐老鴨、神州、金輪――。車両には個性のある名前がつけられていた。のちに高速鉄道時代となって、胡錦濤政権や習近平政権の政治スローガンをそれぞれ背負う和諧号と復興号に統一されていく前史として、バラエティに富んでいる。各地の国有企業や鉄路局が、自力開発を掲げて予算をぶんどり、群雄割拠した時代と言える。

代表格は「中華の星」である。二〇〇〇年に計画が打ち出され、中国鉄道界が総力をあげて開発に取り組んだ。二年後、中国史上最高の時速三二一・五キロを記録した。純国産最高速列車と讃えられた。ただ、試験走行では不具合が続出し、検査のために車両の解体が迫られたこともあった(4)。

中華の星は〇五年八月から、お客を乗せて走り始めた。遼寧省瀋陽と河北省山海関を結ぶ在来線だ。山海関は渤海湾に突き出す万里の長城の最東端にあたる。営業上は最高時速一六〇キロ。この時点では、中国で最も速く走る列車だった。

乗らない手はない。私は当時、朝日新聞中国総局の特派員として北京に駐在していた。〇五年一一月、遼寧省瀋陽へ向かった。同じ関心を持つ日本大使館の一等書記官(運輸担当)の柏木隆久も一緒だ。

白地の車体に屋根が水色、先頭車両の「顔」の部分はカモノハシのくちばしのよう。どことなく新幹線に似ている。

車内の通路には赤いじゅうたんが敷かれている。客車と客車の間にある自動ドアはガラス張り。国産ワインが並ぶミニバーや食堂車もあった。もっとも、このワインは飾り物で売ってくれなかったのだが。

中華の星＝2005年11月13日，遼寧省瀋陽北駅

市街地を抜けると、時速はすぐに一五〇キロを超え、最高時速一六〇キロに達した。四〇〇キロの道のりを三時間で結ぶ。一日一往復の限定便だ。二等席が五五元(約一一〇〇円)で、ほかの快速列車と大して変わらなかった。

不思議だったのは、瀋陽でも山海関でも地元の人々はさして関心がなかったことだ。一日一往復のせいか、知らない人もいた。全九両の車両に人影はまばら。お客は数十人ほどしかいない。車掌さんたちは手持ちぶさたなのか、座席で本を読んでいた。

「最高時速三〇〇キロ超を記録しながら営業運転で一六〇キロの走行にとどめている背景には、信号などの不具合が考えられる」。柏木は、乗車前にホームで車台の下をのぞきこんだり、車内のメーターを凝視したりしていた。しかし、外部から見て得られる情報はどうも、なかった。

全国へ広がる高速鉄道計画

中国が高速鉄道を導入するにあたって、もうひとつ、日本にとって重大な論点があった。

鉄輪方式は二つに分かれる。先頭車両にモーターをつけて後ろの車両を牽引する機関車方式。動力集中型と呼ばれる。フランスのＴＧＶをはじめ、中華の星もこちらだ。

もうひとつは、モーターを複数の車両に配する電車方式だ。動力分散型と呼ばれ、日本の新幹線が代表格だ。日本企業が技術供与し、開発された先鋒がこれにあたる。〇二年秋に試験走行で最高時速二九二キロを記録した。

ＴＧＶ型にせよ新幹線型にせよ、中国は自力開発の限界を思い知らされていた。部品の多くを輸入に頼らざるをえなかった。

時速一六〇キロの中速から、二〇〇キロを超える高速への壁を突破するにあたって、大きな決断をする。まずは、日欧などから車両を丸ごと輸入し、技術の吸収を急ぐことにしたのだ。

「カエル跳び式発展路線」への転換である。「カエル跳び」とは、順を追って経験を積み上げて技術を前進させるのではなく、段階を飛び越して技術革新を一気に進めることだ。

中国国務院(政府)が二〇〇四年四月、鉄道車両の研究開発について方針を固めた。

「先進技術を引き入れ、設計や生産をともに行い、いずれは中国ブランドを打ち立てる」

「国内の六つの車両メーカーを重点的に支援し、少量の完成車両を輸入し、国内生産へとつなげていく[5]」

思えば、私が中華の星に乗ったころは、すでに残務処理の段階だった。「失敗作」を走らせながら、車両や軌道の問題点をチェックしていたのだろう。

元ＪＩＣＡ専門家の大沼が言う。「中国の鉄道専門家の多くは営業運転として二〇〇キロを突破するには、車両の輸入しかない、と分かっていたはずだ。しかし、指導層や国内の世論は自力開発を好む。限界を広く認知してもらったうえで、メンツを捨てて外国の力を借りる現実策に踏み切ったとみています」

この年、中国が高速鉄道網を張り巡らせる起点となる重要な計画も打ち立てられた。「中長期鉄道網計画」である(6)。

それによると、二〇〇キロ以上のスピードで走る路線が八ルート指定されていた。北京を起点に上海、香港、ハルビンへ、杭州から深圳へ、南京を起点に重慶や成都など、南北に四ルート、東西に四ルートと縦横無尽に張り巡らせる計画で、「四縦四横」と呼ばれる。

北京―上海から始まった中国の高速鉄道計画は、国土全体に大きく広がっていった。

3　砕けた友好の呪文　政冷経熱

日本連合、フランス・アルストム、ドイツ・シーメンスが激しい火花を散らした一〇年越しの商戦は、二〇〇四年に入って佳境を迎えた。最初の入札は、六〜七月。在来線を高速化させるための時速二〇〇キロ級の車両で競い合った。二〇編成（一編成八両）を一〇組、合計一六〇〇両が対象だ。

中国政府は外資系単独の入札を認めなかった。中国メーカーとパートナーを組み、技術を移転し、中国が指定する規格にそろえて生産することなどを条件とした。巨大市場をエサに、日欧をおびきよせ、巧みに競わせる。できるだけ安く最大限に技術を引き出そうとする。

「中国は日仏独を天秤にかけている。中国は押せば引く。引けば押してくるかもしれない」。運輸省幹部は、中国側の権謀術数に苦慮していた。

シーメンスの誤算

「お帰りください。あなた方に中国のパートナーはいません」

ドイツ・シーメンスの担当者に対して、中国鉄道省の関係者の声が響いた。二〇〇四年七月、あるホテルの一室で在来線を高速化するための車両の入札があった。

川崎重工業など日本連合は中国南車(現中国中車)系の四方機車車両(現中国中車青島四方機車車両、山東省)と組んで受注した。川崎重工が一九八五年から友好工場協定を結んで技術支援してきた、あの相手だ。カナダのボンバルディア(現アルストムの車両部門)も南車系と、フランスのアルストムは中国北車(現中国中車)系の長春軌道客車(吉林省)と組んでそれぞれ受注した。

シーメンスは相手を与えられなかった。日本企業の幹部によれば、「高飛車な条件を要求したからと言われている」。

高速鉄道の発展の記録として、中国で人気を博した本がある。高鉄見聞というペンネームらしき著者による『高鉄風雲録』(湖南文芸出版社)だ。この激戦を「三国殺」に例えている。

「三国殺」は中国で人気のカードゲームだ。劉備、曹操、孫権の覇権争いを描いた物語『三国志演義』をモチーフにして作られている。プレーヤーは「主公(主君)」「忠臣」「内通者(スパイ)」「反賊(反逆者)」の四つに分けられている。

ドイツ・シーメンスの動きを、『高鉄風雲録』はこう記す。

二〇〇四年七月二七日。入札書を開封する前夜のこと。技術系の実力者、運輸局長の張曙光がシーメンスの首席代表と向き合っていた。

「私はドイツの技術を非常にすばらしいと考え、尊重している。シーメンスとはぜひ協力したい。しかし、この価格ではパートナーにはふさわしくない」「一両の価格を二・五億元以下に、技術の移転費は一・五億ユーロ以下に下げてほしい。そうでなければこれ以上は話すことはない」

シーメンスの代表は「ありえない」と答えた。

張はたたみかける。「五分あげよう」

シーメンスは譲らなかった。張は火をつけたばかりのタバコを灰皿におしあてて「飛行機の切符を買ってお帰りください」と突き放した。(1)

私は当時、北京特派員として取材をしていた。「シーメンスがどうも外れたらしい」。会場に資料を入れた箱だけ置いて帰った。悔しがっていたそうだ」。日本連合の一員である商社幹部から電話がかかってきて驚いた記憶がある。なにがなんだか分からなかった。ドイツが外れるとは想像していなかったからだ。

中国とドイツの外交関係は、日本と比べて安定している。領土を接しておらず、安全保障上の対立はほとんどなかった。

ビジネス面では、首相のシュレーダーを筆頭にトップ外交に熱心だった。環境対策も重んじる進んだ技術を持つ工業国として一目置かれていた。〇七年から一八年まで科学技術相を務めた万鋼はドイツ留学組。アウディで約十年も働いた。

国家主席江沢民の親戚がシーメンスの中国現地法人の顧問を務めている。そんなうわさも飛び交っていた。

中国で繰り返し聞かされた日本とドイツの比較がある。改革開放後に自動車産業を誘致しようとした一九八〇年代、ドイツのフォルクスワーゲンは応じて上海に進出したが、日本のトヨタ自動車は断ったという。海のものとも山のものとも分からぬ段階の中国自動車市場に賭けたワーゲン。おじけづいたトヨタ。そんな物語だ。トヨタ自動車元上海首席代表の東和男は「断ったのではなく、依頼状を放置していたのですが、井戸を掘らざる者水を飲むべからずと大臣級に皮肉られるほどこの話は定着していました。九〇年代に進出を決めてから謝って歩きましたよ」と話す。逆にワーゲンは、上海のタクシー車両の納入で重用されていた。

さらに言えば、日中間でしばしば火種となる戦争をめぐる歴史問題がない。「ドイツは戦前の過ちを認めている。日本には、いまだに反省していない政治家がいる。日本はドイツを見習うように」。これも、取材先からいやというほど聞かされた。「トヨタとワーゲン」と並んで、日独比較の常套句だ。

そのドイツを突き放すのか……。中国の打算を見せつけられた思いがした。

高速鉄道商戦がこれで終わるとは、誰も考えていなかった。

最初の扉にあたる入札の先には、さらに巨大な市場が待つ。時速二〇〇キロ級で終わるはずはない。在来線の高速化にとどまらす、新線を建設して時速三〇〇キロ級を投入する日が近く来る。中国にしてみれば、ドイツの技術を吸収する機会は、まだある。だからこそ、条件で強気に出たに違いない。次の商戦で、シーメンスは必ず降りてくるだろう、と。

はやて海を渡る　新幹線方式の勝利

日本の新幹線が初めて、中国へ渡ることが決まった。

東北新幹線を走るはやて(E2)をベースにした車両を〇六年に輸出することになった。フランス・アルストムと並んで六〇編成四八〇両を受注した。契約総額は約一四〇〇億円相当が見込まれた。完成車は三編成のみ。残りは主要な部品を日本から輸出して組み立てるノックダウン方式を含めて現地で生産されることになった。はやてとともに、その技術が中国へと渡っていった。

ただ、日本の鉄道界にとって、この入札は大きな意味を放った。

複数の車両にモーターがついている新幹線方式の動力分散型が採用されたからだ。フランスのアルストムによるTGV型、つまり機関車が客車を牽引する動力集中型ではなかった。

〇四年から〇五年にかけて国土交通次官を務めた岩村敬は言う。「欧州で主力だった機関車方式ではなく、新幹線と同じ動力分散方式で各社に受注したことは、日本の技術が高く評価されていた証しです。機関車方式を条件とされていたら、新幹線は入札に参加すらできなかった。その後、世界最長の高速鉄道網を持つようになる中国が採用したことで、新幹線方式は世界標準になったのです。この意義は大きい」

〇四年一〇月、日本連合は契約の調印式を北京市内のオフィスビルの一室でひっそりと行った。出席者は日中双方とも数十人に限定していた。取材したかったが、入れてもらえなかった。アルストムが派手なパーティーを開いていたのと対照的だった。

その背景には、日中関係の悪化があった。

日本の「象徴」の宿命

日本側は長年の商戦に疲れていた。

鉄道関連企業、とりわけ中国に駐在する担当者や日本の外交官らは依然として、欧州勢との商戦を勝ち抜こうと必死だった。私が当時、北京で主に話を聞いていたのは彼らである。

ただ、日本国内の対中世論は世紀が変わるころから変化していた。二〇〇〇年春、中国や韓国、東南アジアとの関係を重視してきた首相の小渕恵三が脳梗塞で倒れた。急遽、首相に就いた森喜朗は新幹線の売り込みには大して意欲をみせなかった。

国土交通省の元幹部は言う。「森首相の関心は中国の新幹線にはなかった。自分の選挙区へ整備新幹線を延ばすことだけでした」。確かに、森は北陸新幹線の地元への延伸には熱心だった。

日本人の対中感情も悪化していた。

内閣府の外交に関する世論調査によると、一九七二年の国交正常化から八〇年代にかけて、中国に親近感を持つ人の割合が六〜八割を占めた(2)。八九年の天安門事件を境に半々になり、〇三年ごろから逆転した。親近感を持たない人がどんどん増えていった。新幹線を日本の「象徴」ととらえればとらえるほど、高速鉄道商戦と双方の世論は切り離せなくなる。

日本はバブル崩壊後の経済低迷にあえいでいた。世界貿易機関(WTO)への加盟が決まって高成長を続ける中国に対して、脅威論も芽生えつつあった。〇一年春には、日本は中国産ネギ、シイタケ、イグサの三品目に対して、貿易を制限する措置であるセーフガードを初めて発動する(3)。

〇一年夏、北京が大阪などを破って〇八年の五輪開催を手中に収めたことで国会では、中国向けO

ＤＡの縮小や廃止が本格的に議論され始めた。中国の経済規模はこの時まだ、日本の三分の一前後だったが、しだいにアジアを中心に発言力を強めていた。尖閣諸島の領有権をめぐる対立も、しだいに顕在化していた。

「訪中のたびに、新幹線のお願いばかりするのも疲れた」。そんな声が経済界からも聞かれるようになった。日本の政界は、援助を活用した新幹線の売り込みに尻込みする雰囲気になっていった。日本政府は中国に対して言い方を変えた。

「貴国から要請があれば、積極的に協力していく用意がある」。あくまでも要請されたら支援するという姿勢だ。「友好の象徴」として資金も技術も提供すると前のめりだった時代は過ぎ去った。

「いずれ中国は自分で製造するようになる。どうせ完成車両の輸出は大した量にならない。日本があまり必死な姿をみせれば、足元をみられて欧州と天秤にかけられ、中国を利するだけだ」。〇一年から〇三年にかけて国土交通審議官を務めた羽生次郎は当時から、さめた調子で語っていた。

吹き荒れた抗議デモ

中国側でも日本に対する嫌悪感が高ぶりつつあった。

森の後任として首相に就いた小泉純一郎は〇一年八月から靖国神社の参拝を続けた。普及し始めたインターネット上で、歴史問題を筆頭に日本を批判する書き込みが広がった。日本の識者の間では、日本の戦争責任を強調した江政権時代の愛国主義教育の影響を指摘する見方もあった。

時速二〇〇キロ級の入札を一年後に控えた〇三年夏。日本の新幹線導入に反対する「愛国者同盟

「日本製品ボイコット」と叫ぶ中国の若者たち＝北京市海淀区中関村，2005年4月9日

網」が一〇日間で八万人を超える署名を集めて鉄道省に提出した[4]。〇四年八月には、北京・工人体育場で開かれたサッカー・アジアカップ日中決勝戦で、中国人観客らによる暴動まで起きた。試合後も若者たちが会場に残って日本の国旗を焼いた。日本の外交官の乗った車が投石された。公使が二人、車内に閉じ込められた。天安門広場付近の様子を見回りに出かけた私の前を、「日本製品ボイコット」の旗を掲げたバイクや自動車が気勢を上げながら走り去った。

これが、はやて輸出が決まった頃の日中関係の空気である。

翌春、さらに大規模な抗議デモが北京、上海などを襲った。日本大使館や上海総領事館など外交施設のほか、日本食レストランや日本車まで標的になった。

中国では、当局の意向に沿わないデモは許されない。中国政府はデモを、日本による国連安全保障理事会の常任理事国入りを目指した動きの牽制に利用した。戦争の歴史を反省しない日本が国連で重要な地位に就くことは、中国の民意が許さないという理屈だ。中国は安保理常任理事国五か国の一員だ。議決にあたって拒否権を持ち、政治的に大きな資源になっている。日本がその席に加わることは、中国共産党・政府にとって阻止すべき事態なのだ。米国の同盟国であり、直接的には領土や歴史問題での対立も抱える相手だからだ[5]。

それでも、日中間の貿易や投資はうなぎのぼりに伸びていた。

政治には冷たい風が吹いても、経済は活発である。そんな日中関係は「政冷経熱」と表現された。主に中国側が口にした。「日本側の対応しだいでは、政冷経熱が政冷経冷になりかねない」。つまり、中国に配慮しなければ経済関係まで冷え込むぞ、という意味の脅しでもあった。

中国、日欧を揺さぶる

そんななか、次の商戦が始まった。時速三〇〇キロ級の高速鉄道車両である。在来線の高速化ではなく、新しく専用軌道を建設する。入札方式はとらず、中国政府が指名して発注した。

時速二〇〇キロ級で敗退したドイツのシーメンスが早々に受注を決めた。〇五年一一月、国家主席胡錦濤のドイツ訪問にあわせて契約を結んだ。高速車両ICEをベースに、中国北車系の唐山軌道客車(河北省)と組んで生産する車両が、北京五輪にあわせて〇八年に開業する北京―天津間に投入されることまで決まっていた(6)。

六〇編成(四八〇両)の受注額は、合計六億六九〇〇万ユーロ(約一〇〇〇億円)、技術移転料は八〇〇〇万ユーロ。二〇〇キロ級の時より値下げしたことが話題になった。最初の三編成と重要部品だけをドイツから輸出し、残りは中国で生産する。七割以上の現地調達率が課された。〇八年以降は現地生産できるような技術移転も求められた。はやてに求められた条件にそっくりだった。

日本は時速三〇〇キロ級でも、川崎重工業が中心となって、再び「四方」と組んで受注した。シーメンスと同じ四八〇両だ。ただ、完成車の輸出は見送った。主要な部品だけ輸出し、車両は現地生産した。川崎重工業によると、E2系はやては日本で時速二七五キロで運行した実績がある。前回の時速二〇〇キロ級の受注で四方に技術移転を進めていたため、現地で三〇〇キロ級も生産できると考えた。川崎重工業会長の金花芳則は言う。「開発中の新しいタイプの車両の技術は出したくありませんでした。中国側に対しては、実績があり成熟した設計に少しの変更を実施する方が良いと伝えて、合意してもらいました」。最新鋭の輸出は手控えた。言葉を選んだ発言だが、技術水準の格差を維持する狙いがあったはずだ。

戦争の歴史という十字架を背負う日本は、フランスやドイツと比べて不利な条件下でのビジネスだった。それでも、ふたをあけてみれば、二〇〇キロ級、三〇〇キロ級そろって受注できたのは、日本だけだった。

「(二〇〇キロ級の)入札の価格はフランスより安かったはずだ。歴史問題がなければすべて日本がとれていたかもしれないのに」。そう悔しがる日本企業の担当者もいた。

「中国側の要望にもっとも適していたのは川崎重工業(を代表とする日本勢)だ。あの程度の落札実績に終わった原因は、やはり今の(日中の冷めた政治的な)環境だ」。駐日大使も務めた外交部副部長の武大偉は〇四年一二月、日本の超党派議員らでつくる「日中新世紀会」の訪中団(団長・遠藤乙彦衆議院議員)に対して、語った。二〇〇キロ級の契約を終えて、三〇〇キロ級の商戦の渦中での発言だ。

そうだろうか。「新幹線」をテコに、政治的な対立で譲歩を迫るハッタリではないか。

中国は世界のあらゆるトップレベルの技術を手中に納めたかったのだ。結果的に、シーメンス、アルストム、ボンバルディア、川崎重工業、そして、信号など部品メーカーを含む世界有数の企業から、技術を吸いあげていった。

むろん、外資系企業も技術を吸い取られただけではない。鉄道車両輸出組合報(二〇一五年に「鉄道システム輸出組合報」に名称変更)によると、日本の鉄道車両関連の輸出額に占める中国の比率は〇一年まで一パーセントに過ぎなかったが、〇二年からの一〇年間でみれば平均三五パーセントを占めるようになっていた。(7) 日本メーカーが競争力を持つベアリングやモーター部品などは、「中国の高速鉄道が延びれば延びるほどもうかる」とも言われた。「重要な部品については、保守用も含めて今でも、中国は日本メーカーから買っているものがあります。その意味では(日本企業も)潤ったのです」。川崎重工業会長の金花が言った。

「子弾頭」になった「はやて」

川崎重工業兵庫工場から二〇〇六年三月、E2系が山東省青島港へ向けて出荷された。尖閣諸島の領有権をめぐる日中の係争がやまない海を渡った。

東北新幹線はやてがベースの時速二〇〇キロ級の車両だ。はやてにあったピンクのラインは中国向けの青いラインに姿を変えていた。

一五年近い熾烈な商戦を経て、日本の新幹線が初めて中国へ輸出されたにもかかわらず、オープンな記念式典はなかった。前年には中国で大規模な抗議デモを見せつけられたばかりだ。日本社会の受け止めを考えると、出荷を派手に祝う雰囲気ではなかった。

はやてをベースにした車両は〇七年一月から、中国各地の在来線に投入された。CRH(China Railway High-speed) 2型と呼ばれた。ちなみに、ＣＲＨ１はボンバルディア、ＣＲＨ３はシーメンス、ＣＲＨ５はアルストムの技術を取り入れた車両だ。ＣＲＨ４がないのは、中国語で「４」の発音が「死」と同じ「スー」で、縁起が悪いからと言われている。

私が初めてＣＲＨ２型に乗った時の記事(二〇〇七年三月二三日朝日新聞夕刊)を紹介したい。

国産アピール　愛称は「子弾頭」

三月一日午前一一時三三分、中国・江蘇省の南京駅。上海発の一六両編成の列車が定刻通りにホームに滑り込んだ。乗客をはき出す車両は、白地に鮮やかな青いラインとくちばしのように伸びた顔を持つ。

「子弾頭(弾丸)」の愛称で呼ばれる新型高速車両「ＣＲＨ２型」は、東北新幹線「はやて」がベースだ。川崎重工業など日本企業連合が中国メーカーと共同で製造。一月末から上海―南京、上海―杭州、広州―深圳の三路線で走り始めた。最高時速はまだ一六〇キロだが、四月中旬から最高二五〇キロにまで引きあげ、路線も拡大する。

上海に娘家族を訪ねた元教師(七一)は南京へ帰る便に「子弾頭」を選んだ。「加速がいい。きれいだし、値段も変わらない。次もこれにするよ」。傍らで妻(六六)が「日本の新幹線みたいねえ」と笑う。だが、日本の技術を導入したとは知らない。

「中国が知的財産権を所有する国産列車」。鉄道省はこうアピールする。

中国の高速鉄道は、日本、ドイツ、フランス、カナダなどから技術を購入し、一部の車両を輸入している。だが、現地生産を前面に出し、海外の技術に依存する実態を隠す。経済成長で自信を深める国民からの反発を避けるためだ。」

（中略）

「時速三〇〇キロ以上の列車を自力で生産する。八割以上は中国で製造。最終的には三分間隔の運行を目指す」。北京―上海間の旅客輸送専用線会社準備室の郎国平・副室長は今月一一日、今後の高速化に自信をみせた。

「友好の象徴」として新幹線を丸ごと輸出できる時代は去った。むしろ日本国内には、発展を続ける中国への先端技術輸出に警戒感が高まる。どの技術を売り、どれを手元に残し、いかに稼ぐか――。日本政府も「ビジネスとしての協力」（冬柴国土交通相）が前提だと考えるようになった。

来月、中国の首脳として六年半ぶりに訪日する温家宝《ウェンチアパオ》首相は、東京―京都間を新幹線で移動するとみられている。政治とビジネスのはざまで揺れてきた新幹線から、首相は何を見るだろうか。

東北新幹線はやてをベースにしたCRH2型.「子弾頭」の愛称で呼ばれた＝2007年3月,南京駅

「鬼子」の列車に揺れる民意

「子弾頭」の正式な名前は和諧号に決まった。和諧は調和を意味する胡錦濤政権の政治スローガンだ。日欧の影を払拭し、中国という国家を背負って走り始めた。

中国政府は当時、公式には日欧の技術を導入したことを積極的に発信しなかった。中国のネット世論には、自動車産業と並んで高速鉄道を、いつまでたっても外資の技術に頼る「劣等生」とみなす意見もあった。中国政府が現地生産を強調し、海外の技術への依存を隠していたのは、国民からの反発を避けるためだった。とりわけ、歴史や尖閣諸島の領有権をめぐって対立する日本は、政治的に神経質にならざるをえない相手なのだ。

インターネット上には、「日本鬼子の列車に乗るな」という批判が書き込まれていた。

いっぽうで、鉄道愛好家からは、こんな投稿もあった。「中国製ではなく、日本から輸入した本物に乗ってみたい」

東北新幹線はやてをベースにした和諧号＝2011年5月25日，山東省済南東駅

私も三編成あるはずの「本物」に乗りたかったが、残念ながら、どこを何時に走っているかは明かされていなかった。「完成車両はすべて解体して、技術の秘密を知るために中身を調べたのではないか」。訝《いぶか》る日本企業の駐在員もいた。

4　中国高鉄大躍進と急減速

北京五輪にあわせた開業

北京五輪の開幕を一週間後に控えた二〇〇八年八月一日。北京─天津間一二〇キロを結ぶ高速鉄道が開業した。(1)五輪を意識した日程は、東京五輪にあわせて開業した東海道新幹線を思い出させた。最高時速は三五〇キロ。中国鉄道省によると当時、「世界最速の営業運転路線」だった。運行時間は約三〇分。在来線の半分に短縮した。着工からわずか二年、試運転の期間は一か月。(2)まさに「超高速」の開業だ。北京側の起点となる北京南駅は、空港ターミナルのような大規模な駅に生まれ変わった。日本円にして一〇〇〇億円近くを投じた。

この路線には、二種類の和諧号が投入された。日本の新幹線はやてとドイツのＩＣＥの技術をそれぞれ取り入れて、中国で生産された車両だ。

「北京─上海に日本製の新幹線を」という一九九〇年代の夢は雲散霧消し、開業後は摩擦が増えた。北京─天津間については、運行する速度でもめた。

中国に輸出された東北新幹線はやてをベースにした車両は、時速二七五キロで設計されていた。ところが、現地生産を始めた中国側は三五〇キロで走らせようとした。「海外の技術をもとに独自に開発し、三五〇キロ走行を可能にした車両だ」(鉄道省)と主張した。川崎重工業も中国の主張に近い立場だった。「我々は三五〇キロ級の技術は中国には出していない。はやてをベースにはしているが、中国が欧州から買った技術で高速走行を可能にした車両」(川崎重工業首脳)と説明する。

新幹線の設計内容は特許の一部を含めて、JRが保有する。JRの協力抜きでは輸出できない商品だ。JR東日本は反発した。「約束が違う。安全問題の観点から看過できない。営業運転にふさわしい速度が何キロで設計されているかを、中国は尊重すべきだ」

すったもんだの末、はやて型は北京―天津間を離れて、三〇〇キロ以下で走る路線へと移っていった。

日本が半世紀かけて培った新幹線というシステムに対して、「中国は技術を盗んで挑戦を仕掛けている」(JR関係者)。日本国内には、疑心暗鬼が広がりつつあった。「ぱくり新幹線」。日本のインターネット世論は、そう、揶揄《やゆ》した。

日本側に募る不信はどこ吹く風と、中国の高速鉄道は大躍進を続けた。

二〇〇八年の米国発金融危機リーマン・ショックを受けて、〇四年に策定された「中長期鉄道網計画」が大幅に上方修正された。「四兆元(約八〇兆円)」規模の巨額の景気対策が打ち出され、鉄道への投資も大幅に増やすことになったのだ。

高速鉄道については、二〇二〇年までに一万六〇〇〇キロ以上に延ばす目標を掲げた。日本の東海道新幹線と東北新幹線、山陽新幹線を足した距離の一〇倍に近い。

川崎重工業会長の大橋忠晴が中国に対して語った言葉が残る。[3]「焦らないように。まずは八年かけて時速二〇〇キロ級の技術を掌握し、次の八年で時速三〇〇キロ級の技術を掌握する」(中国国営新華社通信)。段階を踏んで技術を進化させていく日本らしい考え方だ。

だが、中国は違った。債務を膨らませながらも、猛烈なスピードで建設を進めた。

高速鉄道網は建設を始めて五年で八三五八キロ(二〇一〇年)まで延びた。この時点で、日本、ドイツ、フランスの高速鉄道網の合計より長い。北京—天津だけでなく、武漢—広州など各地で時速三五〇キロで走り始めた。

世界高速鉄道大会@北京

中国は、輸出にも照準をあわせた。

各国の政府や鉄道事業の関係者が集まる世界高速鉄道大会を二〇一〇年一二月、北京で取材した。国際鉄道連合(本部・パリ)が一九九二年から約三年ごとに開いてきたイベントだ。欧州以外での開催は北京が初めてだった。中国ビジネスを重視する欧州勢が、中国からの誘致に応じたのだ。会場は、北京五輪をきっかけにオープンした巨大な国家会議センターである。

「中国の高速鉄道の高速発展が世界から認められた。技術は世界一流の水準に達した」

副首相の張徳江は開幕式で自信をみせた。「中国は世界の鉄道事業に進出する」と宣言した。

中国は当時、アフリカなど途上国を中心に五〇か国・地域の鉄道事業に進出、三〇か国に部品などを輸出していた。さらに和諧号で蓄えた技術で、東南アジア、中央アジアはもちろん、ロシアなどへの延伸を目指し、米国など先進国でも高速鉄道の受注に熱を入れた。

世界高速鉄道大会の開幕式には、隣国ラオスの副首相も登壇した。同年四月、雲南省昆明からラオスの首都ビエンチャンまでの高速鉄道(二一年一二月、最高時速一六〇キロ級の中速鉄道として開業＝詳しくは第二部二章で取り上げる)を建設することで合意したばかりだった。副首相は中国からの援助に感謝し、鉄道事業を両国の「密接な連携の一つ」と持ち上げた。この路線については、ラオスからタイ、マレーシアを通りシンガポールまで延ばす構想も明らかにした。

日本をはじめ先進国からみれば、中国は技術を移転した「教え子」でありお客だ。ところが、あっというまに競争相手になってしまった。しかも、先進国の半額ほどで完成できるという。

会場で取材した日本政府の関係者は、「国家の後押しが強い中国と競争するには、日本も国として日本企業に対する支援が重要になる」と警戒感を隠さなかった。

同時に、中国の高速鉄道車両には外国の部品が多く使われていた。「中国の車両が売れれば、日本の部品メーカーは稼げることも事実だ」と複雑な表情をみせた。中国政府と新たにコンサルティング契約を結んだドイツ企業の関係者も「ドイツ企業は中国への部品提供者になっており、(ドイツ内に)多くの雇用をもたらしている」と語った。

米国とも組む

鉄道大会にあわせて、米ゼネラル・エレクトリック(GE)は中国南車(現中国中車)と協力して米国内に合弁会社を設立し、車両工場を新設することで合意した。(4)南車は三五〇〇人の雇用を生み出すと強調し、米国で高速鉄道の受注を狙うと明言した。

中国の高速鉄道に詳しく、研究誌『都市軌道交通研究』の編集長で同済大学教授の孫章は、こう説明した。「海外で競争するとき、必要なのは技術と価格と政治だ」。価格は中国に強みがある。速く走る技術もある。「ただ、長く走った経験がまだない。それを埋めるのが、GEの政治力だ」

GE側にも当然、戦略があった。鉄道大会から一か月後、国家主席の胡錦濤が訪米し、大統領のバラク・オバマと会談した。このとき、GEは発電機や環境技術、高速鉄道にかかわるシステムの中国への輸出を獲得する。

「我々はうぶでも愚かでもない。よく考えている。中国で成功するにはいろんなやり方があるんだ」。GEの最高経営責任者(CEO)ジェフリー・イメルトは当時、メディアに語っている。カリフォルニア大学ロサンゼルス分校の教授クリストファー・タンは「GEはこの提携をきっかけに中国市場に入れる。ウィン・ウィンの(どちらも勝者となる)関係だ」と分析した。(5)

こうして、先進国の技術は、中国の市場へ吸収されていった。

世界からやって来た鉄道関係者に誇示するかのように、和諧号の新型車両CRH380Aが翌年に開通する予定の北京—上海間で試験走行した。時速四八六・一キロを記録した。リニアではなく、鉄輪式で営業車両を使った走行では「世界最速」(鉄道省)と発表された。

「運転席や車両から熱烈な拍手がわきおこった。栄光きわまりないひとときだ」。鉄道省の機関紙『人民鉄道』は報じた。開発した中国南車系の青島四方機車車両の社長王軍の周辺に関係者が駆け寄った。歓喜にむせび興奮し、王の作業服にそれぞれの名前をサインしたため、服は文字で埋まってしまったという(6)。

青島四方は、川崎重工業が長く技術協力を重ねた相手だ。ＣＲＨ３８０Ａは、東北新幹線はやての技術の遺伝子が宿る車両でもある。中国は「(外国の)先進技術を取り入れ、ともに設計、生産し、中国ブランドを打ち立てる」(鉄道省)目標を掲げて、猛進を続けた。

高速鉄道の距離だけではない。中国の経済規模は二〇一〇年、日本を上回った。「中国ＧＤＰ　日本抜く」。一一年一月に前年の統計が判明した時、朝日新聞をはじめ日本のメディアはトップニュースで伝えた。日本は一九六八年以来、自らを語る枕詞として「世界第二の経済大国」を用いてきた。その冠を中国に奪われた日だった。

おりしも、二〇一〇年九月に尖閣諸島沖で起きた漁船衝突事故をきっかけに、尖閣諸島の領有権をめぐる対立も激化していた。違法操業中の中国の漁船が海上保安庁の巡視船にぶつかり、破損させた事件だ。中国人船長らは逮捕・送検され、中国政府は反発した。電池の生産などに必要な希少鉱物レアアースを禁輸したり、日本への観光客を事実上止めたりするなど、経済力を武器化して報復した。日本における対中世論は一段と悪化した。日中関係は荒波にもまれていた。

急ブレーキ 最高時速引き下げ

中国の高速鉄道史において、二〇一一年は特別な年と言える。アクセルの踏み込みを、急にやめたのである。

鉄道省は、七月のダイヤ改定に合わせて高速鉄道の最高時速を、三五〇キロから基本的に三〇〇キロに引き下げた(7)。しかも、二五〇キロ級も投入するという。中国の高速鉄道は、国威発揚の期待も受けて距離も速度も「世界一」を追い求めてきた。鉄道省幹部はわずか半年前まで、北京—上海間を「最高時速三八〇キロで開通、いずれは四〇〇キロ」と公言していた。試験走行で時速四八六キロを記録、五〇〇キロ超えは近いとも豪語していた。

それが減速?

「何かが起きている」。私も感じていた。

異例の減速の背景には、何があったのか。当時の議論を振り返りながら、考えてみたい。

先導役の失脚

鉄道相だった劉志軍が二月末、失脚した。「中国の高速鉄道の父」と持ち上げられてきた人物が、「重大な規律違反(汚職)の疑い」(中国共産党中央規律検査委員会)で突如、解任されたのだ。一九八六~二〇一一年の間に、職権を濫用して知り合いの企業首脳が不法に利益を得られるようにしたり、巨額の賄賂や高価な物品を受け取ったりした容疑だった。その額は六四六〇万元、日本円にして一二億円超とされる(一三年の判決文)(8)。「道徳的な堕落と深刻な腐敗」が問われた。執行猶予つきの死刑判決まで受けた(一五年に終身刑に減刑)(9)。

自力開発の夢を捨てきれない技術者を押し切り、「カエル跳び式」へと転換したのは、彼の判断だった。日本視察のおりにも部下に厳しい指示を飛ばし、遅くまで会議をする姿から「仕事の鬼」とも評された。

劉の人生は、中国の鉄道と政治のありようを体現している。

出身地の湖北省にある武漢鉄路支局の保線作業員として鉄道省に入る。一九七二年、文化大革命のさなかだった。線路もたびたび破壊され、列車がまともに走れなかった時代である。

江沢民政権下でとんとん拍子に出世し、東北部の鉄路の要である瀋陽鉄路局長を経て、二〇〇二年には鉄道省の共産党トップにのしあがる。胡錦濤政権が発足しても、江が中央軍事委員会主席に居座り影響力を残していた〇三年に五〇歳の若さで鉄道相に就く(10)。

だが、劉の部下だった技術系トップの運輸局長張曙光まで汚職で捕まってしまった。鉄道省に対して世論の不満が噴出した。

鉄道ビジネスの規模は大きい。沿線の不動産の値上がりを見越して、有象無象が群がる。鉄路の建設は利権の塊だ。中国の司法は、中国共産党のもとにある。誰の腐敗を追及するかは、政治の判断だ。江に近い彼の失脚は、江と胡の権力闘争の一幕とも語られた。

ＶＩＰ運賃、庶民に不満

減速について、中国政府の公式答弁は価格の問題だった(11)。

新たに鉄道相に就いた盛光祖は「減速によって安全に余裕が生まれ、運賃も多様にできる」と説明した。高速鉄道の建設には在来線の数倍はコストがかかる。運賃は在来線の三倍程度にはねあがった。広州―武漢の二等席は、高速鉄道四九〇元（約九八〇〇円）前後に対して、在来線の快速は一四〇元。混雑が激しい旧正月などでも、まずは安い切符から売れる時代だった。「一等車両に客一人」という高速鉄道の写真がネットで出回り、「貴族列車」と炎上した。

こうした批判をかわそうと、「豪華ＶＩＰ個室」はとりやめになった。北京―上海間には開業時、二五〇キロ級の列車も走らせることにし、安い切符も用意した。

在来線のダイヤに影響を与えながら突っ走る和諧号には、「弱者に優しい胡政権のイメージを損なう」（政府系シンクタンク研究員）との声があった。

北京交通大教授の趙堅は「技術的にスピードが出せるということと、営業に適した速度は違う。中国の鉄道も、技術至上主義から人々の生活水準や経営を考えるべきだ」と指摘した。

趙は、英仏が共同開発した超音速旅客機になぞらえて「中国にコンコルドはいらない」と指摘した。高い運賃や環境問題に事故が加わって商業運航を終えたコンコルドの意味は、調和。くしくも和諧と同じ意味だった。

不満を募らせる庶民に配慮した減速――。ただ、庶民の不満の対象は高速鉄道よりも住宅や教育費の高騰の方が根深い。にわかには信じられなかった。

騒音、住民が「待った」

騒音問題から沿線の住民が反対する動きも出始めていた。

山東省の中核都市・済南と青島とを結ぶ高速鉄道の運行に一一年四月、環境保護省が待ったをかけた。環境保護法違反を是正しなければ、裁判所に強制執行を要請するという。

数年前から、住民が騒音問題を訴えていた。私も取材にでかけた。沿線にあたる淄博《しはく》市のアパートに住む陳久斌《ちんきゅうひん》は、「環境評価で線路から二六メートル以内は立ち退かせろとある。うちは二一メートルなのに何の措置もない」とまくしたてた。線路を高速化で拡幅した結果、立ち退き指定の範囲に入った。隣に住む宗麗も「振動で建物にひびが入るし、アパートの価値が下がってしまった」と嘆く。環境ＮＧＯ緑家園代表の汪永晨《おうえいしん》は「高速鉄道を含む公共事業はもっと人々の声を聞くべきだ。引っ越しにあたって補償金をきちんと支払う必要がある」と話した。

とはいえ、中国では強引に土地を収用し、雀の涙の補償金で工事を進める公共事業は、なにも高速鉄道だけではなかった。環境問題が減速にまで影響したとは言いがたい。

財政難

財政事情を指摘する意見もあった。

中国の鉄道事業の負債は当時、約二兆元（約二四兆円）。高速鉄道の建設とともに二〇〇七年末からほぼ三倍に急増し、資産の五割を超える規模に達した。〇八年のリーマン・ショック後の景気浮揚を担う主な公共事業でもあったが、財政の健全性を重んじる経済学者を中心として批判があった。

ただ、これも怪しい。国家の威信をかけた事業の建設をとりやめるほど、中国は今も昔も財政赤字を抱えていないからだ。高速鉄道ビジネスに詳しい、日本企業の北京に駐在する幹部が鉄道業界で流れているうわさを教えてくれた。「安全を後回しにして建設を急がされたという情報がある。公には言えない技術的な不安が出たのではないか」

技術者の告発

北京─上海開業まで一〇日を切った六月二一日。衝撃の告発があった。

鉄道省の高速鉄道部門の元技術系幹部、周翊民が中国紙、『二一世紀経済報道』のインタビューでこう、明かした。

「世界一にこだわり、(技術を購入した先の)日本やドイツの設計上の安全速度を無視しただけ。中国独自の技術ではない」

「一部の路線では小さな問題がしばしば起きている。小さく見えるが実はそうでない問題もある。だがすべては秘密だ」

具体例として、電気部品がはずれてしまったり、故障で頻繁に停車したり、線路が沈んだりしている事例をあげた。(12)

鉄道省は「減速の理由は安全問題ではない」(技術の総責任者・何華武)と火消しに躍起になった。

北京―上海開業

二〇一一年六月三〇日、北京と上海を結ぶ高速鉄道が開業した。東京―長崎に匹敵する距離を、着工からわずか三年余りで完成させた。構想から約二〇年が過ぎていた。日本政府や企業が日本の援助と資金をつぎ込んで、友好の象徴として新幹線を走らせようとした時代が遠い昔に思えた。

私は朝日新聞の特派員として二度目の北京駐在中で、一番列車に乗る機会を得た。記者の招待枠からは外れたが、ネットを通じた販売で運良く二等席を手に入れることができたのだ。

ホームで待っていたのは、ドイツ・シーメンスの技術をベースに中国で造られた和諧号だった。中国語で「高姐(高速鉄道のお姉さん)」と呼ばれる客室乗務員が制服姿で誇らしげに歩いている。身長一六五センチ以上体重六〇キロ以下を基準に選ばれた。首相の温家宝も途中の駅まで乗った。運転席と先頭の客席が透明の樹脂で隔てられており、運転する様子をのぞくことができた。運転手を四人の関係者が厳しい表情で見守っていた。最高時速は三〇〇キロに抑えて走った。

乗車ルポの一部を紹介したい(週刊AERA二〇一一年七月一一日)[13]。

「ジリジリジリと出発の合図が鳴った。六月三〇日午後三時。北京南駅から、〝中国版新幹線〟の一番列車「G1」が定刻通りに出発した。「G」は高速鉄道を略した中国語「高鉄(gao・tie)」の頭文字である。

滑るように走り出したのは白地に青のラインが走る最新列車「CRH380BL」。ドイツのシーメンスの技術をベースに、中国北車が独自に開発したという。十数分で防音壁に囲まれた市街地を抜けたと思ったら、時速は新幹線「のぞみ」の最高速度並みの三〇〇キロに達した。隣の乗客が座席の机に置いた透明な水筒のお茶の表面は震える程度だ。

私の席は二等席の八号車。一列は五席で、一席五五五元（約七千円）。開業六日前、午前九時の販売開始時間に二人がかりでパソコンにはりついて、六分後に入手できた。一列四席で九三五元（約一万二千円）の一等席は先に完売。飛行機のエコノミーより五割高い一七五〇元（約二万二千円）のビジネスクラスは一列三席。当日の夕方便からは空席が目立ち始めたが、一番列車は一六車両一千席が一五分足らずで完売と伝えられた。

定刻に到着した一番列車の前で記念撮影する乗客．首相の温家宝も一部区間を乗車した＝2011年6月30日

「鉄オタ」二〇分の旅

一番列車は中国メディアや政府・鉄道会社関係者が目立ったが、自力で切符を入手したとわかったとたん、鉄道好き同士の連帯感が生まれる。「どうやって買った？」「どこまで乗る？」

北京からそろいのTシャツを着て乗り込んだ中国の「鉄オタ」十数人。彼らは最初の駅「廊坊」までわずか二〇分の旅を楽しんでいた。北京の政府系研究機関に勤める倪《ニー》さんは「休日には仲間で列車に乗りに行く。今日は休みをもらった。なんといっても一番列車だ」。

ビジネスクラスで上海旅行に向かう李さんと麻さん夫婦は、私が日本人とわかるや、「やっぱり新幹線の方がいいでしょう？　もっと速いんじゃない？　ふうん、ビジネスクラス(商務座と呼ばれ、飛行機のビジネスクラスのような広い座席。新幹線のグリーン席より豪華)はないのね」。北京からの出張帰りに乗ったという上海の男性も、「中国はハードはかなりいい線だ。日本やドイツの技術をもとにはしているが、中国の技術さ。でも、ソフトはまだまだだね。駅員の対応や発券の仕組みも混乱している。日本は分刻みの運行をしているらしいし」。

中国共産党が創立九〇周年の前日に「世界一」を自負する高速鉄道を開通させ、「国威発揚」を狙うわりには、人々は思ったより冷静だ。

食堂車で買った野菜炒め中心の二五元(約三二〇円)のお弁当を食べたり、運転士以外に四人もの関係者が入り緊張した面持ちで見守る運転席を眺めたりするうちに五時間九分がたち、定刻通りの午後八時九分、上海虹橋駅に到着した。

同じころ、北京に到着した上海発の一番列車「G2」は、川崎重工業など日本の技術を導入し、中国南車が開発した「CRH380A」型だ。「CRH」は「China Railway High-Speed」の略。「380」とつくのは、最高速度三八〇キロ仕様だからだ。(以下略、為替レートは当時のもの)

中国政府のホームページによると、北京―上海の一番列車に乗った温家宝は「中国鉄路建設史における新しい章を記した」とたたえた。同時に、「百年の大計、質量第一」と安全重視を何度も繰り返している[14]。中国社会から向けられた安全問題に対する厳しいまなざしを意識した発言だった。

大きな波乱が待っていた。

5　そして、あの事故　暗転

追突事故

「中国の高速鉄道は世界一流だ」

北京―上海高速鉄道の開業を控えた会見で、鉄道省次官の胡亜東は言った[1]。

わずか一か月後。

突然の事故で、その自信は暗転する。

浙江省温州市で高速車両どうしが衝突し、当局の発表で二〇〇人を超える死傷者を出したのだ。しかも、発生から数時間後、事故車両の一部は穴を掘って埋められてしまった。被害者の捜索打ち切りを早々に宣言した直後、車両から二歳の少女が助け出された。

衝撃的な事態が明らかになるなか、翌日夕方には運行を再開し、一日半後にはダイヤを完全に復旧させた。

日本の読者の関心が非常に高く、発生直後から北京で取材や出稿に追われた。白地に青いラインの和諧号が高架の軌道からぶら下がる映像を覚えている人も多いはずだ。中国と日本の双方の視点から、あの事故が持つ意味を考えてみたい。

二〇一一年七月二三日二〇時三〇分〇五秒、浙江省温州市内で、浙江省杭州駅から福建省福州南駅へ向かうＤ３１１５号に、北京南駅発福州駅行きのＤ３０１号が追突した。

現場は、激しい雨で落雷が相次いでいた。近くの駅の信号設備が故障し、Ｄ３１１５は時速一六キロで徐行運転中だった。そこへ、後ろから時速九九キロで走ってきたＤ３０１がぶつかったのだ。Ｄ３１１５の後部車両とＤ３０１の前部車両が脱線し、Ｄ３０１の一部の車両は高架下に転落した。

事故現場＝2011 年 7 月 24 日

一一年末に公表された事故報告書によれば、両方あわせて乗客は一六三〇人で、このうち四〇人が亡くなった。一七二人がけがをした。関係者五四人が免職や降格など処分された。半年近く前に汚職容疑で更迭されていた前鉄道相の劉志軍と前運輸局長の張曙光も改めて責任を問われた。同様に信号会社の社長も調査の対象にされていたが、事故から一か月も立たないうちに病死している[2]。

追突されたＤ３１１５はＣＲＨ１Ｂ型で、ボンバルディアの技術をもとに開発された。追突したＤ３０１はＣＲＨ２Ｅ型で、東北新幹線はやての技術をベースに中国で製造された車両だった。車両に万が一でも事故の原因があれば、日本は猛烈な批判を浴びる。日中関係は脆い。容易に日本に対する反感を呼び起こす。事故後まもなく車両の機能は関係ないことが判明し、日本の外交官や企業の駐在員らは胸をなでおろしていた。

事故の原因は当初から、落雷による信号設備の故障にあると指摘された。的確に信号を発信したり受け取ったりできず、運行をうまく制御できなくなっていたのだ。ただ、雷のたびに信号が壊れて衝突事故が起きるようなシステムは不良品だ。商業運転をしてはならない。

通常は、雷などで故障が発生しても安全は確保できるように設計されている。故障や操作ミス、設計上の不具合などは必ずあるものとして、危なくなれば止めるという仕組みになっている。「フェイルセーフ」と呼ばれる設計の考え方だ。その不備が最大の問題とされた。また、雷による信号設備の故障が分かっていながら運転を続けたことから、安全意識の欠如も問題視された。

この信号設備は、国有企業の中国鉄路通信信号集団(通号集団)が納入した。事故報告書によれば、開発チームは正式に組織されず、管理もいい加減だった。一部については故障した場合の対応の試験をせず、システムの現場テストもしないで導入を決めた。鉄道省は、技術の確立していないシステムを導入するなど違法行為を繰り返していた。事故が起きた浙江省寧波と温州を結ぶ甬台温線(全長二八二キロ)は約二年前に開業したばかりだった。計画より四か月も繰り上げて三年半で完成させたことも明らかになった。工事や信号など設備の開発を急ぐ当局の姿勢が、事故を誘発したことを示す内容だった。事故車両の運転手はそれぞれ、高速鉄道を運転する免許をとって一年半と二年しかたっていなかった。とにかく、何もかもが急ごしらえだったのだ。

事故報告書に対して、日本の専門家の見方は厳しい。東京大学名誉教授の曽根悟は『鉄道車両と技術』（一九五号）で、「『再発防止』を謳いつつ、何処がどのようにフェイルセーフでなかったのか、設計やチェックのプロセスで何処をどのように改める必要があるか、等の肝心な部分は記述されていない」と指摘する。(3)

調査結果を広く公表することによって、技術や管理での問題点を世界の鉄道業界で共有できる。再発防止にも役立つ。中国は内部では共有し、改善策をとったはずだが、対外的に公表された資料には書き込まれていなかった。不都合な情報の隠蔽は、「世界一流」の姿勢ではない。

現場にいち早く駆けつけ、その様子を報じた朝日新聞上海支局長（当時）の奥寺淳は振り返る。

「事故現場に着いたら、ショベルカーがそばに穴を掘っていて、運転席や大切な機器が詰まった先頭車両を壊して埋めていた。なぜ車両を埋めるのかと聞いたら、『撤去できない物を埋めるのは自然なことだ』と鉄道関係者に言われた。詳しい事故原因も発表されないまま一日半で営業運転が再開されるなど、あの事故は中国の鉄道当局の危うい体質をさらけ出したように感じた」

異例の報道合戦

この事故は、中国メディアのあり方も赤裸々に示した。

中国共産党・政府は重大な事故であればあるほど、報道を統制し、情報を管理する。

それだけに、この事故にからんで注目されたのは、その統制をかいくぐって続いたＳＮＳによる情報の発信だ。被害者自身や家族がＳＮＳで次々に声をあげた。直接は関係なくとも事故を知った人々が当局のずさんな対応に怒り、調査を求め、責任を問うた。

私は北京から主に当局の動きを追っていたが、SNSを通じた情報が公式発表より圧倒的に早かった。ひょっとして中国の報道は何かが変わるかもしれない。期待した。SNSを通じた人々の声がテレビや新聞といった伝統的なメディアとコラボするようなかたちで、政府を動かす可能性をみせていたからだ。

上海師範大学影視伝媒学院副教授の陳雅賽が早稲田大学大学院博士課程に在学中に書いた「7・23温州列車脱線事故における中国ネット世論の形成」(4)によると、事故にかかわる最初の情報発信は、発生する三分前に、現場近くに住むと考えられるウェイボー(中国版ツイッター「微博」)利用者が、速度の異変について書き込んだものだ。発生から一三分後には、救助を求める乗客がウェイボーに書き込んでいる。一〇万回も拡散され、その乗客は二時間後に救出された。陳は、〇八年に山東省で発生した列車事故の第一報は中国国営新華社通信が五時間後に伝えたものだったことを指摘し、ネット世論の影響力の増大を論じている。

SNSに押されるように、北京の都市報『新京報』は一報から一面で報じた。商業色が強い新聞や雑誌は連日、大型の特集を組んだ。

鉄道省の記者会見が事故から一日以上も過ぎてからだったことや、車両を埋めたことを救助活動の一環として自己弁護を繰り返したことなどを強く批判した。賠償金についても数々のメディアが疑問を呈した。北京—上海高速鉄道の開業前から、高速鉄道では細かい不具合が多発していたという関係者の証言を伝える報道もあった。中国中央テレビ(CCTV)でも人気キャスターの白岩松が「一か月前であれば（鉄道省の説明を）信じたいと思うが、いまは信じられない」と言い切った。

事件から五日目の七月二八日。首相の温家宝が現場に赴かざるをえなくなった。被害者に哀悼をささげ、頭をさげた。家族らを慰問し、記者会見を開く。[5]

「事実の通り話そう。病気で一一日間、起きあがれなかった。今日も医者にとめられたが、振り切ってやってきた」と釈明した。疲れた表情だった。

この一一日間の途中、訪中していた元衆院議長の河野洋平と会談していることから、温の弁明は「仮病」と批判された。その真偽はともかく、国家指導者が自らの健康問題に触れることは極めて異例だった。また、洪水や地震など自然災害ではない事故現場に入り、外国メディアを含めて五〇分間もの長さの会見に応じるのも非常に珍しい。

それだけ、人々の怒りのマグマがたまっていたのだ。

「中国よ、飛ぶように駆ける足を止めよ。人民を待ってくれ。魂を、道徳を、良識を――。列車を脱線させるな。崩れ落ちるような橋を架けるな、陥没する道路を造るな、危険な住居を建てるな。もっとゆっくり歩こう。一人一人の命に自由と尊厳を。時代の下敷きにされぬよう、一人一人が平和なゴールへたどりつけるように[6]」

童大煥というコラムニストが事故後にネットに投稿した文章だ。たいへんな勢いで読まれた。高速鉄道の安全問題を超えて、庶民を置き去りにした超高成長に疑問や不安を感じる人の共感を呼んだ。

「安全を失えば、信頼も失う」「（発展のスピードが）速ければいいのではなく、質や効率などを考慮し、何より安全を最優先させる」。温が強調する姿がＣＣＴＶで放送された[7]。この日、鉄道省から被害者への賠償金も五〇万元から九一万元へ引き上げられた。事故への怒りは、弱者を踏み台にして発展を急ぐ中国の体制に対する批判にも転じつつあった。

隠された「億」の真実

情報発信の勢いは、一週間で幕を閉じる。

事故から六日目の二九日夜。メディアを管理する中央宣伝部が指示を出す。「各メディアやウェブサイトは、事故の報道について温度をさげなければならない。「正面報道」と権威部門(新華社)の報道以外に、いかなる報道も評論もしてはならない」

正面報道とは、批判性を持たず、プラス面に焦点を当てて前向きに報じることである。中国当局がしばしばメディアを指導するときに用いる表現だ。日本メディアは中国の「負面(ネガティブな)」報道ばかりせず、「正面」報道をするべきだ、という使い方をする。私も何度も文句を言われた経験がある。この日を境にメディアへの締め付けは強くなっていく。上海の衛星テレビ局の上海東方衛視電視台は、現場からの中継を突然中断した。『新京報』、『中国経営報』、『二一世紀経済報道』など各紙も夜になって記事を大慌てでさしかえた。

「今晩、百のメディアが記事を差し替え、千の記者の原稿がボツになった。中国では、万の人々の魂がさまよい、億の真実が隠されている」。広州市を拠点とする『南方都市報』の調査報道部の幹部は、ウェイボーでつぶやいた。

すぐに削除されてしまった。彼は翌年、同紙を離れた。

「人の安全が確保されていないような速度を我々は求めているのか。人の魂を置きざりにしたスピードアップなどいらない」。そう書き込んだＣＣＴＶのプロデューサーは停職処分を受けた。

報道の変革に対する淡い期待はしぼんだ。

鉄道省解体

もちろん何も変わらなかったわけではない。中国当局は、高速鉄道の最高時速を三五〇キロから三〇〇キロへいったん落とすことを決めた。事故の約一か月前に開業した北京―上海線などは当初から予定より引き下げて三〇〇キロを最高時速としていたが、安全強化をアピールして全国にも適用することになったのだ。最高時速三二〇キロで走るフランスのＴＧＶとドイツのＩＣＥを下回り、「世界一」は返上した。

新線の建設も凍結された。

中国メディアによれば、全国で一万キロもの建設が止まった。日本でいえば、ＪＲグループの旅客線網の約半分にあたる距離で工事がストップしたのである。中国政府が、投入する資金を絞るように地方政府や国有銀行に指示を出したからだ。鉄道建設の投資額は一一年、前年を割りこむ。建設に携わる労働者に給料が払えない現場まであった。

私が取材した北京から河北省石家荘を通り武漢に通じる高速鉄道の沿線でも、駅の建設が滞っていた。工事現場で働く河南省から来た出稼ぎの男性は「お金がなくて、人をたくさん雇えないと聞いた。材料も十分に調達できていないらしい。来年末の完成を目指していたが、このペースでは到底無理だクビにならなければいいが……」と心配そうだった。

そして、鉄道省は解体された。事故から二年後、列車の運行を担う国有企業や安全監督にあたる部門などに分割された。

鉄道省は巨大な利権を背景に独立王国を築き、「腐敗の温床」と指摘されてきた。事故が庶民からの根強い不信に火をつけた。その怒りのエネルギーを、胡錦濤政権は共産党内の権力闘争に利用した。

解体された鉄道省＝2011年7月30日，北京市

鉄道省は、整備の計画など政策から建設、運行、点検まで一貫して管轄し、監督機能も持つ巨大組織だった。日本で言えば、かつての国鉄に運輸省鉄道局や鉄道建設公団など関連組織を加えたようなものである。独自の警察組織もある。戦時の物資輸送に由来し、一九四九年の発足当初は鉄道相を軍の参謀長経験者が務めたほど、人民解放軍にも近い。

さらに、事故原因と指摘された信号を設計した企業や不動産開発を手がける企業など関連業界を抱え、巨大市場をほぼ独占している。鉄道を敷けば沿線の地価も上がる。投資額以上のカネがうごめく。

国有企業改革を始めた一九八〇年代から政府内で巨大な権限を分散する必要性が叫ばれてきた。だが八〇年代後半、上海列車事故が起きた。日本からの修学旅行生を含む約三〇人が亡くなる大惨事だった。「大変な時に改革はできない。表現は適当ではないかもしれませんが、上海の事故のおかげであの時は改革を免れたのです」。北京のホテルで取材に応じた鉄道省ＯＢは振り返った。

二〇〇〇年前後には辣腕首相と呼ばれた朱鎔基も行政改革を断行しようとした。一部は成功したが、鉄道省には手をつけられなかった。中国政府関係者によれば、幹部だった劉志軍(のちに鉄道相)が国家主席江沢民の力を借りて逃げ切ったのだ。胡錦濤政権も機構改革で鉄道省改革を最大の焦点に据えていたが、跳ね返されていた。

だが、劉や複数の幹部の汚職を摘発し、事故を追い風に変えて、胡政権はナタをふるった。事故が火をつけた庶民からの批判が政権全体に及ぶことをかわしながら、江派に近いとされた巨大な利権官庁である鉄道省を解体に追い込んだのである。

技術、メディア統制、そして政治――。この事故は中国社会を多面的に浮きぼりにした。

「ぱくり新幹線」が映す日本の対中世論

私は同時に、日本の対中世論もあぶりだされたと感じている。事故を取材して印象深かったのは、日本社会における反響の大きさだ。

死者数でいえば、〇八年四月二八日に山東省の在来線で起きた列車衝突事故のほうが、被害の規模ははるかに大きい。死者は七二人、負傷者は四一六人に上った。同年の北京五輪でセーリングの会場となる同省青島と北京を結ぶ路線だった。

北京発青島行きの旅客列車が脱線し、前から来た同省煙台発江蘇省行きの旅客列車と衝突した。脱線した列車が、制限速度を五〇キロも超えて時速一三一キロで走っていたことが原因とされた。

このとき、朝日新聞の第一報は夕刊社会面三段の扱いだ。すでに四三人の死亡が伝えられていたにもかかわらず、一面ではない。死者七〇人を伝える第二報は写真のみ一面で、記事は社会面二段。第三報は三日後。原因を速度違反とした事故調査グループの発表を報じた。外報面の短信に縮小された。続報はない。

浙江省の事故は、日本時間で夜一〇時前の発生だったにもかかわらず、一面トップと社会面で展開した。夜に大慌てでパソコンに向かった。

記者は、自分が取材した記事を大きく扱ってほしいものだ。私の場合、過剰に期待している場合が多いのかもしれないが、たいていは想定よりも扱いは小さくなる。このニュースは違った。私が予想するより、少しずつ大きく載った。朝日新聞の記事データベースで「中国　高速鉄道　事故」と検索すると、二一六件ある。

朝日新聞だけの傾向ではない。新聞・雑誌記事のデータベースサービス日経テレコンで事故発生日から二三年五月二三日までを対象に検索してみた。「山東省　鉄道　事故」が一五四六件に対して、「中国　高速鉄道　事故」は七六四〇件がヒットする。

スイスで一〇年と一四年に観光列車が脱線し、死傷者に日本人が含まれていた事故があった。「スイス　鉄道　事故」で検索すると、合計で一五二五件だった。

中国の高速鉄道事故の報道の多さは突出している。

もちろん、スイスは遠い。中国は隣国だ。在留邦人は多く、出張や旅行で訪ねる人も少なくない。身近だ。関心はより強くて当然かもしれない。ただ、「中国で自分や知り合いが事故に遭うかもしれない」と心配する空気は感じられなかった。

日本のネット上には、「ぱくり新幹線」が起こした事故への嘲笑があふれた。

事故の二週間ほど前の七月七日。鉄道省報道官の王勇平が新華社の取材に応じるかたちで、日本から寄せられる「ぱくり新幹線」に反論している(8)。

新華社記者の質問部分からして興味深い。中国の高速鉄道に対する日本の反応について、「日本人の心は混乱している」「器が小さい」「日本の知的財産権は侵していないが、日本の利益を侵している(ので、日本が反発している)」などと、中国のネットユーザーの書き込みを報道官にぶつけた。

王が冷笑しながら答える。

「なにをどう言えば、ぱくり新幹線なのだ。図々しい大口をたたくものだ」

「世界で初めての高速鉄道は日本で誕生した。日本人は長い間、誇りにしてきた。(しかし)中国の高速鉄道の多くの技術は、すでに日本の新幹線をはるかに上回る。日本メディアが剽窃と言うのは、率直に言って滑稽だ」

「日本に技術支援をしてもいい」

そして最後に日中戦争に触れた。この日はちょうど、日中戦争の発端になった盧溝橋事件の日だった。

「前世紀の戦争について日中双方の人民は忘れるべきではない。戦争は遠くなったが、教訓を深く考えるべきだ」

また、中国の英字紙『チャイナデイリー』は北京―上海間の開業前、「中国企業が高速鉄道技術について米国で特許申請の手続きに入った」と伝えていた。(9) 日欧米やブラジル、ロシアといった五地域を対象に特許を申請する可能性に触れた。「ぱくっておいて、特許?!」。日本では激しく批判された。中国側の高速鉄道にかかわるこうした言動は、日本社会の「嫌中論」を増幅させた。

そうして事故は起きた。日本で「ほらみたことか」という感情が広がったのである。

王が触れたように、日本の新幹線は日本人の自慢の種だ。東京五輪にあわせて開業した一九六四年以来、乗車中の死亡事故は起きていない。この「安全神話」は定刻運行とともに、鉄道にとどまらない「日本すごい」の象徴になっている。

速度や運行距離で中国に抜かれても、技術や安全では負けていない。中国の事故を通じて、それが確認できたからこそ、日本社会の関心を集めたのではないか。自尊心を補う、ある意味、すかっとするニュースとして消費されたのではないだろうか。

背景には、日本と中国の経済規模が前年に逆転し、世界第二の経済大国となった中国に対する屈折した感情があったと思う。そして、手にしたパワーを背景に尖閣諸島の領有権問題などで一段と強い姿勢をみせ始めた中国への反発が、当然ながらあった。

元運輸審議官の土井勝二は振り返る。「私はJRの幹部に「中国は将来、同じレベルで高速鉄道を売り込む恐れはないか」と質問したことがありました。彼は「日本の技術は年々進歩しているので心配はいらない」と言っていた。川崎重工業の会長だった大庭浩氏も技術を売って得たお金で、また新しい技術を開発すると言っていました。その後、日本は自信を失ってしまい、中国の技術の発展を脅威にみるようになったのではないでしょうか」

内側に脆さを抱えながらも国力を増す中国。隣国でありながら、いや、あるからこそ、彼らとの共存に懸念や脅威感を抱く日本。高速鉄道をめぐっては、両国とも容易に「テクノ・ナショナリズム（技術愛国主義）」に火がつきやすい。

日中関係は転機を迎えていた。

6　国威を乗せたライバル

毛沢東の誕生日に全線開業

中国政府は、浙江省の事故を受けて高速鉄道の建設を抑制した。

しかし、長くは続かなかった。翌二〇一二年には再びアクセルを踏みこむ。

理由は二つある。

一つは、欧州債務危機を受けて、世界経済が失速し、中国も影響から逃れられなかったのだ。〇八年のリーマン・ショックが高速鉄道の「大躍進」につながったように、またぞろ景気対策として勢いを盛り返した。

そして、もう一つ。習近平体制の発足である。習は一二年一一月の中国共産党大会で、胡錦濤に代わって中国共産党のトップ、総書記に昇格し、翌一三年三月には国家主席、中央軍事委員会主席にも就いた。新しい指導部の発足にあたって経済の低迷は許されない。高速鉄道の建設は、大量の鉄やセメントを使う。工事現場には雇用がうまれる。てっとり早い景気対策にはもってこいである。沿線には空港とみまがうような新駅や高層マンションが続々と立ち上がった。

習体制が発足した一か月後、暮れも押し迫った一二月二六日。北京と広州を結ぶ高速鉄道が全線（二二九八キロ）で開業した。(1) 首都と南方の経済都市を約八時間で結ぶ。札幌と那覇の距離とほぼ同じ区間を直通列車が走る。高速鉄道としては当時、世界最長だった。中国の一体感を強め、国威を発揚する手段に使おうとしていた。

開業日は、毛沢東の一一九回目の誕生日だった。

「国力の象徴。中国鉄路史に明記すべき一日」。鉄道省傘下の新聞『人民鉄道』は自賛した。新線のもとになる在来線が日本との戦争の砲火を浴びながら建設された歴史も紹介していた。

一番列車に投入されたのは、東北新幹線はやての技術をベースに開発された車両、ＣＲＨ３８０Ａだ。最高時速三五〇キロで設計されているが、「安全重視」で、まずは三〇〇キロに落として運転を始めた。(2)

午前九時、北京西駅。一番列車を見送るホームには、派手な花輪や赤じゅうたん、スローガンの横断幕はなかった。幹部の長いあいさつもなし。「簡素」を求める習の指示に従ったものと紹介された。

「国家の経済と庶民の求めに応じてさらに発展させなければならない」

鉄道省科技局長の周黎《しゅうれい》は開通を前に、中国国営新華社通信の取材に対してこう、述べた。「利便性」を強調し、習率いる新体制が経済政策の重点とする「都市化」や「環境」に対する貢献も強調した。

地元紙は「朝は広東で飲茶《ヤムチャ》、夕方には北京ダック」（『法制晩報』）と盛り上げる。ただ、運賃は、日本円に換算すると約三万円（一等）。三時間ほどで結ぶ飛行機と大差なく、二〇時間余りで走る寝台列車（軟臥）の約二倍だった。全線を通した利用は疑問視されていた。

首都で反対デモ

中国の高速鉄道の建設に対して、人々が諸手をあげて賛成していたわけではない。沿線では反対運動もあった。

「高速鉄道の路線を変えろ」――。

北京、一二年一二月九日午後二時。高層マンションが立ち並ぶ住宅街で、寒空のもと六〇〇人を超える住民が声をあげた。北京と東北部の遼寧省瀋陽を結ぶ路線を自宅のそばに建設することに反対する人々だ。騒音や振動など環境被害を心配していた。

参加者によれば、この在来線を造り変え、高速化させる計画が表面化した〇九年以来、もっとも激しい反対運動だった。中国では自由なデモが認められていない。とりわけ管理が厳しい首都北京で、数百人規模の抗議活動は鉄道に限らず、珍しいことだった。

「太陽を浴びに行こう」。当局が神経質になる「デモ」という言葉を避け、そんな合言葉を使って集まった。用意した横断幕やポスターは公安当局に事前に押収されてしまった。それでも人々はパソコンで打ったスローガンを印字しただけの白い紙を掲げて、わずかな距離を一時間余り歩いた。

ある参加者は、公安当局とは事前に交渉し、平和的なデモに徹することや人数の制限を受け入れたことを明かした。ただ、いつのまにか、内々に許されていた規模の二倍以上に膨らんだ。

「高速鉄道からわずか三〇メートルの所に小学校がある。二〇〇メートル以内なら幼稚園、学校、病院が一四か所もある。こんな住宅の密集地を選ぶなんてありえない」。三〇代の男性は憤っていた。自宅の数十メートル先に線路が敷かれる予定だった。

高速鉄道で環境被害を受ければ、資産の価値も下がる。「私たちは暴力的なデモをしない。そのぐらいの理性は持っている。でも、健康と自分の大事な財産の価値は守りたい。当然でしょう」。取材に応じてくれた弁護士は語った。有志で作ったという「家　神聖不可侵」と書かれたポスターが、彼のアパートの地下駐車場に貼ってあった。

中国の週刊新聞『南方週末』によると、高速鉄道の建設をめぐっては、同じころ湖北省武漢市でも抗議行動があった。都市部での利害調整がしだいに難しくなり、対策のため建設費が膨らむ傾向にあると報じられていた。

振り返ると、当時はまだ、少数派だったとしても公共事業に反対するデモをできた。それを報じるメディアもあったのだ。

だが、習体制が確立するなか、そうした民意の表現は封じ込められていく。

高速鉄道の建設は加速した。

世界最大メーカーの実力

中国の鉄道市場をほぼ独占するのが、中国国有の鉄道車両メーカー「中国中車（CRRC）」である。「中国北車」と「中国南車」が二〇一五年に合併して生まれた。国有企業の巨大化は、習政権が打ち出した世界市場で競争を勝ち抜くための国家戦略だった。

ＣＲＲＣの社員は総勢一七万人。三万六〇〇〇人が研究開発に携わり、このうち二万人が三五歳以下と若い。高速鉄道から地下鉄、貨物まであらゆる車両を手がけ、リニアモーターカーの開発にもいそしむ。

売り上げの規模で言えば、圧倒的な世界一。売上高は二二二九億元（二二年）[3]。日本円にして四兆円を超える。ドイツのシーメンスは約一兆円、ボンバルディアの鉄道部門を傘下におさめたフランスのアルストム[4]が約二兆円規模だから、両社を足しあわせたよりも大きい。ホームページは、中国語のほか、英語、フランス語、ロシア語、ポルトガル語、スペイン語、アラビア語で用意されている。国際化は、国策でもある。

アルストムとシーメンスは鉄道車両部門の合併を模索した[5][6]。

「アジアの支配的なプレーヤーが世界市場の力学を変えた」

シーメンスの首脳は、合併計画を公表した一七年当時の声明で明言している。欧州の「巨人」の合併は、市場を独占する恐れがあるとして、欧州連合（ＥＵ）の欧州委員会が認めず実現しなかったが、両社はＣＲＲＣとの競争に身構えていた。

ただ、ＣＲＲＣの売り上げの九割は中国内で、国外は一割しかない。彼らの七分の一ほどの売り上げの日立製作所の鉄道部門が、日本外の市場で稼ぐ規模より小さいのだ[7]。

中国政府は国内市場を守るため、完成車両の輸入を基本的に認めていない。部品の国産化比率も定めている。外国企業の参入の障壁は一段と高くなった。技術を吸い上げたら、使い捨てなのか——。

川崎重工業会長の金花芳則は淡々としていた。

「中国政府が車両の輸入を認めたとしても、中国中車よりも中国の乗客にとって魅力的な車両をより安い価格で輸出できる外国メーカーがあるかといえば、ないでしょうね」

「(長年支援してきたCRRC傘下の青島四方機車車両の)工場は訪ねるたびに大きくなり、研究や試験設備も最新型を取り入れるようになった。国全体に高速鉄道のネットワークを張り巡らせるという国策のもと、豊富なリソースを活用して経験を積み、改良を続けている」

二一年に中国鉄道省が宣言した高速鉄道にかかわる特許申請については「我々が移転した技術については申請していない。ずっとモニターしていますが、確認しています」と語った。

「育てた相手がライバルになったのでは?」と問うてみた。

「ライバルという言い方が適当かどうか。こんなに早い成長は予測していませんでしたが、かつて工場に研修にきた技術者たちのまじめな態度を思い出せば納得できます。我々の間では提供した技術を中国以外で使ってはならないという契約があり、彼らもしっかり守っています。お互い異なる市場に向けて事業を推進していると考えています」

「日本があの(高速鉄道)案件に取り組まなければ良かったのか。そんなことはありません。中国は欧州の技術を取り入れて高速鉄道を整備したでしょう」

中国の高速鉄道について熱くなりがちな日本の世論に比べて、金花の冷静な発言が印象に残った。

アベノミクスVS「一帯一路」

金花は「ライバル」と言い切らなかった中国だが、外交力を含めて国家がぶつかりあう高速鉄道ビジネスでは、紛れもない競争相手である。

二〇一二年暮れ、二度目の政権を握った安倍晋三は、経済成長戦略「アベノミクス」のなかで、成長戦略の一つとしてインフラ輸出を掲げた。新幹線も目玉となった。「日本印を世界に」と、安倍を筆頭に官邸主導のトップセールスに取り組んだ。首相補佐官として、国土交通省(旧建設省)出身の和泉洋人が重用された。高速鉄道商戦において、日本政府は日本企業以上に熱を入れた。

ほぼ同じころ、中国共産党のトップに就いた習近平は、対外戦略の目玉として「一帯一路」を打ち上げた。鉄道を含むインフラ整備に意欲を燃やした。中国製の高速鉄道車両は「一帯一路の名刺」(中国中央テレビ(CCTV))と位置づけられた(8)。

緒戦はインドネシアだった。二億七〇〇〇万人超の人口を抱えるアジアの海洋大国だ。首都ジャカルタ―バンドン(一四二キロ)間をめぐって、日中は火花を散らした。

マレー半島を貫く路線でもぶつかった。マレーシアの首都クアラルンプール―シンガポール(約三五〇キロ)間だ。マレーシアで続く政変に翻弄されながら、商戦は混沌を極めた。

かと思えば、政府が関係改善のために高速鉄道を使おうとしたこともある。タイでは長く綱引きしていたはずなのに、日中の政府は双方の企業に対して協力して建設するように求めた。ライバルと手を組め、と。

高速鉄道はシンボリックであるがゆえに、政治や外交の道具になる。

その政治の力で、日本がもぎとったのがインドだ。商都ムンバイから、首相モディの地元であるアーメダバードまでの約五〇〇キロに、新幹線を走らせる計画が進んでいる。日本はインドを、台頭する中国に向き合う「同志」と位置づける。落とすわけにはいかなかった。「中国に負けるな」。商戦において、日本政府は日本企業以上に熱を入れた。インドネシア、マレー半島、タイ、そしてインド。

高速鉄道をめぐる日中のさやあての背景には何があるのか。舞台となった国々は、日中をどう見ているのか。この話は、第二部で現地のルポをまじえながら、じっくりと伝えたい。

こうした国際市場で、新幹線が対峙する中国製の車両は、復興号だ。習近平が掲げる政治スローガン「中華民族の偉大なる復興」にちなんで命名された。中国内でも、高速鉄道の開業時に政権を率いた胡錦濤のスローガンに由来する和諧号は、しだいに復興号へと置き変えられている。権力の移行を、車両の名前が示していた。

7　赤い超特急「復興号」と鉄のラクダ

「和諧号」から「復興号」へ

新型の高速鉄道車両CR400「復興号」が二〇一七年六月末から、大動脈である北京—上海間（一三一八キロ）に投入された(1)。走り始めてから一週間ほど過ぎた七月三日。私も乗ってみた。上海を午後二時に出発し、五時間弱で北京に着く便である。

切符は、中国に住む知人にネットを通じて買ってもらった。飛行機のビジネスクラスのような商務席（一七八八元＝約三万五〇〇〇円）、一列四席の一等車（九七三元＝約二万円）は売り切れていた。一列五席の二等車（五五三元＝約一万一〇〇〇円）をなんとか入手した。

上海の高速鉄道の駅は、主に国内線が発着する虹橋空港に接している。地下鉄を乗り継いで、駅に着いたのは、発車の二〇分前。空港のようなX線の荷物検査を経て、窓口へ急ぐ。インターネット販売が普及し、列が短くなった。駅の窓口でパスポートを見せて切符を受け取り、一番ホームへ走った。

待っていたのは、白地に赤いラインの復興号。金色と聞いていたが、どう見ても赤い。ゆるやかな曲線を描く顔立ちだった和諧号の先頭車両に対して、心持ちシャープな気がする。

復興号（二等車）の車内＝2017年10月21日

ほぼ満席で定刻に発車した。座席は和諧号より少し広めで、車内もいくぶんゆったりしている。二等車にもUSBの差し込み口や電源がある。Wi-Fiが全席で使えるはずだが、私はうまくつながらなかった。乗務員には「千人以上の乗客がいっぺんに使おうとするので混雑してつながらない」と言われた。

近くの席の子どもが楽しそうに歌っている以外は、車内は静かだ。スマホやタブレットをいじっているか、居眠りしている。ひまわりの種をかじって殻をぷっとはいたり、賭けトランプのカードをくったりしながら、わいわいがやがや騒々しかった在来線の旅が懐しくなる。

北京に長く勤務する知人が「乗るたびに味が落ちている」と言う車内販売のお弁当を買ってみた。四川料理の宮保鶏丁（鶏肉とピーナッツの炒め物）が日本円に換算して約七二〇円。うーん、おいしくない。高速鉄道は食堂車がなく、レンジでチンした箱弁を売っている。蒸気がこもってしっけているのだ。紅焼肉（豚肉の角煮）や牛肉蝦仁（牛肉とエビの炒め物）は約一〇〇〇円。中国人のお客さんからも「まずくて高い。少ない企業が寡占しているからだ」と批判があがっている。在来線と同様にカップ麺を持ち込んで食べる人もいる。「食在中国」の国でおいしくならないのは、お客が車内での食事に価値を持っていないからではないか。例外として、ごはんが過去最高においしかったお弁当は、北京―上海間を開業したときの一番列車。野菜炒めとごはんで二五元（約五〇〇円）。二〇一一年六月のことだ。首相の温家宝が途中まで乗っていたからに違いない。

一七年七月から、駅に入っているケンタッキーフライドチキンなどのファストフード店から、スマホで食事の出前を頼めるようになった。利用できる駅やメニューが限られているとはいえ、このサービスは在来線を含めて徐々に広がっている。中国紙によると、全国七五駅(二二年一〇月時点、『楚天都市報極目新聞』)で注文できる。デジタル大国中国では、「駅弁」も独自の進化をとげている。

復興号のデビュー翌日、ある便で四九分の遅れが出たと話題になっていた(2)が、私が乗ったG4は定刻どおりに北京南駅に着いた。

復興号＝2017年7月3日，北京南駅

驚いたことに、上海虹橋駅でも北京南駅でも、先頭車両や車体の復興号の名前と一緒に記念撮影をする人が、ほとんどいなかった。先代の和諧号が走り始めたころは、先頭車両へかけつけて写真を撮る姿が目立ったものだ。〇八年の北京五輪をきっかけに高速鉄道が走り始めて九年が過ぎていた。中国の乗客にとって新味が失せたのかもしれない。市民の「足」として根付いたとも言える。

復興号には、あだ名がある。赤、いや金色とされているラインは「金鳳凰(金のフェニックス)」、青いラインの方は「藍海豚(青いイルカ)」。日本の新幹線「のぞみ」「はやて」のように、車両の名前そのものも「金鳳凰」「藍海豚」の方がなじみそうだが、そうはいかない。軍事輸送にかかわる兵站《へいたん》や国家建設を担い、広い国土を結ぶ鉄道は、統一と愛国の象徴に用いられてきた。車両もまた、政治スローガンを背負って走る宿命にある。

毛沢東の肖像を掲げる蒸気機関車「毛沢東号」の再来として、「習近平号」が登場する日は来るのか。私は政治臭ぷんぷんの復興号の名前が早く消えて、人それぞれの旅心を楽しませるような「フェニックス号」「イルカ号」に変わる日を期待している。

すごいぞ我が国　CHINA

中国の高速鉄道について、中国政府は「外国の技術を導入、吸収し、消化し、さらに革新した」(首相・李克強)と説明する。復興号は「全面的な自主設計と完全な知的財産権を持っている」(国鉄路総公司総経理・陸東福)と強調する。(3)

CR400は、「China Railway(中国鉄路)」が最高時速四〇〇キロで運行できる車両を意味する。試験走行では四二〇キロを達成した。当初、安全重視で約三〇〇キロで走っていたが、ほどなく三五〇キロに引き上げられた。

「厲害了《リーハイラ》、我的国(すごいぞ我が国)CHINA」

一部の復興号の車両には、そんなステッカーが車両に貼り付けられるようになった。昭和生まれの私は見るたび、郷ひろみが歌っていた「二億四千万人の瞳　エキゾチックジャパン」を思い出してしまう。一九八四年、分割民営化が決まっていた国鉄末期のキャンペーンソングだ。郷自身が団子鼻の0系新幹線の車内で歌ったこともある。

「いのちのときめき　エキゾチックジャパン　ジャパン　ジャパン」と繰り返す熱唱は、バブル時代の日本の風景とともに記憶に残る。

中国にとって、日本を経済規模で抜き、米国をとらえることを視野に入れ始めた二〇一〇年代の空気は、それに似て、いや、さらに上回る勢いがあった。米ハーバード大学教授のエズラ・ボーゲルの著作のタイトルでもある「ジャパン・アズ・ナンバーワン」に沸いた日本と同様に、傲慢さも芽生え始めていた。

スマホ決済システム、シェア自転車、ネット通販、そして高速鉄道――。中国のネット上で飛び交う「中国の新四大発明」(4)には、なぜか高速鉄道まで含まれている。かつては「師匠」(5)(中国誌『財経』)と仰いだ欧州や日本の鉄道技術力への敬意は薄れ、いつのまにか自らの発明にすり替えてしまった。

欧州に乗り込む

私は二〇一八年九月、ベルリンで開かれた世界最大の鉄道見本市イノトランスを取材した。この見本市は、東西ドイツの統一から六年後の一九九六年から始まった。新型コロナウイルス感染症の流行で二〇二〇年は延期されたものの、基本的に一年おきに開かれる。鉄道の本場欧州を代表する展示会だ。

私が取材した年は中国メーカーが初めて、本物の車両を展示したことが話題を集めた。この年の夏、初めてドイツへの輸出に成功した機関車である。ディーゼルと蓄電池のハイブリッド方式で、排ガスの抑制と省エネをうたう。買ったのはドイツ鉄道だ。シーメンスの本拠地に風穴を開けた。

炭素繊維素材の車体をチェックする欧州メーカーの技術者＝2018年9月18日，ベルリン

会場では、中国中車（ＣＲＲＣ）をはじめ、中国企業の真っ赤な看板やのぼりが目立つ。中国のブースを早めに訪ねると、中国メーカーの幹部らが英語でのスピーチを身ぶり手ぶりで熱心にリハーサルしていた。

本番の日。あいさつした董事長（会長）の孫永才は「欧州の鉄道事業者との協力を通じて、自社のイノベーション能力を高めてきた」と誇らしげだった。屋外に展示した真っ黒の地下鉄車両「ＣＥＴＲＯＶＯ」には、鉄道のプロたちの人だかりが絶えなかった。車体や台車枠が炭素繊維素材で、金属製より軽い。

こちらは自動車ショーでいえばコンセプトカーのようなもので、まだ試作品だった。それでも、欧州メーカーの技術者たちが車両の下にもぐりこんで必死にチェックしたり、写真を撮ったりしている。ＣＲＲＣの技術者、丁参参は質問攻めだ。「素材は高価だが、軽くて静かに走れる。省エネにもなる」と宣伝していた。車内に入ってみた。窓そのものが液晶ディスプレー機能を備える。触ってネット検索したり、通販で買い物したりできる。

鉄道の専門家の間では、中国の鉄道技術に対する評価は低くない。日本の車両メーカーの幹部は「車軸など一部の部品の製造、運行システムの一体管理、融資や建設の確実性、アフターサービスなどは日本が勝る」としながらも、「巨大な市場を独占して大量に生産するのでコストを下げられる。安いし、納期も早い。寒冷地や高地、砂漠の走行など技術の進展は著しい」と認める。

『海をわたる機関車』の著者で、東京大学教授の中村尚史は指摘する。「鉄道はたくさん造ったもの勝ちの世界です。経験で進化していく。世界一の高速鉄道網を持ち、巨大市場を抱えて量産する中国は有利です。日本は中国の技術水準の高さを冷静に直視する必要があります」

リニアの夢よ、もう一度

中国は、鉄輪式の高速鉄道で最高時速四〇〇キロでの営業運転を目指す。同時に、朱鎔基が首相を務めた二〇〇〇年前後にこだわったリニアモーターカーに対する意欲も甦っている。CRRCが一六年から本格的に開発に乗り出し、二一年には最高時速六〇〇キロの車両を完成させた(6)。北京─上海を二時間半で結べる。高速鉄道よりも二時間ほど早い。ジェット機と高速鉄道の隙間を埋める「陸上飛行」の手段と位置づける。

中国政府と一体となった開発で、資金も国家が支える。孫永才はお披露目の式典で「中国が自主創新した高速リニアは、産業化する能力がある」と述べ、実用化に向けて自信を示した。「科学技術強国、交通強国、製造強国のため、中華民族の偉大なる復興のため、新たに大きな貢献していく」と結んだ。大きいだけではだめ、大国から強国へ──。習政権の産業政策のかけ声をなぞったあいさつである。

リニアの営業運転に向けた取り組みは、日本が先行する。JR東海は一五年に最高時速六〇三キロの試験走行に成功し、最高時速五〇〇キロで走るリニア中央新幹線の建設を進める(7)。

ただ、中国にせよ日本にせよ、リニアは根深い問題を抱える。建設や運営のコストが高く、環境への負荷も大きい。長距離の安全性は未知数である。代償をどこまで払って何を得るか。テクノナショナリズムを刺激する「日中開発競争」を越えて、双方とも内側に見極めるべき課題がある。

二〇三五年七万キロを目指す

中国政府は、高速鉄道を建設する手を緩めない。二〇三五年には鉄道網を二一年時点の一五万キロから二〇万キロに延ばし、このうち高速鉄道網も四万キロから七万キロまで拡張する計画だ。人口五〇万人以上の全都市には高速鉄道を走らせる方針を打ち出している。(8) 公共事業は利権の分配でもある。赤字であろうが、造り続けることによって政治力を維持できるのだ。

ウイグルにも直通便

新疆ウイグル自治区の中心都市ウルムチまでも、北京発の直通高速列車を計画している。全長三一〇〇キロ。東京—博多間の約三倍の距離だ。現在三〇時間以上かかるところが、三分の一程度に縮まる。少数民族が多く住み、一人あたり所得が低い地域を首都と結んで、経済を活性化させる狙いがあるという。

ただ、すでに開通した自治区内のウルムチ—ハミ間(9)をはじめ、砂漠など人口密度の低い地域も少なくない。飛行機が頻繁に往来するなか、鉄道を選ぶ客は多くないはずだ。採算性に大きな疑問符がつけられている。

この地域をめぐり、中国当局によるイスラム系民族に対する弾圧が先進国から指摘されている。直通列車へのこだわりは、交通の手段として以上に、首都と少数民族地域との一体感を醸し出す象徴的な意味合いが強い。

列車に乗って台湾へ行こう

「列車に乗って台湾へ行こう　二〇三五年に、阿里山を見に行こう」

中国のインターネット上で「二〇三五年に台湾へ行こう」という曲が拡散した。(10) 二〇二一年秋のことだ。私が見つけた動画は、高速鉄道の映像などを背景に女の子の声で歌われていた。子どもたちが赤い国旗を振りながら歌う姿は、中国共産党のプロパガンダ工作そのものだ。

台湾海峡を橋やトンネルで結び、列車を走らせる構想はずいぶん昔からある。今世紀に入ってからも〇四年の国家高速道路計画、(11) 〇八年の中長期鉄道網計画(12)に示されている。

私は二〇〇四～一九年まで通算で一〇回以上、毎年三月に開かれる全国人民代表大会を取材した。中国各地からやって来た代表らは台湾とつなぐ鉄路について、前向きな意見を言い合うのがお約束だった。疑問をはさむ声はない。それが、中国では政治的に正しい態度だからだ。中国の交通地図には台湾への線がくっきりと記されている。

一六年に発表された一三次五か年計画(一六～二〇年)(13)には、建設を予定している高速鉄道網に「北京から香港(台北)」と書き込まれた。香港については一八年に開業している。

台湾については、「京台高速鉄道」という路線名をつけている。このうち、北京南駅と台湾海峡に浮かぶ平潭島《ピンタン》(福建省福州市)までは二〇年暮れに開通した。(14) 北京から二三五〇キロの道のりを一二時間かけて走る。もっとも、全線を通して乗る客はほぼいないだろうが。

大陸側の福州から平潭島まで道路と鉄道両用の橋を架けた。橋は一六キロにのぼり、海をまたぐ区間だけでも一一キロもある。風が強い地域であり、最高時速三五〇キロではなく、二〇〇キロ級の列車が投入されている。

中国政府は、さらにその先を見る。二一年二月に発表された三五年までの国家総合立体交通網計画綱要[15]などによれば、平潭島と台湾本島を長さ一三〇キロの橋か海底トンネルで結ぶ構想がある。福州と台北は三〇分ほどで往来できるようになるという。

平潭島は中国にとって、軍事的な要衝でもある。中国人民解放軍は、台湾との間で緊張が高まった一九九六年、この島で軍事演習してみせた。

鉄道の敷設は、中国と台湾が地続きになることだ。台湾を「核心的利益中の核心」に位置づける中国共産党は、象徴的な案件として掲げ続けるはずだ。福州がある福建省は、習近平が〇二年に浙江省に移るまで一七年間ほど勤務した場所でもある。台湾問題に対する思い入れは強い。

これに対して、台湾側はかねて相手にしていない。とりわけ、台湾で蔡英文政権（民進党）が誕生した二〇一六年以降、官民ともに台湾の中国離れは著しい。中国は国力が高まるにつれて、香港で言論や市民活動の自由を弾圧するなど強硬な態度を強めており、台湾の人々の反発と警戒が増している。民主的な選挙を重ね、政権交代を成し遂げ、ジェンダーバランスなど多様性でも日本以上の成熟ぶりを示す台湾では、当然の反応にみえる。

さらに、二二年のロシアのウクライナ侵攻を受けて、中国の台湾侵攻への懸念が日米でも語られる。そんな環境で中国と鉄道でつながることは、台湾にとって荒唐無稽といえる選択だ。片方が無視している以上、この計画は進まない。
海峡を渡る鉄道の行方を決めるのは、資金でも技術力でもない。中台関係だ。

北京と結ぶ意味

北京から遠く離れた都市への直通便に対するこだわりは、政治そのものだ。中央集権の象徴でもある。古来より群雄割拠に悩まされてきた歴史を持つ中国の指導層には、その思いは強い。中国のある鉄道愛好家は匿名を条件に「鉄路がつながっていることは大事ですが、ただ長いだけの運行は意味がありません」と切って捨てた。「北京と直接つなぐ長距離便が目立つのは、需要がある区間に応じて柔軟にダイヤを組む能力が足りないからです。国威発揚のために宣伝してはいますが、庶民は真に受けていません」

一方で、中国の高速鉄道が人々の生活圏を変えたことは事実だ。三〜五時間程度なら、出発時間が不安定な飛行機よりも高速鉄道を選ぶ人が増えている。北京―上海なら飛行機で二時間、高速鉄道では五時間前後だ。上海に住む日本人駐在員の知人も、飛行機に比べて価格も割安で時間が読みやすい鉄道に乗るようになったと言う。

膨らむ借金

中国の高速鉄道は、重い課題も抱えている。
急激な路線網の拡大は、運営する国有企業、中国国家鉄路集団の借金を膨らませている。

高速鉄道の整備は基本的に財政による支出ではなく、借り入れと鉄道債の発行でまかなわれている。中国国家鉄路集団が抱える負債は二二年九月時点で、六兆四四八億元。中国の国内総生産（ＧＤＰ）の約五パーセントにも相当する。日本円にして一二〇兆円を超える。高速鉄道の建設を受けて、〇七年と比べて一〇倍以上に増えた。資産に占める負債の比率は四二パーセントから六六・八パーセントへ膨らんだ。(16) 借金の利払いだけでも負担は大きい。

北京、上海、広州など大都市周辺を結ぶ路線を除くと、内陸へ延びる路線を中心に赤字とされる。「将来も黒字へ転換できる見込みがない路線もある」「不透明で正確な数字がわからないことが最大の問題」（中国のネットニュースサイト『財経網』）と指摘されている。

中国の高速鉄道モデルは、国内外を問わず、経済成長の継続が前提だ。巨額の資金を投じても、お客が増えていれば回収できる。周辺の不動産開発でも稼げる。

その循環が止まったとき、負担を背負うのは誰か。危ういゲームが続く。

安全保障の壁

激化する米中対立を背景に、国策による合併で世界一の売り上げの鉄道車両メーカーになった中国中車（ＣＲＲＣ）は、安全保障の壁にぶつかっている。

ＣＲＲＣは二〇一四年のボストンを皮切りに、シカゴ、ロサンゼルスで地下鉄の車両を受注した。マサチューセッツ州などに車両工場を立ち上げ、米国人の雇用に対する貢献をアピールしてきた。

だが、一七年に発足したドナルド・トランプ政権は、華為技術（ファーウェイ）などとあわせてＣＲ

RCについても「共産主義中国の軍事企業」に指定し、投資活動などを制限した。続くジョー・バイデン政権も、中国に対する警戒をますます強めている。

最新鋭の鉄道車両は運行の安全や効率化のため、センサーを配備し、通信網につなぐ。デジタル技術は中国が得意とするところだ。その自慢のハイテクがむしろ、警戒を増幅させている。

「中国製の地下鉄車両は我々をスパイできるか？　多くの専門家は言う。イエスだ」。二〇一九年一月、米紙『ワシントン・ポスト』にこんな記事が載った。[17] 首都ワシントンの地下鉄車両の入札にあたって、議会の関係者やシンクタンクの研究者の間で、ＣＲＲＣ製の採用を不安視する意見が語られた。

鉄道業界のロビイスト団体「鉄道安全同盟」の副会長エリック・オルソンは「地下鉄には国防総省で機密を扱う人も乗る。（顔認証など）監視装置が埋めこまれるのではないか」と懸念を表明した。[18] この団体は「ＣＲＲＣは軍事・民生融合体であり、ファーウェイの技術を活用して情報を収集し、中国の軍事戦略に貢献している」とする声明も発表した。

米国の国防予算を決めるための法律「国防授権法」は、政府予算を用いて中国製の鉄道やバスの車両を買うことを禁じた。中国の鉄道車両が、米国では脅威の対象に変わった。ＣＲＲＣは封じこめられてしまった。米国で鉄道ビジネスにかかわる日本企業の役員は「ＣＲＲＣは米国に出入り禁止状態」と言う。商戦に参加すらできなかった。

結果的に受注したのは、同盟国である日本の日立製作所だった。[19]

欧州では二〇二二年、チェコで車両の契約を解消された。[20] チェコは台湾との関係を強化しており、中国との外交関係は悪化している。

もっとも、中国がかねて主戦場にしてきたアジアやアフリカなど新興・途上国ではビジネスの拡大が続く。中国版GPSとも呼ばれる衛星測位システム「北斗」のサービスと鉄道車両の「セット販売」を始めた。北斗開発の背景には、米国のGPSに依存しない独自のシステムへのこだわりがあった。軍の展開に必要な信号を米国から遮断されることへの警戒からだ。

鉄道は、安全保障と切り離せない存在である。

鉄のラクダの行く手

ユーラシア大陸の鉄路を鉄のラクダのキャラバン(隊商)が行き交う。中国と欧州を結ぶ貨物列車「中欧班列」だ。中国の各都市から中央アジアの隣国カザフスタンやロシアを抜けて欧州の各国を目指すルートが主軸だ。習近平政権の対外戦略「一帯一路」で、陸のシルクロードを走る看板事業である。二〇一一年、中国南西部の重慶とドイツ・デュイスブルクを結ぶ路線から始まった。一万キロを超える道のりを二〜三週間かけて走る。数十個のコンテナが連なる隊列は、数百メートルにも達する。海運より早く、空輸より安い。中国の地方都市が費用を補助してきた。

中国側の起点は重慶や成都、武漢、義烏など多岐にわたる。欧州側はドイツ、フランス、スペインなど二三か国一八〇都市に及ぶ。中国発の貨物はスマホなどIT製品、自動車や機械部品、欧州発は木材、穀物、雑貨、ワインなどの食品が中心だ。中国に進出している日本企業を念頭に、日本通運も一五年から取り次ぎサービスを始めた。

二〇年一月に武漢から流行が始まった新型コロナウイルス禍はむしろ、追い風となった。自動車や船、航空機による輸送が制限され、補完する役割として増発された。コロナで空運や海運の運賃が高騰し、「海運より早いが高い」と敬遠していた荷主が利用し始めたからだ。通常の荷物に加えて中国からは、マスクや防護服、医療機器なども欧州へと運ばれた。中国国営新華社通信は「疫病との闘いに貢献している」と伝えた。

列車の運行本数は二二年、年間一万六〇〇〇本まで増えた[21][22]。三年で約二倍に拡大した[23]。

ところが、二二年二月、ロシアがウクライナに侵攻した。先進国から制裁を受けたロシアは中国との貿易に頼り、中ロ間の鉄道輸送は増えている。一方で、支線として運行していた中国—ウクライナ便は休止になった。戦争リスクを嫌ってキャンセルする荷主も現れた[24]。こうした情勢を受けて、「中欧班列」はロシアを迂回する便を増やそうとしている。中国からカザフスタンを抜けてカスピ海や黒海で船に積み替えて欧州に向かうルートだ。

国際物流に詳しいAPEXロジスティクスジャパン社長の須藤信也は言う。「中国は中欧班列に対して経済だけでなく、ロシアや欧州を中国にひきつけておく政治的な装置として使っており、その意味で何があっても中欧班列の運行を拡大しようとするでしょう」

それぞれの土地に宿る歴史と現在を踏みしめて、鉄のラクダは行く。

コラム

麗しき記憶　初の輸出は台湾

台湾は新幹線が初めて海を渡った成功物語の地だ。日本が一九七二年、中国共産党が統治する中華人民共和国と国交を結ぶと同時に、断交した相手である。

二〇〇四年五月、神戸港。700T型が南部の高雄港へ向かった。ブルーのラインは南の島らしくオレンジ色に姿を変えていた。製造した川崎重工業兵庫工場では事前に、晴れやかな式典で祝った。(1)陸揚げされた高雄では新幹線の先頭車両を荷台に載せた歓迎パレードまであった。式典もせず、中国に向けてひっそりと出港したはやてとは対照的だ。

台湾では、日本はドイツ・フランス連合と競り合い、逆転勝ちした。台北―高雄(三四五キロ)を700系が駆ける。

一九世紀末から第二次世界大戦に日本が敗戦するまで約五〇年間、台湾は日本の統治下にあった。軍事物資の輸送で鉄道は重視され、南北を結ぶ縦貫鉄道をはじめ、支線もいくつか整備された。戦後、高成長を続け、韓国などと並んで「アジアの四小龍」と呼ばれるようになった一九九〇年代に入ると、高速鉄道の建設計画が浮上した。日本企業はもちろん、食指を動かした。

日本は当時、ほかの地域へのインフラ輸出で連敗していた。一足早く進んでいた韓国初の高速鉄道ソウル―釜山(四一〇キロ)は九三年、フランスTGVに決まる。九七年夏、中国の巨大プロジェクト、三峡ダムの発電設備の入札でも日本企業連合は欧州勢に敗れた。台湾でもドイツ・フランス連合が先行した。

高雄港に陸揚げされる台湾新幹線の700T型車両＝2004年5月25日

ＪＲ東海の社長だった葛西敬之は著書『飛躍への挑戦』にこう綴る。「日本政府と財界主流は同時期に推進していた北京～上海間の新幹線プロジェクトの方に熱心で、中国の感情に配慮したのか、台湾には抑制的であった。それに対し仏独連合はミラージュ戦闘機と高速鉄道をパッケージにし、政財一体となってトップセールスを展開した」

ドイツ・フランスは中国大陸でも首脳を筆頭に激しい売り込みをかけていた。同時に、台湾に対しても大陸の中国共産党の目は気にせず、熱を入れていたわけだ。

日本、敗者復活戦へ

九七年の九月、台湾は優先交渉権をドイツ・フランス連合と組んだ「台湾高鉄」に与えた。表向きの理由は、日本の事業費が高かったからだ。巻き返したい日本は、官房長官も務めた台湾に近い梶山静六や通産相(現経産相)の佐藤信二らが動いた。首相の橋本龍太郎は沖縄担当の首相補佐官だった岡本行夫を台北へ派遣した。

岡本は総統の李登輝に幾度も会った。「日本は政治家や企業は熱心だが、政府は来ない。姿勢を示してほしい」。李から伝言を託されたという。九六年に初の民選総統に就いた李は、台湾が日本の植民地だった時代に京都大学で学び、知日家で知られる。台湾に近い日本の政治家は、李を頼っていた。岡本は首相や梶山に報告した。

運輸省（現国土交通省）で実力次官と呼ばれた黒野匡彦は、忘れられない電話がある。

「黒野次官、台湾へ行ってもらえないかな」

首相の橋本からだった。驚いた。高位の現役官僚が正式な外交関係を持たない台湾を訪ねるのはご法度だったからだ。中国への配慮だ。中国には新幹線を強烈に売り込んでいた日本政府だが、台湾では民間が前面に立っていた。

「外交上迷惑にならないなら参ります」。黒野はそう答えた。台湾での新幹線商戦は転機を迎えた。政府も輸出に向けてアクセルを踏みこんだ。

橋本は迷った末、黒野の派遣は九九年夏に次官を退いてからに先送りした。その間、ＪＲ東海が積極的に動いた。葛西は言う。「台湾は日本が中国大陸に向き合うとき安全保障上、米国とともに極めて重要な意味を持つ。新幹線の台湾への輸出は、この文脈で支持してきました。李総統も日本は「台湾の自立した安全保障に重大な意味を持つ」と話していた」

技術系トップの副社長田中宏昌を担当に定めた。当局者を訪ねて新幹線技術の優位性を説いた。セミナーを開いたり、台湾メディアを招待したり広報活動にも力を入れた。

田中は欧州勢からのネガティブキャンペーンが忘れられない。「ユーロトレインが台湾に最適な理由」とするパンフレットがまかれた。欧州に比べて新幹線は輸出の経験がないこと、部品の規格は日本でしか使われていないもので、将来の調達に支障を来す……。座席が「窮屈」とまで書いてあった。新幹線商戦は、技術や価格だけでなく、外交や国際宣伝力も加味した「知的格闘技」。田中はそう、評する。

九九年九月、台湾で大地震が起きる。黒野、葛西、田中、そして岡本はそろって台北に向かった。李登輝が自ら迎えた。黒野らは、お見舞いとあわせて、日本の新幹線の耐震性を売り込んだ。九九年末の入札で、橋、トンネルの規格や分岐器などは欧州勢のままだったが、車両や信号、運行管理など中核のシステムは一転、日本が獲得した。

「いったんはドイツ・フランス連合のユーロトレインに決まっていたのをくつがえし、新幹線技術の初の海外輸出が実現することになった[2]」

日本勢は逆転勝ちにわいた。

直前に起きた大地震で、日本の技術が見直されたとされる。ライバルだったドイツで高速鉄道の死亡事故が発生したことも空気を変えた[3]。

黒野は「入札ですからね、台湾側は李総統を巻き込んで日本に決まったとは言いにくいと思いますが、関係ないとは思えませんね」。台湾財界の重鎮、東元集団会長の黄茂雄が言う。「(李の)意向はみんなわかっていた」

台湾新幹線を支えた日本の商社の駐在員や、技術者たちの姿を描いた吉田修一の小説『路《ルウ》』は幅広

台湾の高速鉄道．車両は日本製＝2018 年 1 月 29 日，台湾台中駅

く読まれ、台湾のテレビ局とＮＨＫの共同制作としてドラマにもなった。過去の歴史を踏まえながらも新しい時代の日台交流が綴られている。読後感があたたかい作品だ。

価格をめぐる対立

○七年一月の開業から一五年。台北―高雄を一時間半で結び、人々の生活を支えている。定時発着率は高く、死亡事故もない。島内の航空路線はなくなった。

私は一八年一月、台湾高速鉄路(台湾高鉄)本社を取材で訪ねた。会長の江耀宗は「新幹線を世界に輸出するとき、台湾も日本と協力して取り組みたい。日本から技術を導入し、一から立ち上げた我々の経験を伝えられる」と夢を語った。

ただ、この時の取材を通じて、台湾側は、日本が中国と対比して反芻するような「甘い記憶」一色ではないことを知った。台湾には高速鉄道車両の工場がない。すべてを日本からの輸入に頼っている。江は「日本が台湾の高速鉄道車両の市場を独占しているので価格が高止まりしている。競争相手が必要だと考えている」とこぼした。

この問題は長い間、くすぶった。

新しい車両の入札が決まらないのだ。[4] 台湾高鉄は、日本メーカーが提示した価格が高すぎると反発していた。台湾メディアは「(市場価格より)三倍も高い」と報じた。

台湾の新幹線は、車両や信号システムは日本式だが、運転席の仕様や窓ガラスの材質など台湾の安全基準に基づいた変更が求められる。日本側の説明によれば、日本国内を走る車両そのままとはいかず、台湾仕様への調整が必要になり、価格は高くなる。台湾側の不満を見透かし、欧州や韓国企業も関心を示した。台湾との関係を重んじる政治家らによるプレッシャーを受けて、日本政府は国土交通省幹部を派遣し、台湾側から事情を聞く一幕もあった。

決着は、二三年五月。日立製作所と東芝が一二編成(一四四両)を一二四〇億円で受注する契約にこぎつけた。東海道新幹線を走る最新型「N700S」をベースにした車両で、JR東海も技術支援に加わる。

鉄道は鉄道

新幹線の輸出が決まってから、日本と台湾で考えが全て一致してきたわけではない。

そもそも日本側はJRを中心に「三点セット」へのこだわりが強い。「車両、信号、運行システム」。すべて日本製を求める。新幹線は線路やトンネルなどインフラを含めた全体のシステムでできており、設計、信号、車両、軌道の整備や運行の管理、さらに、職員の研修まで丸ごと支援してこそ、安全や技術、サービスを担保できると主張する。

ただ、国際的なインフラ建設をみれば、世界の技術の長所を集めて建設し、複数の国の企業が分担して受注することは珍しくない。日本は新幹線となると売り手の言い分をそのまま通そうとしがちだが、商売の大前提は買い手が自らの地域の特色や予算に応じて仕様を選ぶことではないか。

技術でどこにこだわりを持つか。コストをどう考えるか。歴史も違う。政治のありようも違う。鉄道は走る社会によって変わるものだ。違いがあって、当然だ。互いに話し合い、共有できる部分を少しずつ広げていく。ビジネスも外交も、その積み重ねが関係を深める。

日台関係が日中関係と大きく異なるのは、鉄道にかかわる問題が他の摩擦に波及しないことだ。車両の価格をめぐる厳しい交渉が、日本と台湾の人々の感情まで大きく左右することはない。

台湾東部の花蓮県で二〇二一年四月、台湾鉄道の特急列車が脱線し、四九人が亡くなり、二一三人がけがをした。事故の被害者の数は、浙江省温州で一一年に起きた高速鉄道脱線・衝突事故とほぼ同じだ。

異なるのは日本社会の反応だ。中国・浙江省での事故の時と打って変わって、日本のネット上には台湾の乗客を心配する声が相次いだ。首相・菅義偉がツイッターを通じて「大変心を痛めています。亡くなられた方々へのご冥福を心からお祈りすると共に、被害に遭われた方に対し、心からお見舞い申し上げます」と投稿した(5)。

断交から五〇年。日台の人々の気持ちは、それでも確かに近づいている。

国交を正常化した中国との心の距離は、遠のいているように見える。

それはそれ、これはこれ。

日本と中国も、そんなふうに言い合える日は来るだろうか。

第二部

大東亜縦貫鉄道と一帯一路

序　歴史の貯蔵庫、瀋陽鉄路陳列館で「あじあ」号に出会う

中国の習近平政権は国力の高まりとあわせて、権力を一段と集中させながら、対外的な存在感を増している。そのスローガンを背負う「復興号」を看板とする中国の鉄道は、世界でどんな姿を見せているのか。新幹線を持つ日本は、どう向き合っているか。第二部「大東亜縦貫鉄道と一帯一路」では、各地を訪ねたルポが中心となる。

第一部では、新幹線を通じて日中関係を歴史の流れに沿って総合的に検証した。第二部はそれぞれが独立したオムニバスだ。関心を惹かれるところから自由に目を通してみてほしい。

「逃げ鉄」の遺伝子

ここで少し、私自身と鉄道の話をしたい。なぜ、日中の鉄道にこだわっているのか。

乗り鉄、撮り鉄、音鉄、収集鉄に模型鉄、廃止になる列車を見に行く葬式鉄――。一九世紀初めから長き歴史を持つ鉄道とはいえ、「鉄ちゃん」を分類する言葉が日本でにぎにぎしく増殖したのは、今世紀に入ってからのこと。新幹線が開業した一九六四年に生まれ、列車に乗るのが大好きな私は、

間違いなく乗り鉄の一人だ。

さらに分類するならば、こんな言葉があるかどうかは知らないが、「逃げ鉄」である。

ふるさとは岡山県の宇野線沿線の小さな町。単線で、最寄りの駅は物心ついた時から無人駅だった。ぎゅうぎゅうの山手線の車両に国鉄職員が乗客をホームから押し込む場面も、お盆や暮れに東京からようやく買えた切符を手にして帰省を急ぐ子ども連れの家族の姿も、私にとってはすべてテレビニュースの中の出来事だった。

終点宇野駅には、瀬戸大橋が開通した一九八八年まで高松と結ぶ連絡船が発着していた。船上で食べた讃岐うどんが懐かしい。田舎にしては長いホームには、東京行きの寝台特急瀬戸が停まっていた。テレビで見る満員電車が走る都会へと連れ出してくれる乗り物に思えた。しかし、あこがれの青く長い列車には乗ることなく、地元の大学に進んだ。「女の子」は実家に残れという両親の圧力を覆せなかったのだ。私が生まれて初めて味わったジェンダーに由来する挫折だ。一八歳だった。

ふてくされて授業をさぼっては、山陽本線、伯備線、吉備線、津山線と列車にゆられて本を読んだ。日が暮れるころ列車でこっそり戻った。いま思えば、気恥ずかしくなる中途半端な脱走ごっこだけれど。

以来ずっと、私にとって列車は勇気凜々とどこかを目指すよりも、今いる場所から逃げ出すための乗り物だった。線路の上を走るから、道を大きく踏み外さない。行き先も実は分かっている。ちょっとだけ冒険し、現実や退屈から距離を置く。ときには思いがけない出会いもある。

そんな「逃げ鉄」の遺伝子は、母譲りかもしれない。彼女は日中戦争のさなか、日本の商社で働いていた祖父が駐在していた中国東北部遼寧省撫順で生まれた。

一九四五年の敗戦で、五歳だった母を含めて家族五人は列車に乗り込み、命からがら逃げ出した。「車内は暑く、列車はしばしば止まった」「(私には祖母にあたる)母が隠し持っていた貴金属などを食べ物に変えていた」「途中で死んで海に投げられた子どもを見た。船はぐるりと回って弔った」

母や伯父たちが語る博多港にたどり着くまでの鉄道と船の旅路は、私が人生で最初に接した中国の、いや外国のリアルな物語だった。「引き揚げ」という子どもには耳慣れない言葉を使ってはいたが、どう聞いても「逃げた」話だった。

祖父はあじあと呼ばれる超特急の話をしていた。日本から対馬海峡を越えて朝鮮半島を貫き、中国や東南アジアまで鉄路でつなぐ構想があった、とも言った。

「どこじゃろう?」。醒めた子どもの目で地図を広げてみると、集団妄想だったとしか思えないような祖父の話。欧米の植民地支配に代わって日本中心のアジアを築くと夢想した、大東亜共栄圏をつなぐ大東亜縦貫鉄道のことだった。そう知ったのは、後のことだ。

特急あじあが走った時代を想像すると、戻りたいとも戻るべき過去とも到底思えない。でもその列車には乗ってみたかった。家族の歴史は、私が新聞社に入って中国の取材にこだわることになった潜在的な記憶かもしれない。

あじあは、日本の傀儡国家、満州国を支えた南満州鉄道(満鉄)が走らせた看板列車だ。牽引していた蒸気機関車は、鉄路の要衝にある瀋陽鉄路陳列館(遼寧省瀋陽)に展示されている。私は一八年、一九年と二度訪ねた。

「パシナ」757号機と751号機＝2019年7月4日，瀋陽鉄路陳列館

蒸気機関車の横綱、新幹線の源流

体育館か倉庫のような天井の高い素っ気ない空間に、六〇両あまりが並ぶ。目に飛び込んできたのは、あじあの客車を牽引したパシナ751号機と757号機。パシナとは、パシフィック、つまり太平洋型の七番目を意味する。車体は修復され、それぞれ鮮やかな青と緑に、ぽってりと塗られている。いずれも全長二六メートル、車輪の直径は二メートルもある。満鉄の軌道は新幹線と同じ一四三五ミリ。どっしりと大きい。最高時速一三〇キロ、平均でも七〇~八〇キロで走っていた。当時の日本国内の特急を上回る速度で、大連から旧満州国の首都だった新京(現吉林省長春)をはさんで、ロシアに近いハルビンまでの約九五〇キロを一二時間半で駆け抜けていた。機関車に続いて、荷物車、三等車、食堂車、二等車、展望車が連なった。

751号機は満鉄の大連工場で、757号機は日本の川崎重工業の兵庫工場で、いずれも一九三四年に製造された[1]。あじあが走り始めた年だ。パシナ全一二両のうち現存が確認されているのは、この二両だけだ。「日本型蒸気機関車の横綱」(川崎重工業)と位置づけられ、流線形の車体は新幹線の源流ともいわれる。戦況の悪化で四三年に運行停止に追い込まれたが、戦後は八〇年代前半まで中国国鉄の旅客列車を率いて走っていた。最後尾に連結されることが多かったという展望車も二〇〇八年まで、中国でビジネスクラスの車両として活用された。中国にとっては「人民の戦利品」(中国人民ラジオ)である。

一九七〇年代に751号機のボイラー担当として乗務していた男性は「美しい雄姿にひきつけられた」「走りは安定している。故障も少ない」と絶賛し、「中国が高速鉄道の時代に入っても忘れがたい思い出」(瀋陽鉄路陳列館講述的故事(一))と振り返る。(2) 中国では「日本軍国主義の中国侵略の証」(中国鉄路総公司ホームページ)とされながらも、「日本の(新幹線につながる)高速鉄道の第一世代の試験的列車」(同)と位置づけられている。(3)

屈辱の歴史から成功の物語へ

二万平方メートル近い広大な展示場には、あじあ以外にも、日本、米国、チェコ、旧ソ連、ドイツ、ルーマニア、ポーランド、そして中国製の蒸気機関車や客車、貨車が等間隔に置かれている。信号機や切符、中国国鉄の歴代の制服なども展示されていた。奉天(現瀋陽)駅を発着していた旅客列車の時刻表が目にとまった。韓国・釜山行きの列車もある。ページの隅に日本語で「守れ信号　車も人も」「横断は右を見て左を見よ」などと標語が書かれていた。

説明のパネルには、中国東北部を舞台とする鉄道にかかわる歴史が中国側の視点で語られている。この地域は国境を接するロシアとの因縁も深い。ロシア帝国が中国東北部に建設した東清鉄道が満鉄の基盤となった。日本が敗走した後、共産党が国民党との内戦に勝って一九四九年に中華人民共和国を建国するまで、鉄路は主に国民党の支配下にあった。その後も、五二年まで中国内の鉄路の一部は旧ソ連との共同管理だった。館内では、首相周恩来が五二年、中国内の鉄道の権利がすべて中国に移されたことを告げるテレビニュースの映像が繰り返し流されている。

中国で「抗美援朝（米国に対抗し、朝鮮を支援する）」と呼ばれる朝鮮戦争（一九五〇〜五三年）時に果たした鉄道の役割についても、説明をかなり割いている。朝鮮北部へ攻め込んだ中国軍に物資を供給するため、数多くの鉄道関係者が中国から赴いた。阻もうとする米軍に鉄路を壊されたり、爆破された鉄橋の修復に取り組んだりする中国の人々の写真や模型もあった。戦争と鉄路は切り離せない。

私は、北京、上海、遼寧省大連、雲南省昆明などでも鉄道博物館を見学した。いずれも列強に鉄道の利権を奪われて管理された屈辱の歴史を強調する。二一世紀に入ってからは日欧など外国から技術を取り入れて基礎を固めたあと、独自技術を磨いて築いた高速鉄道網が驚異の発展を遂げる成功物語へと転じる。まさに、中国共産党による建国が、アヘン戦争以降の「国恥」を中華民族の復興へと塗り替えたとする歴史観そのものだ。

長く待たれた一般公開

瀋陽鉄路陳列館は、二〇一九年春に一般公開を始めた。入場料は大人八〇元（約一六〇〇円）。一時間弱の有料ガイドは中国語のみ。私が訪ねた時は、残念ながらガイドは不在だった。入り口わきに小さなお土産店があった。蒸気機関車の模型や図録、陳列館の名前入り急須、車両型鉛筆削りなどを売っていた。中国の高速鉄道の模型はあったが、パシナはない。私は展示車両が描かれたトランプを買った。一箱五元（約八〇円）とお得感がある。パシナ751機は「スペードの八」だったが、757機のカードはなかった。鉄道グッズは総じて地味で、カフェや食堂もない。湿気の少ない東北地方の夏。広い館内を歩くと、のどがからからに渇いた。手持ちのペットボトルの水はあっというまに飲み干してしまった。

陳列館の前身にあたる蒸気機関車博物館が二〇〇三年に開館して以来、日本の鉄道ファンから一般公開が長く待たれていた。私も中国特派員時代から何度か取材を申し込んでは、断られた。一九二八年に中国東北部の実力者張作霖が日本の軍人に爆殺されたのも、満州事変の引き金となった三一年の柳条湖事件も、瀋陽近くの鉄道が舞台だった。満鉄が日本の中国東北部支配の道具だったことは言うまでもない。

「瀋陽鉄路陳列館講述的故事（一）」によると、中国人が大連駅長に初めて就いたのは一九五二年になってからのこと。満鉄時代は日本人が就き、戦後もしばらくソ連から派遣されていた。戦争の影を色濃く刻む乗り物は、日本人の一部には郷愁の対象だとしても、中国では政治的に生々しい「国恥」の記憶が重なる。日本による侵略をはじめとした恥辱の歴史をいかに語り、見せるか。一般公開に向けた議論は、簡単ではなかったと想像できる。

二〇一八年に陳列館をともに訪ねた政治学者で、「鉄学者」を自称する原武史が言っていた。「中国にとって東北の鉄道は複雑な存在だ。積極的に見せたい対象にはなりにくい。陳列館も数は多いが説明はそっけなく、まるで車庫。歴史をとどめておくための貯蔵庫のように見えた」

満鉄が残した撫順の通勤電車

二〇一九年の夏、隣接する撫順市にも出かけてみた。アジア最大といわれる巨大な露天掘り炭鉱「西露天鉱」で知られる「石炭の都」である。

瀋陽から車で一時間ほど走ると、まだ背の低いトウモロコシ畑の向こうに、林立するマンションやオフィスビルが見えてきた。撫順生まれの母や伯父を連れて来て以来、一四年ぶりの再訪だ。かつて畑だった所まで街が広がっている。中心部に近づくと、炭鉱の町は変わらず空気が悪い。霧がかかったように白っぽく、すぐにのどが痛くなった。

中国国鉄の撫順駅の前を通った。古い駅舎らしきものは残っている。一部を展示場にしているようだが、中はがらんとしている。架かっていたはずの古びた木造の陸橋も見当たらない。近くに高架の鉄道に対応した新しい駅舎が新設されている。

撫順市内の鉄道は、二〇世紀初めの日露戦争を経て日本が炭鉱の資源とともに奪い、拡張した。満鉄傘下で電化され、炭鉱や製油工場からの輸送を担った。戦後は一時、国民党の管理を経て、中華人民共和国の成立とともに撫順砿務局鉄路運輸部（現撫順砿業集団運輸部）が運営するようになった。

地元紙『遼寧日報』ネット版によると、貨物に限らず、全盛期の一九八〇年代半ばには一六二の客車が走り、毎日平均一五万人、市内の旅客輸送の六～八割を占めた。中国では通勤電車のさきがけといってよい存在である。線路の幅は一四三五ミリで、日本の在来線（一〇六七ミリ）より広い。総延長三〇〇キロを越え、駅も数十か所あった。(4)

長く活用されていた日本をルーツとする車両の歴史については、『撫順電鉄　撫順砿業集団運輸部

――満鉄ジテとその一族』(岡田健太郎著、二〇一七年)が写真も豊富で詳しい。日本には根強いファンがいたのだが、バスなど自動車輸送に押されてしだいに赤字に陥った。貨物輸送を残し、一〇年ほど前に旅客列車は運行を取りやめた。

豊かになった中国人の観光ブームを受けて、露天掘り炭鉱などを巡る旅客列車が二〇一九年に一時、復活した。乗ってみたかったが、お客が集まらず、ほどなく運休してしまった。満鉄の遺産への強い愛着は、日本人の一部に限られるのかもしれない。

撫順から瀋陽に戻り、高速鉄道で北京に向かった。和諧号が日中の歴史を踏みしめながらびゅんびゅん走る。トウモロコシ畑が車窓を横切っていく。

鉄路を敷く意味を改めて考える。支配の道具か、交わりを広げる平和の象徴か。それは、時代とともに変わる。人の意志で変えられる。懐旧の世代と現代のテツたちと。鉄道は、歴史と今をつなぐ。中国東北の鉄道は、重い歴史を背負い、今を生きている。あじあとの対面を思い出しながら、東アジアの鉄道に宿る歴史を反芻した。

三本のレールに歴史あり
中越を結ぶ寝台列車

中国からベトナムまで寝台列車で国境を越えた。二〇一八年九月のことだ。中国の線路は一四三五ミリ幅。ベトナムは一〇〇〇ミリ幅の線路が多い。私が乗った路線は、中国の列車が乗り入れられるように一本、レールを足して幅を調整していた。翌年、米朝首脳会談のためハノイを訪れた金正恩朝鮮労働党委員長の特別列車も走った路線だ。そこには、戦争の歴史があった。

南寧からハノイへの旅

中国南西部に位置する南寧(広西チワン族自治区)を訪ねるのは初めてだ。九月半ばとはいえ、日差しが痛いほどまぶしい。街路樹の濃い緑は、東南アジアの国々と同じにおいがする。

南寧には「南方の辺境地をあんじる」という意味がある。中国の王朝が古くから南方を治める拠点の一つとしてきた。中国共産党・政府も東南アジア諸国連合(ASEAN)と自由貿易協定(FTA)に基本合意した二〇〇四年から、関係を強める狙いで大規模な貿易博覧会をここで開いてきた(1)。

その取材で南寧を訪れた帰り、中越を結ぶ唯一の国際旅客列車である夜行寝台に乗ってみることにした。南寧からハノイ郊外のザーラムまで三九六キロ。切符は国際列車のせいか、ネットでは注文できず、南寧駅へと足を運んだ。

南寧から広東省深圳や広州などに通じる高速鉄道の多くは、郊外に新しく造られた南寧東駅に乗り入れている。南寧駅には「高鉄(Gao Tie)」ではなく、「動車(Dong Che)」と呼ばれる最高時速三〇〇キロ未満の高速列車や快速列車、寝台列車が数多く発着する。ちなみに高鉄の列車番号はG、動車はDで始まる。それぞれ、中国語のローマ字表記に由来する。

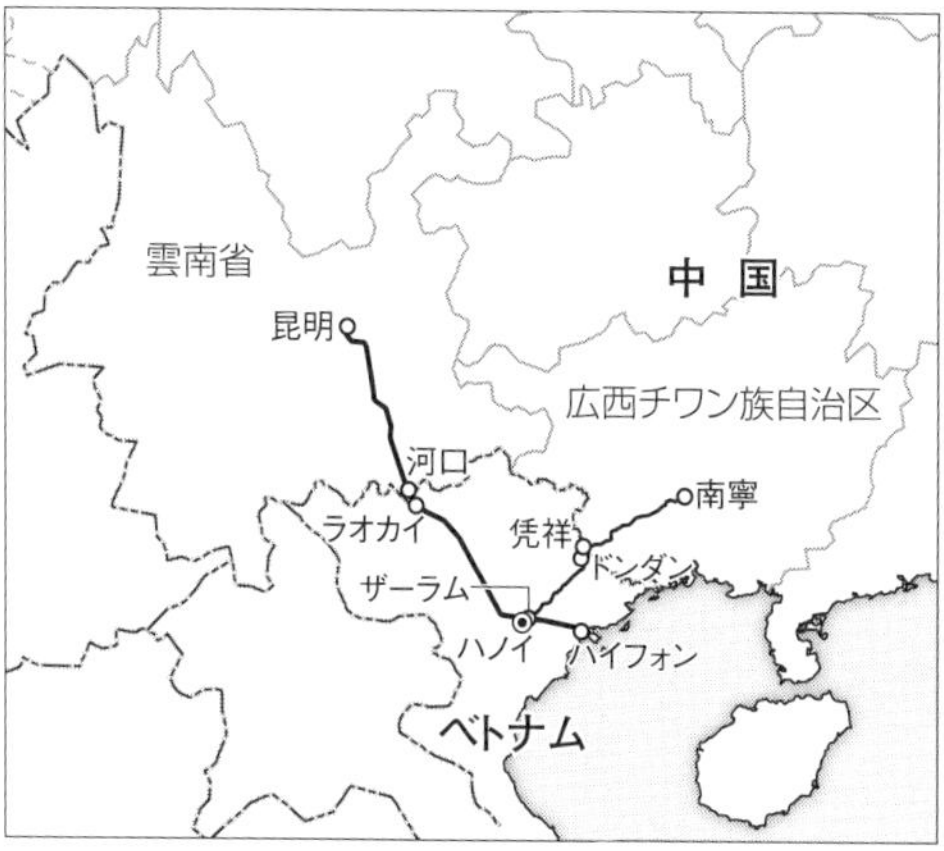

中国とベトナムを結ぶ鉄道

構内の時刻表には、同じ自治区にある観光地桂林、近隣の雲南省昆明から北京、上海まで、ずらりと行き先が並ぶ。この豊富さは、中国の広さと鉄道網の多様さを物語る。地方の拠点都市でも圧巻だ。

幸い、切符売り場はそれほど混んでいない。「英語窓口」まであるが、数人しか並んでいない。誰も英語を使っていない。いい加減だ。すぐに順番がまわってきた。私も中国語で注文した。

「ハノイまでのT8701、明日の切符を一枚。硬臥(三段ベッドの硬いシート)の一番上をください」

一等寝台にあたる軟臥は二段ベッドで四人の個室だ。寝心地は良いが、どんな人が同室になるか分からない。一人旅なら、開放的な硬臥が気楽だ。しかも、安い。空間は狭くて不便なのに最上段が好きなのにも理由がある。下段の場合、上のお客二人が夜が更けてもソファがわりに使っておしゃべりし、なかなか横になれなかった経験が何度もあるからだ。

ただ、係員の返事は「この列車には軟臥しかありません」。

困った。そういえば、中国の列車の切符の購入は身分証を示す必要があり、実名を前提としている。飛行機のように端末で個人名を管理しているかもしれない。

「女性がいる部屋にしてください」。だめもとで粘ってみたが、「男性ばかりが怖いなら、乗ってから調整してあげるから心配しなくていいよ」。

中国では列車や飛行機で指定された席にこだわらない客が多かった。とりわけ列車はそうだ。中国で鉄道の旅を始めた留学生時代の二〇年前のこと。私の席を占領している先客に抗議すると、「あっちのあいている席に座ればいいじゃないか」と怒られたこともしばしば。韓国人のグループから「あなたは日本人ですよね、私たちは中国人との交渉が苦手なので、席を替わってくれませんか。気持ちは分かってくれるでしょう」と流暢な中国語で頼まれたことも何度かあった。確かに、分かる。言われるがまま、移動に応じたものだ。

以来、私も適当に座るようになった。今回もなんとかなるだろう。

ハノイまで二一五元（約四三〇〇円）。表紙、料金の内訳、注意書きと四枚つづりの切符を手にして驚いた。中国語やベトナム語以外に、ロシア語やドイツ語が書いてある。さらに、瑞士法郎（スイスフラン）という文字がある。

なぜ、スイスフラン？

調べてみると、東西冷戦時代の名残だった。『中国鉄路国際聯運大事記（１９５０～１９９９）』（中国鉄道出版社）によると、一九五〇年代、ソ連を中心とする東ドイツ、ポーランド、中国、モンゴルなど当時の東側諸国が国際旅客列車の協力組織を結成した。切符には、列車が通る国の言語だけでなく、ロシア語、ドイツ語などの表記も加えるように規定された。切符の為替レートの換算はソ連の通貨ルーブルを基準とした。

基準通貨がスイスフランに変わったのは、ソ連が崩壊する直前の九一年初め。経済も大混乱し、ルーブルは役目を果たせなくなった。それにしても、英語や基軸通貨米ドルを避けた文面が、今なお続いているのは興味深い。東西冷戦時代の古文書に出会った気がした。

ハノイへ向かうT８７０１は、夕方六時〇五分に南寧駅を発車する。到着は翌朝五時半。中国とベトナムは一時間の時差がある。中国時間で言えば、朝六時半だ。四人用の個室寝台で、一二時間半の旅をご一緒するのは、どんな人たちだろうか。

中国語とベトナム語で書かれたプレートの上に，天安門に五つの星を配した徽章が貼られている＝2018年9月12日，広西チワン族自治区・南寧駅

出発の三〇分ほど前に改札が始まった。ホームには在来線でよく見かける緑に黄色いラインの緑皮車が待っていた。「河内（嘉林）—南寧」。河内とはハノイ、嘉林とはハノイ北東部にあるザーラム駅を指す。中国語とベトナム語で書かれたプレートの上に、天安門に五つの赤い星を配した徽章が貼られている。中国国鉄が運行する車両だ。中国でも国境を越えて走る国際旅客列車は珍しい。ロシア、モンゴル、カザフスタン、北朝鮮、ベトナムに限

られる。取材した時点ではラオスと結ぶ路線は開通していなかったので、南方はここだけ。ホームで記念写真を撮っている人がたくさんいた。

一三両編成で、八両は中国内で切り離される。ハノイまで行く寝台は後尾の五両に限られる。どきどきしながら指定された一号車二五番へ向かった。意に反して下のベッドだったが、部屋はとても清潔だ。白いレースのカーテンに、ぱりっとした枕カバーやシーツ。掛け布団も国内を走る寝台よりもふかふかしている。

ほかの三人はすでに部屋にいた。向かいに座っていたのは、定年後に仲良く旅するご夫婦。南寧の近くに住んでいる。四〇人ほどのツアーにまじって一〇日間、ベトナム、ミャンマー、ラオス、中国昆明を回る。費用は二人で六〇〇〇元弱（約一二万円）。年に数回、夫婦で国内外を旅する。閑散期を狙ったり早期予約を駆使したりして、割安なツアーを探す。「世界は市場経済だよ」。そう話す夫の栗は七二歳。かつては百貨店に勤めていた。短パン姿がハツラツとしている。

「のんびりと動きたいから、寝台列車で行くツアーにした」。妻の陸は六四歳。小児科医だった。外国のものが口にあわないかもしれないと、食べ物をたくさん持ってきている。トランクがぷっくりとふくらんでいる。私にもナツメをくださった。新型コロナウイルス禍の影響で一時的に減ってはいるが、中国から年間延べ一億人以上が中国大陸の外に出かける時代だ。陸さんたちのような世代も少なくない。

私の上のベッドの女性は、スマホをいじっている。見知らぬどうし、個室はなおさら距離感が大事だ。しゃべりたくない時に話しかけられるのはうっとうしい。あいさつは後にすることにした。

もらったナツメをほおばるうち、食堂車が気になってきた。一年前の夏、香港から上海まで乗った夜行寝台の中華料理はとてもおいしかった。夕食も朝食もすぐに満席になった。今回も楽しみにしていたのに、食堂車はなかった。乗務員に聞くと、数年前に廃止されていた。ビールを買おうと思っても売店もない。がっかりした。

「カップラーメンだけある。お湯を入れて二〇分で持ってこられる」。列車に乗る前に駅の食堂で豚肉のせ麺(一六元＝約三二〇円)で腹ごしらえをしたばかり。カップ麺は見送った。中国でもコストを意識して、食堂車は減る傾向だ。寂しい。ついでにトイレの位置も確認した。とても清潔だ。掃除が行き届き、翌朝までずっときれいに保たれていた。

列車は定刻に、ガタンッと音を立てて走り始めた。発車音はない。しばらくして、中国語のみで放送があった。途中で止まる駅や時間を紹介している。お客も多くは中国人のようだ。

乗務員が身分証のチェックにやってきた。駅の敷地に入るとき、構内に入るとき、改札、乗車、そして入室後。合計五回も調べる。私のパスポートには記者ビザがたくさん貼り付けられている。職業はすぐに分かる。念入りにノートに書き込んでいる。そして、切符を渡して、引き換え証を受け取る。これが終わったら、同室の三人は布団をかぶって寝始めた。まだ午後七時半すぎだ。あまりに早い。枕元のライトをつけて本を読もうかと思ったが、壊れている。仕方ない。私も休むことにした。

ゴトンゴトン、ゴトンゴトン……。一四三五ミリの広い線路は安定感がある。大阪の経済部にいた九〇年代、東京へ寝台列車銀河で何度か出張した。日本の在来線の線路の幅は、ベトナムよりちょっと広いだけの一〇六七ミリ。トンネルも多く、もっと揺れた。あの寝台列車はもうない。

レースのカーテンの隙間から星が見える。寝つけないでいるうち、中国からの出国手続きをする凭祥《ピンシアン》駅に着いた。二二時一〇分。定刻だ。

食品を含むすべての荷物をまとめて降りるように指示がある。上のベッドの女性が慣れた様子で真っ先に部屋を出る。私も遅れないようについて行った。ベトナム人だった。地元の大学で中国語を学び、卒業後は中国人と結婚し、南寧でベトナム語を教えている。二歳になる子どもを実家に預けているので時々、帰省している。ハノイのひとつ手前の駅のそばに実家がある。親もいよいよ南寧に移住することを決めた。喜んでいた。

ぞろぞろと暗やみを歩き、駅に入る。荷物を検査し、小さな窓口で出国のスタンプを押してもらう。売店も両替店もない。写真の撮影も禁じられた。七〇人ほどしか国境越えをする乗客はいない。あっさりと終わり、列車に戻った。

うとうとしかけたころ。二時間後に荷物をまとめて再び降りることになった。ベトナム側で入国の検査をするドンダン(同登)駅に着いたのだ。ここには小さな売店があった。両替をかねて、缶ビールを買った。ビア・ハノイである。お札の顔も、毛沢東からホー・チ・ミンへと変わった。いずれも建国の英雄。このふたりを越える政治家は両国とも現れていないとみえて、人民元とベトナム・ドンとそれぞれすべてのお札の顔を独占している。

戦争が増やした　もう一本のレール

ホームのあかりにぼんやりと照らされた線路は、レールが三本ある。メーターゲージと呼ばれるベトナムの一〇〇〇ミリ幅のレールの外側に、もう一本レールを加えてある。中国と同じ幅に調整して、そのまま列車が乗り入れられるようにしているのだ。

中国鉄路南寧局のホームページなどによると、鉄道で中越をつなぐ構想は、五〇年代に毛沢東とホー・チ・ミンが合意して進められた。当初は、レールの幅が異なることもあって、国境の駅で貨物は積み替え、旅客も乗り換えていた。

ベトナム側のレールを三本にしたのは一九七二年。きっかけは、ベトナム戦争だ。中国は「北ベトナム」軍を支援していた。米国との戦いが続くなか、中国から列車を直接乗り入れて物資を運びこむことにした。三本のレールは、戦時の措置だったのだ。

中国の線路は1435ミリ幅．ベトナムは1000ミリ幅が多い．中国の列車が乗り入れられるように1本，レールを足して幅を調整している＝2018年9月13日，ハノイ郊外・ザーラム駅

「蜜月」はつかの間だった。米国に勝利をおさめたベトナムと中国のあいだで、もめごとが頻発する。七八年には国境を越える列車の運行はとりやめとなった。さらに、ベトナム軍がカンボジアに侵攻したことなどから、中国軍はベトナムへ侵攻し、中越戦争が勃発。九〇年代に入って外交関係を修復し、両国を結ぶ列車が九六年に復活するまで二〇年近くの歳月を要した。

中越の鉄路はまさに、戦争と切り離せない。

私が乗った南寧―ハノイ間の国際旅客列車の運行が始まったのは、二〇〇九年。(2) 中国とＡＳＥＡＮ諸国、とりわけベトナムとの関係を深める象徴として、胡錦濤政権が進めたプロジェクトである。国境を越える寝台列車は、一番眠い時間帯に荷物をまとめて二回も降りなければならない。しかも、ベトナム側の国境沿いの駅ドンダンには、二時間近くも停車していた。そのまま発車すると朝早く着きすぎるからだ。高速道路が一部開通し、貨物のみならず旅客バスも頻繁に走る。安くて便利なバスの方が人気で、国際寝台はなかなかお客が増えない。

このため、赤字が続く。値下げやダイヤの調整など対策を講じても、お客さんは伸び悩んでいる。広西チワン族自治区政府は一七年までに「一・六億元（約三二億円）」の補助金を突っ込んだ。(3) 二〇年には南寧市が国際貨物輸送に対して一七二一万元（約三・四億円）を支援している。習近平政権は「一帯一路」戦略を掲げ、外国との列車による連結をより重視するようになった。なおさら、ひくにひけない。

中国は、ベトナム側の線路を中国と同じ規格にして新たに造る提案をしている。路線も、首都ハノイに乗り入れ、港湾都市ハイフォンまで通じる新線を整備することを働きかけている。(4) 資金負担にも応じる姿勢だ。そうすれば貨物列車を含めてスピードアップが可能になる。海へ通じる鉄路を戦略的に築こうとする中国の姿勢を映している。

習近平が異例の三選を決めた二〇二二年一〇月下旬の党大会の直後。ベトナム共産党書記長グエン・フー・チョンが世界の首脳に先駆けて訪中し、習との間で全面的な戦略パートナーシップを深化させる共同声明を発表した。その中でも、ハノイからハイフォンまで中国と同じ幅のレールで新線を建設するための調査を急ぐことで合意している。(5) ただ、ベトナムは調査を進めているとは言うものの、工事が始まる気配はない。

中国の侵攻を受けて戦火をまじえた歴史は、わずか四〇年前のこと。なにより、隣国どうし二〇〇〇年以上にわたる愛憎の歴史が累積している。ハイフォンは漢字で「海防」。ベトナムにとって北部の海の要衝となる港だ。現在も、南シナ海の領海をめぐる紛争に代表されるように、安全保障面の利害は一致しない。経済は結びつきを強めても、ベトナムの中国に対する警戒は解けない。ベトナムが戦略的に建設を遅らせているとみるのが適当だろう。

それでも、不便さを抱えながら国境を越えて日々往来する列車は、平和の象徴と言える。とりわけ、戦場となってきた地域にとっては。

中国とベトナムをつなぐ鉄路は、もう一本ある。

私はこの区間も、列車で旅した。二〇一七年六月のことだ。北京から約二七六〇キロ。世界最長をうたう高速鉄道でまず、雲南省昆明へ。和諧号に乗って約一一時間で着いた。そして、在来線に乗り換えてベトナム国境の町、河口北駅へ向かった。今度は四〇〇キロを六時間弱で走った。

この先、ベトナムへと国境を越える旅客列車はない。紅河の支流にかかる橋を歩いて渡る。

中国側のイミグレーションでのこと。窓口の男性職員に問われた。

「日本人はいったい何か国にノービザで入れるのか?」

記者ビザがパスポートに貼り付けられているので、世界のあちこちで出入国時に取材の目的を問われることには慣れている。だが、この質問は初めてだった。不意をつかれて数がすぐに浮かばない。

「百よりはずっと多いです」

「そんなもんじゃないよ。二〇〇に近い。世界で信用されている」

出入国管理の担当官である。当然ながら知っていて聞いたのだ。「中国も近年、増えていると思います」。私は一応、愛想良く付け足した。

「中国はまだまだだよ。日本には全然及ばないよ」

穏やかな笑顔で言って、赤いパスポートを返してくれた。二〇二三年版の調査では、日本は一九三で首位、中国は八一で六三位だった(6)。

時間つぶしだったとしても、なぜ、彼は日本人にそんなことを聞いてみようと思ったのか、分からない。しかも答えを知っていながら。中国の経済規模は日本の四倍近くなり、自信をひけらかす人も増えた。彼が「まだまだ」と言えるのは、気持ちの余裕を示すものかもしれない。

ベトナム側のラオカイ駅には、ベトナム国鉄の古びた列車が停まっていた。中国製だ。ハノイまでの約三〇〇キロ、単線の鉄路を九時間あまりかけてとことこ走った。

メーターゲージの歴史

中国で言えば清朝の時代。フランスがインドシナ半島を支配していた一九一〇年、ベトナムのハイフォン―ハノイ―ラオカイから中国の雲南省河口―同省昆明へとつながる路線(八五四キロ)を開業させた。一〇〇〇ミリの線路はフランス領だったベトナム側から中国へと延びてきたのだ。

日中戦争さなかの一九四〇年代、中華民国の国民党政権が国境付近の鉄路を壊した。日本軍の進軍を避けるためだった。戦後、中国共産党によって現在の中国が建国され、ベトナムと結ぶ国際鉄道も五八年に復活した。その運行は前述の通り、国際関係に翻弄されてきた。中国は経済の発展とともに、雲南省と中国内の他の地域とつなぐほうがより重要になった。昆明からベトナム国境の町、河口までは老朽化した線路や橋の安全問題も浮上し、新たに一四三五ミリの線路を建設した。世界の鉄道ファンに愛された、渓谷を走る古い鉄路は、旅客輸送をとりやめた。

その先のベトナム側についても、中国政府は同じ幅の線路を新設し、複線にする案を持ちかけているが、ベトナム政府は「三本目のレール」を敷くことで応じようとしている。

そんな、もう一つの中越国境を思い出しているうち、私が乗ったＴ８７０１はハノイ郊外のザーラム駅についた。まだ太陽が昇りきらない朝五時半。外に出ると売店に漢字があふれていた。主な客は中国人なのだ。列車は、ベトナム国鉄の列車番号ＭＲ１となって、同じ日の夜、南寧へと折り返す。スピードアップと便利さを優先して、ベトナムが中国と同じ幅の線路を受け入れる日が来るとすれば、両国の関係が大きく変わった時だ。その差、四三五ミリの行方に注目している。

ハノイ―ホーチミン、都市鉄道と高速鉄道の行方

ベトナムにとって初めてとなる都市鉄道は中国が造った。二〇二一年一一月、ハノイで開業した。(7)全長一三キロに駅が一二もある。銀色に緑のラインの車両は、中国製。平均時速三〇キロで走る。中国の国有企業中鉄六局集団が設計から建設まで手がけた。資金は中国が貸した。土地の収用から安全

検査まで問題がたびたび発生し、合意から完成まで一三年もかかった。[8]

日本も南部ホーチミンで、円借款による都市鉄道を建設している。[9] 一二年に着工し、一八年の開業を目指していたが、大幅に遅れている。ベトナム側から日本の建設業者に対する支払いが滞り、駐ベトナム日本大使が対応を申し入れたこともあった。新型コロナ禍の影響も重なり、開業は二四年以降とみられる。日中そろって、ベトナムにおけるインフラ建設の難しさを味わっている。

さて、計画が浮かんでは沈むハノイ―ホーチミン（約一六〇〇キロ）間の高速鉄道は、日本と中国、どちらが手がけるのか。

在来線で三〇時間近くかかるところを、三〇〇キロの高速で走れば約六時間まで縮まる。日本の新幹線方式の採用が有力視されたこともあったが、日本円に換算して「兆円単位」の事業費が問題となり、先送りされた。ハノイ―ホーチミン間は空路がすでに充実している。採算が疑問視される高速鉄道計画に対して、「中国に負けるな」と新幹線を売り込むのは日本の役割ではない。在来線の改良や都市鉄道の整備を支援する方が、現地の人々の生活に役立つはずだ。

寝台列車で出会った定年後の旅行を楽しむ南寧の老夫婦の笑顔を思い出す。ＳＮＳにアップされたハノイの都市鉄道のホームで列車と自撮りするベトナムの若者たちは楽しげだ。誰が造ったかなど意にも介さぬ風情だった。

鉄道は、市民の足だ。国家のみえを張り合う道具ではない。

2　ラオスの夢か、中国の罠か「陸鎖国」に乗り込む鉄道

海を持たない内陸の国、ラオス。本州と同じぐらいの広さの国土に、愛知県とほぼ同じ約七五〇万人が暮らす。日本から直行便はなく、残念ながら日本人の旅行者は多くない。村上春樹の紀行文集のタイトルも『ラオスにいったい何があるというんですか』……。そこには、隣国中国の手によって生まれたものがあった。初めての本格的な鉄道である。

ラオスと中国を結ぶ「老中鉄路」が二〇二一年一二月三日、開業した。中国との国境にある山あいの町、ボーテンから、メコン河でタイとの国境をへだてる首都ビエンチャンまで、四二二キロを三時間半でつなぐ。一四世紀に誕生したラオ族初の王朝の名前を冠する「ランサン(瀾滄)」号と名付けられた中国製の車両が乗り込んだ。ラオスが長く夢見た初めての本格的な鉄道は、「陸鎖国」と呼ばれる内陸国を開くのか。それとも、中国の膨張戦略とも目される「一帯一路」の罠へと続くのか。

初めての鉄道は、フランス植民地時代の一九世紀末。七キロほど敷設され、南部メコン河流域の物流を担った。しかし、一九四一年には運行を終えてしまう。その後、第二次世界大戦中の日本軍の侵攻、戦後は重なる内戦を経て一九七五年に現在のラオス人民民主共和国が成立。東西冷戦下で東側陣

営だったラオスは、旧ソ連に鉄道の敷設を要請したこともある。だが、そでにされた。唯一の鉄道はビエンチャンとタイ北部ノンカイを結ぶ五・二キロ（ラオス内三・五キロ）。

そんなラオスで、中国はいったい何をしているんですか。

二〇一七年から現地を訪ねて取材を重ねてきた。

二〇一七年

小さな単線の鉄路

私が初めて現場を訪ねたのは二〇一七年一一月。中国との国境にあるルアンナムター県ボーテンだった。老中鉄路のラオス側北端の駅ができる町だ。「鉄路建設はラオス人民に福をもたらす」。中国の国有企業が掲げる看板を目印に坂道を上ると、トンネル工事が進んでいた。

「ちっちゃい」

思わず声が出た。レールは単線だったのだ。線路の幅は、中国と同じ一四三五ミリ。延伸が予定されている南側の隣国タイは一〇〇〇ミリ中心だが、線路の幅は有無を言わさず中国規格である。旅客も貨物も一緒に走る。最高時速はそれぞれ一六〇キロ、一二〇キロ。一六〇キロは、一般的に高速とは呼ばない。中速だ。ちなみに、日本では東京上野と成田空港を結ぶ京成電鉄のスカイライナーが最高時速一六〇キロで走っている。新幹線をイメージする速度ではない。

建設中の鉄道は、日本では高速鉄道と伝えられることが多く、私もそう、思い込んでいた。現場の看板にも、中国国有企業の中国中車(CRRC)が造る高速鉄道車両が描かれている。

「老中鉄路」は胡錦濤政権時代の二〇一〇年ごろから、話が進められてきた。ラオス政府の希望は高速鉄道だった。主に資金の負担について折り合いがつかず、当初の目標だった一五年の開業を目指した着工は見送られた。両国の首脳や閣僚が会うたびに推進に合意するのだが、進まない。中国側がラオスの借金を返す能力を不安視したからだ。

習政権が登場して局面が変わった。「一帯一路」を追い風に、一気に動き出した。一五年一一月、北京で両国は合意文書を交わす(1)。鉄道建設と運営は中国側が七割、ラオス側が三割を出資した合弁会社が担うことになった(2)。建設費は総額四〇〇億元(約六〇億ドル=約八四〇〇億円)で、その六割は中国輸出入銀行から借り入れる。六〇億ドルとは、ラオスの国内総生産(GDP)の三分の一に相当する。巨大事業である。

中国とラオスを結ぶ鉄道

ただ、中国の専門家は「高速」に待ったをかけた。単線で貨客併用。山がちでトンネルも多くなる。一〇以上の駅が検討されるなか「高速」は無理、コストも膨らむ、と。中国メディアの知人によれば、ラオス政府が一貫して高速にこだわった。メンツだろうか。そこで、時速一六〇キロの運行を前提としながらも、「平地では二〇〇キロで走れる規格を用意する」と説明した。中国で在来線で使われている車両である。走る能力はあるが、走らなくてもいい、というわけだ。

高速から中速へ変わっていく過程を取材するうち、気づいたことがある。

この鉄路は、中国が無理やり強いたものではない。もちろん、中国の戦略を利するからこそ、資金も技術も人材も半ば丸抱えで建設している。ただ、ラオスからの粘り腰とも言える強い要請を見逃すと、中国とラオスなど新興・途上国との関係を理解できない。両者は互いの損得勘定をはじいて利用しあっているのだ。中国だけを主語で考えると見誤る。

鉄道を含む中国との橋渡しをしてきた副首相ソムサワット・レンサワットが一六年に引退した。先祖が中国・海南島出身で、中国語を話す「老朋友」(中国のアジア担当の外交官)とも分析された。「親中派」の代表的な人物だ。彼の退任で「ラオスは超親中路線をやや修正した」(日本のテレビ(ＣＣＴＶ))[3]

だが、商工相を経て国家主席府の要職に就いたケムマニー・ポンセナーは、幼いころを北京で過ごし、習近平と小学校の同級生だ[4]。経済規模でも人口でも中国の地方都市にも満たないラオスにとって、巨大な隣国中国とつきあうには細心の注意を払う。同時に、ラオス政府は中国との近さをちらつかせながら、日本をはじめ他の先進国を競わせて支援を引き出そうとしていた。

本命は貨物

ラオス北部で取材した地元政府の幹部は「首都まで車だと一泊しないとつらいが、列車が走れば三時間足らずに縮まる。外国からの投資や観光客、地元の雇用も増える」と期待を寄せた。

だが、中国の最大の狙いは貨物輸送にあった。中国昆明からラオス経由でタイを抜け、マレーシア、シンガポールへとつなぐ「アジア横断鉄道」の一部をなす。インドシナ半島の腹部を貫き、海へと抜ける。中国の製品を輸出するルートであり、中東から原油を運ぶ海運ルートのバックアップ機能を持たせている。日本が戦中、「大東亜縦貫鉄道」として敷設をもくろんだ路線である。

雲南省昆明からビエンチャンまでトラックで二〜三日かかるところが、鉄道なら「二六時間以内」(雲南省政府)。ラオス側もバナナなど農産品を中国へ輸出したり、タイへと抜ける列車の通行料の収入を得たりする算段だった。

二〇一九年

世界遺産の町に駅

バンコクからタイ航空のジェット機で一時間半。まるごとユネスコの世界遺産に登録されている町、ルアンプラバンに飛んだ。二〇一九年二月のことだ。着陸が近づくと土色にうねるメコン河が見える。村上春樹が紀行文で「街そのものより、街外れにある飛行場の方がたぶん大きいだろう(5)」と書いた空港は、中国政府の援助で拡張されたものだ。確かに、赤橙の屋根がつつましく並ぶ中心部をしのぐほど広い。降りてみると、隣に中国の海南航空機が停まっている。深圳から来た便だ。中国とは雲南省昆明や景洪、湖南省長沙、海南島などとも直行便で結ばれている。

現在のラオスの基礎となるランサン王国が一四世紀に都をおいたルアンプラバンは、お寺が多く仏都と呼ばれる。南国の濃い緑に囲まれたこぢんまりとした町である。国民の大半は仏教徒だ。ラオスの国花、白いチャンパ(ラオス語でプルメリアをさす)や鮮やかなピンクのブーゲンビリアが咲く細い通りを毎朝、濃い橙色の法衣をまとうお坊さんたちが托鉢《たくはつ》に歩く。私もホテルの近くの屋台で二万キップ(約一六〇円)で買った糯米《もちごめ》を手づかみで喜捨した。

欧米客に人気で、プライベートジェットで訪れるお金持ちもいる。アジアからはタイや韓国のほか、中国からのお客が多い。旧正月の連休中は中国ナンバーの車がたくさん乗り入れ、信号のない町が喧噪に包まれたという。町には住宅や店舗の貸し出しや投資を誘う中国語の広告が目につく。旅館やレストランを経営する中国人が増えていた。

ここでも、老中鉄路の建設は佳境を迎えていた。ラオス側の要望で、開業の目標は建国記念日である二〇二一年一二月二日に決まった。着工からわずか五年で完成させる突貫工事だ。首都ビエンチャンまで約二時間。車での移動の五分の一近くまで縮まる。ラオスを代表する観光地の古都ルアンプラバンが寄せる期待は大きい。起工式は首都のほか、ここでも行われた。

中国の国有企業がメコン河に橋をかけ、トンネルを掘り、駅を造っている。お寺がひしめく中心部から車で二〇分ほど走ると、工事現場に着く。中鉄八局集団の大きな看板が見える。世界中でインフラ建設を手がける国有企業中国中鉄の実動部隊だ。「八局」はラオスに近い四川省や雲南省といった南西部を拠点にする。

ゆったりと流れる乾期のメコン河をぶった切るように、セメントの橋げたがぬっと立ち並ぶ。渡し

メコン河にかかる鉄橋．中国の国有企業が建設していた＝2019 年 2 月 21 日，ラオス・ルアンプラバン

船に乗って川面から眺めてみる。のっぺりとした人工的な橋脚は、こぢんまりとした仏都で強い異物感を放つ。ラオスは、習近平政権が進める「一帯一路」の一里塚にあたる。悠久の大河にかけられた橋げたが、中国の南進達成の記念碑のようにも見える。

「外国で仕事しながら家族を思う」「安全に帰宅して一家だんらん」。赤い看板があった。ラオス語と中国語で書いているが、工事に携わる労働者は、大半が中国人で、ベトナム人が続く。

中国側によると、この時点で鉄道の建設現場でのべ三万二〇〇〇人以上が働き、「ラオス籍は四三〇〇人以上」(中国共産党機関紙『人民日報』)という。[6] 地元の人に聞くと、ラオスの人はモノを運んだり、車を運転したり簡単な仕事に携わっていた。

　中国人労働者は現場近くのプレハブ住宅で寝泊まりする。町の人たちの生活圏と離れている。「もめごとが起きないように、現場付近を軍人も巡回しています」。道案内を頼んだ若いガイドはそう説明した。貧しい農家の三男で、中国政府の奨学金で雲南省の大学で四年間にわたって中国語を学んだ。「不忘初心(初心忘るべからず)」。中国系旅行会社から支給されたジャンパーの背中には、習政権のスローガンが漢字で書いてある。米の麺「カオソーイ」の人気店につれていってくれた。あっさり味のスープに肉味噌と多めの野菜がのっている。彼との会話は中国語である。「好吃《ハオチー》(中国語でおいしい)」を連発する私に、言う。

中国国境に接するボーテンと首都ビエンチャンを結ぶ鉄道のトンネル＝2019年2月22日，ラオス・ルアンプラバン郊外

「中国人とラオス人は文化が違う。ルアンプラバンのレストランやバーは基本的に禁煙ですが、中国の労働者はたばこをよく吸うし、近づきませんね。観光客も含めてラオス料理はあっさりしすぎて口にあわないようで中華料理を好みます」。中国人が経営する中華料理店が町に増えているゆえんだ。公務員を目指しつつ、ガイドで稼ぐ彼にとって中国の人々は大事なお客さんである。言葉を選びながらも、両国の文化の違いに繰り返し、触れていた。「中国語を使って仕事をするときは声が大きくなってしまうんです。ラオスの人はほんとうはもっと静かにしゃべります」と苦笑いする。うん、わかる。私もそうだから。

近くの山肌にはトンネルの穴が見える。山がちな国土を貫いて走るため、半分近くがトンネルだ。その数は七五にのぼる。「中国はラオスでいったい何をしているんですか」という問いに対して、私がここで見つけた答えの一つは「トンネルを掘っている」。そう言いたくなるほどの数だ。車を少し走らせれば、あちこちで穴を見かけた。沿線付近にはベトナム戦争時に米国が落とした不発弾が眠る地域もある。鉄道の敷設にあたって、ラオス軍が除去しながら整地していった。

ラオスの一人あたりGDPは中国の五分の一にも満たないが、銅、金やボーキサイトなど貴重な鉱物資源が眠る。「中国はトンネルを掘りながら地質調査をし、カネになる鉱物のありかを調べているのではないか」「トンネルを掘って出てきた土にまじった鉱物を中国へ持ち帰ってしまった」。真偽不明だが、そんな「疑念」も耳にした。

駅の予定地にも行ってみた。土ぼこりをあげてガタゴト走る車のわきを、ゾウが木材を引きずって運んでいる。お寺が集中する中心部から車で約三〇分ほど離れていた。「世界遺産ゆえに町の環境に配慮した」。ガイドはそう説明する。巨大な敷地をブルドーザーが走り回り、整地している。どの程度の乗客数を想定しているのだろうか。東京駅よりも広いのではないか。コンテナの集積場や倉庫、トラックの駐車場を備えたつくりだ。まさに、旅客よりも貨物を重視した駅に見えた。

二〇二〇年

コロナ禍でも進んだ工事

二〇二〇年の元日、ふたたびルアンプラバンを訪ねた。この時点で中国湖北省武漢では新型コロナウイルス感染症は発生していた。だが、中国政府は国内外に対して情報を伏せていた。老中鉄路の工事も何ごともないかのように、進んでいた。

一月下旬、ラオスを含めて世界中に激震が走った。正体不明の感染症が中国で流行していることが明らかになったからだ。

老中鉄路の工事も当初、混乱した。中国の旧正月をはさんで帰郷していた中国人労働者が、コロナの感染が拡大するなかで予定通り戻れなかったり、地元の人々もコロナ対策で現場に入れなかったりした。一部の工区では遅れも出た。米政府系放送局「ラジオ・フリー・アジア（RFA）」によると、北部のある工区では、中国の雇用主が突然に姿を消して、ラオス人労働者ら約三〇人に対して賃金の未払いも発生した(7)。

だが、両国とも全線開業の目標日は変えなかった。「都市封鎖」で外出が禁止されたり工場が休業したりするなかでも、工事を続けた。現場の労働者だけではない。中国国営新華社通信は「企業の信用と国家の名誉のため」、幹部技術者や事務員、運転手も職場を守っている、と報じた。ラオス政府も、鉄道の関係者には特別に中国からの出入りを認めたりビザを出したりした。

日米欧が国内対応に追われるなか、世界保健機関(WHO)とともにいち早くラオス支援に動いたのは中国だ。コロナ流行の起点となったことへの批判をかわす狙いもあった。二月下旬、ビエンチャンに東南アジア諸国連合(ASEAN)の国々と中国の外相が集まり、コロナ対策を話し合った(8)。中国共産党、中央政府、地方政府、人民解放軍が入れ替わり立ち替わり、ラオスに入った(9)。

ラオス色に腐心

そして、老中鉄路は予定通り、開業した。

二一年一二月二日、ビエンチャン駅で僧侶がたちあって仏教の儀式を行い、安全や繁栄を祈願した。翌三日には駅のホームで開業式典があった。両国の首脳はオンラインであいさつした。ラオスの国家主席トンルン・シースリットは「近代的なインフラを求めるラオスの人々の夢がかなった。両国の運命共同体としての関係を象徴する。中国の支持に感謝する。インフラ建設の重要な一里塚となる」と祝った。

習近平は「山はもう高くない、道はもう遠くない。中国ラオス鉄道は質の高い一帯一路を共同で建設するシンボル事業だ」と自信を見せた[10]。中国にとっては、警戒されがちな「一帯一路」のプロジェクトの中で、この鉄道は極めて順調に進んだ「優等生」である。

投入されたランサン(瀾滄)号は、白地に赤と青のライン。ラオスの国旗の色だ。中国中車（ＣＲＲＣ）が製造した[11]ＣＲ２００Ｊ型車両だ。中国内では緑色で在来線を走っている[12]。両端に機関車を配した「プッシュプル方式」で、開発されて三年ほどの新鋭だ。車内の居住性や自動化への評価も高い。

旅客の駅は一〇か所。ビエンチャンやルアンプラバンなど拠点駅は巨大だ。ラオスの国花プルメリアを天井や壁の図案に取り入れたり、寺院や王宮といった伝統建築に模したりしている。

ビエンチャンでは二〇年、中国の支援で造られた街灯の装飾が中華風だったことから市民の激しい反発を招いた事件があった。鉄道の開通で「中国色」がより強まることに対するラオスの人々の複雑な感情を背景に、「ラオス色」を加えることを意識しているように思えた。

ただ、ラオス出身で、アジア経済研究所研究員のケオラ・スックニランはあっさりと言った。「中国への好き嫌いより、本格的な列車の登場にワクワクしている人が多い。コロナ禍での数少ない明るいニュースです」

二〇二二年

ランサン号に乗った

二〇二二年一〇月、遅い夏休みをとってみたびルアンプラバンを訪ねた。ランサン号に乗るためだ。お寺が集まる世界遺産の町は静かだった。中国人観光客が消えていた。「ゼロコロナ」政策を続ける中国政府が、外国への渡航を厳しく制限していたからだ。つぶれたレストランや宿もあった。タクシーで鉄道駅へと向かった。相変わらず片側一車線で、センターラインは消えている。すれ違うのは、車よりバイクが多い。路肩が欠けたり、アスファルトがはげたりしている。中国が広い道路を通して、町の雰囲気が一変しているかと思ったが、三年前と同じである。

三〇分ほど走った。お寺のような赤茶色の屋根が見えてきた。

「琅勃拉邦(ルアンプラバン)」。駅舎にはラオス語に漢字が添えてある。遼寧省瀋陽の工場名が書いてあるエレベーターからゴミ箱まで、中国製だ。

出発の三〇分前まで外で待たされる。中国の鉄道駅の安全検査と同じ機械で荷物を検査し、中に入る。給湯室や赤ちゃん連れの母子待合室、ＶＩＰ室まで中国式。ただ、天井の図案は仏教風で女性駅員は民族衣装のようなスカートをはいている。トイレにはゾウの絵が飾ってあった。切符売り場や待合室には「僧侶優先」のマークがある。

中国の技術とラオスの風情が混在している。

出発の一〇分前。改札が始まる。僧侶が先頭を切った。ホームでは線路から二メートルほど離れた所から並ばされる。安全確保のためだそうだ。

白地に青、赤のラインのランサン号は、首都ビエンチャンから定刻どおりにやって来た。先頭車両の写真を撮ろうとしたら、駅員に制される。整列して、まっすぐに乗り込むように指示された。「なんとかお願いします」。顔の前で手をあわせて頼み込んで、三枚だけ写真を撮った。

九時三一分。中国国境のボーテンへ向けて静かに発車した。ラオス語、中国語、英語の順で、次の駅名を告げるアナウンスが入る。二等席は三分の二ほど埋まっている。通路をはさんで、三列と二列。日本の新幹線や中国の高速鉄道と同じ配置だ。座席の下には電源が備えられている。

白地に赤と青のラインのランサン号．ラオスの国旗と同じ配色だ＝2022年10月23日，ラオス・ルアンプラバン駅

メコン河を渡る。車内に歓声があがった。バナナやヤシの木など濃い緑が車窓を横切る。数分おきにトンネルに入る。線路は単線。途中の駅に停まるたび、別のホームに待機する貨物列車が見えた。ボーテンまでの切符は、二等席で一六万九〇〇〇キップ(約一四〇〇円)。なぜか二日前からしか買えない。不安だったので三年前に訪ねた時に知り合った中国語ガイドの青年に購入を頼んでおいた。公務員になりたがっていた彼は、鉄道会社の職員に転じていた。「コロナ禍で中国人客は来なくなった。ガイドの仕事より給料ははるかに安いが、安定している」。青い制服姿で現れた彼は、そう言った。

鉄道会社は新たにラオス人職員二二五人の募集を始めていた。エントリーシートを見ると、ラオス名、英語名、中国語名を書き込むようになっている。ラオスでも中国語を学ぶ人は、漢字の通称を持っているそうだ。

国境の鬼城(ゴーストタウン)

コロナ禍の影響で旅客列車は中国には越境しない。ボーテンが終点である。一時間半ほど走った一時すぎ。ほぼ定刻に到着した。客引きにやってくるタクシー運転手は全員、中国人だ。ルアンプラバンへ戻る列車が出発するまで二時間半ある。五年前に訪ねた国境沿いの経済開発区を再訪した。もちろん、中国資本による開発である。

だだっ広い道を走り、五分ほどで国境に着いた。「鬼城」。中国語が頭に浮かんだ。ゴーストタウンのことだ。免税店はつぶれている。歌や踊りのショーをやっていた演芸場は閉まり、建物は崩れかけている。カラオケ店も休業中だ。国境の税関では、白い防護服を着た職員が働いていた。表では誰もマスクをしていないのに。

造りかけの高層マンションが林立する。一〇、いや二〇はあるだろうか。数十階までそびえる茶色に白い線が入った建物は、先がお寺の塔のようにとんがっている。ひとけは、ほとんどない。西安の出身という運転手が言う。「コロナで中国との往来ができなくなり、建設労働者が帰ってしまったんだ」。彼も二〇年にいったん中国へ戻ったが、半年ほど前に戻った。一九七六年生まれ、四六歳。

「ここは一平方メートル二〇〇〇元(約四万円)だよ。中国内より破格に安い。日本人なら金はあるだろう。どう、投資しては?」

中国東北部の高齢者が寒い冬を避けて過ごす別荘として買うこともあると言う。昼ご飯は、中華料理店へ案内された。ロシア国境の黒竜江省黒河出身の男性が経営する。豚肉、ニンニク、ネギがたっぷり入った水餃子を食べた。隣りで同じ餃子を食べている二人は、ラオス国内で中国人が経営する農園からバナナを国境までトラックで運ぶ運転手だった。

昼間からラオスの名物ビール、ビアラオを飲んでごきげんだ。山東省青島と山西省太原の出身。飛行機で何時間もかかる故郷を離れて異国で働く。「青島は日本の方が近いね」。人なつこい。

なぜ国境を越えてラオスに来たのか。

この問いには、誰も笑って答えなかった。

中国共産党の五年に一度の大政治イベント、党大会が終わった直後だった。「勝利のうちに閉幕した、と習近平総書記があいさつしていたけど、どう?」。感想を問うてみた。「演技だ。全員、あそこに座っている人は演じている。その監督が……」。一人が言いかけたら、別の人が制した。「おいおい、外国人だぞ」。おや、国外にいるわりに用心深い。それだけ、習体制のしめつけが強いのか。

「ところで、何しに来たんだ、日本人」と問い返された。「ラオスの不動産などの様子を視察に来ました」。記者を名乗ると面倒なので、うそではない範囲で答えた。

「ふうん。ここは安いよ」。運転手と同じことを言う。

水餃子は二八元、五五〇円ほど。人民元払いを当たり前のように求められたが、持っていない。現地通貨のキップ払いにしてもらった。もう一回り「視察」をしようと表に出たら、後ろの席で麺を食べていたはずの男性の客が追いかけてくる。「物件をぜひ、紹介したい」。雲南の不動産開発会社(13)の社員だった。私の話を聞いていたのか。商売熱心だ。

車で数分先にある数十階建てのマンションの一階にあるショールームを見せてくれた。中国とラオスの首脳が握手する写真が飾ってある。「三時間鉄路経済圏」の青いのぼりがはためく。「マンションも開発していますが、金融、教育、医療などの企業を誘致しています。ラオスの文化を重んじて、大仏や寺、塔も建立する予定です。コロナで開発が止まっていますが、党大会が終わったので往来も再開するはずです。工事も進み始めるでしょう」。完成予想のジオラマ(情景模型)を示しながら説明する。

「国境沿いはカジノがあって、殺傷沙汰があったと聞きます。治安は？」。かつてのニュースを思い出し、質問してみた。

「経営者の方針で、カジノはここには造らせません。カジノは数十キロ離れたところにあります。マンションの警備はしっかりつけます。中国の公安も見張っていますから安全です」

「え、中国の公安？　それはそれで怖い。しかも、ここはラオスなのに……」。そう思ったが、黙って聞いていた。ひとしきり売り込みが続く。そろそろ駅に向かう時間だ。

タクシーに戻った。「あそこの掘っ立て小屋のような所は売春宿だ。一〇代の若い女性が数百元(数千円)で買えるんだ。雲南より安い。若くして出産して学校にもいかない子がいる。貧しいからな」。運転手が指さして、ぺちゃくちゃ話し始めた。気持ちはどんよりと重くなっていく。

駅に着いた。二時間半で三〇〇元(六〇〇〇円)。鉄道運賃よりはるかに高い。言われたままにお金を渡して、車を降りた。

ルアンプラバンへの帰路は、ランサン号ではなかった。中国の在来線を走っている緑に黄色いラインの車両だ。K11。Kとは、中国語で快(Kuai)を指す。ゼロコロナ政策による封鎖が解けて中国の人やお金が戻ったら、ここは中国になってしまうのだろうか。

そんな気持ちで、二等車の硬いシートに座った。

二〇二三年四月一三日、老中鉄路が国際旅客列車の運行を始めた。ラオスの旧正月ピーマイラオに合わせた。ビエンチャン―昆明(約一〇〇〇キロ)が通関にかかわる時間を含めて十時間半で結ばれた。

中国依存の向こう側

鉄道はラオスという国を、そして人々の生活をどう変えていくのだろうか。

ラオスの鉄道は、駅や車両、信号などあらゆる面で中国仕様だ。中国の援助で鉄道職業技術大学をビエンチャンに設立する計画がある(14)。沿線には中国企業が投資して経済開発区をつくる。ビエンチャン大学に併設された巨大な孔子学院では、中国語人材が養成されている。

中国との関係の深まりを、ひしひしと感じる。

いくつか心配事がある。まず「債務の罠」である。返せなくなるほどの借金漬けになり、中国に逆らえなくなってしまうリスクを指す。

ラオスはダムや通信衛星など別の事業でも中国から借金を重ねている。世界銀行の「債務報告2022」によると、政府の借金はすでにGDPの九割近い(15)。国際通貨基金(IMF)からも借りすぎを注意されている。最大の貸し手である中国は二〇年以降、ラオスからの支払いの繰り延べに応じざるをえない状況だ。そもそも日本など先進国にとってラオスは、円借款など利子がつくお金を貸すよりも貧困削減を念頭においた無償援助が中心の相手だった。だが、中国は違う。お金をどんどん貸して、大規模なプロジェクトを進めてきた。

鉄道の輸送が伸びず、ラオスが中国にお金を返せなくなるとどうなるのか。鉄道の両脇五〇メートルは、ラオスと中国の合弁で設立した鉄道会社が所有する。[16] この土地のほか、虎の子の地下資源を差し出さざるをえなくなるおそれがある。鉱物の輸出代金を返済にあてる契約になっている。中国にも「カリウムなど資源で返してもらえばいい」(中国誌『北京週報』ネット版)とする意見がある。

ラオスは貿易や人の往来では、ベトナムやタイとの関係が歴史的にも深い。だが、中国の存在感は増している。外国からのラオスへの投資のうち、中国の割合が半分を超えた。[17] 不動産開発から小売り、バナナ栽培まで幅広い。鉄道にかかわる通信技術には、華為技術(ファーウェイ)が深く関与している。鉄道の建設によって中国への依存度がさらに高まることは間違いない。

鉄道の人材育成は進むだろうか。ラオスは全体として技能を持つ働き手が不足している。建設段階で言えば「トンネルを掘って橋を架けられる労働者がラオスにはいない」(沿線の自治体幹部)とする説明はうそではなかった。

「開業三年でラオス人に任せる」。鉄道会社内部では、中国人管理職は、そう話しているそうだ。駅の管理、線路の補修に至るまでラオスにとって初めてのことばかりが続く。

鉄道の建設に伴い、七〇を超えるトンネルを掘り、二〇〇近い橋をかけたことによる環境へ与える影響も心配だ。ラオスにとって鉄道が問うものは、果てしなく大きい。

中国にも「罠」

ラオス研究の専門家、アジア経済研究所研究員の山田紀彦は「ラオス政府は「債務の罠」の問題を意識はしているが、発展には資金が必要だと認識している。ベトナムとは政治的に深い関係にあるが、資金は期待できない。中国への経済依存は続くだろう。中国には大国としてのふるまいが問われています。鉄道建設はラオス側の強い要望ではありましたが、仮に経営を失敗した場合にラオスに対して沿線の開発権や鉱物の取得などを迫れば、国際的に強い批判を浴びるでしょう」と指摘する。

鉄道の歴史が浅いラオスで、ランサン号の最初の運転手は中国人かもしれない。しかし、国家の運転席にいるのは常に、ラオスの人々だ。

国の大小には関係ない。鉄道は支配の道具でもない。一九〜二〇世紀半ばまで日本を含む列強に鉄道の権利を奪われた歴史を持つ中国は本来、身にしみて分かっているはずだ。そのことをないがしろにしたら、中国こそが「罠」に落ちる。採算を不安視し、建設をためらっていたのは中国自身だ。それを「一帯一路」という政治スローガンに乗って建設に踏み切った。ラオスに借金の返済を無理やり迫れば国際社会から非難を浴びる。かといって借金を猶予すれば自らの懐が痛む。評判と債権の「罠」を乗り越えられるか。老中鉄路は大国化する中国を試している。

ラオスに残るタイ幅の鉄路

ラオスにとって初めての鉄道は、南側の隣国タイと結ぶ路線だ。メコン河に架かる道路と併用の友好橋をはさんで、ビエンチャン郊外のタナレーン駅とタイ北部のノンカイ駅間(五・二キロ)を一五分で走っている。タイ政府の援助で建設された。運行は全線を通じてタイ国鉄が担う。

ラオスとタイの政府が一九九四年に合意し、二〇〇九年に旅客輸送を始めた。一九年には貨車を客車につなぐかたちで、貨物の輸送も始まった。最初にタイから運ばれたのはビール醸造に使われるモルト(麦芽)、タイへと運んだのは「ビアラオ」。東南アジアの地ビールのなかで人気が高く、ラオスにとっては代表的な輸出品でもある名物ビールだ。

タイとの鉄道敷設の意義について、バンコク日本人商工会議所専務理事を務めた井上毅は「内陸国ラオスが鉄道を通じて海につながった。保税制度が整えば、ラオスに港ができるも同然です」と説明する。タイ国鉄の客車の九割以上にあたる一五一三両を写真に納めた撮り鉄だ。メコン地域の鉄路を凝視してきた。

だが、目下のところ、保税制度は未整備なうえ、バンコクやタイ沿岸部までの直通列車はない。トラックやバスの便利さには及ばず、苦戦が続く。私が二〇年に訪ねた時も、ホームにいたのはタイ側へ買い出しに行ったラオスの商人と外国人バックパッカー数人。にぎわいにはほど遠かった。

ひとつ気になることがある。線路の幅の行方である。

ラオスとタイを結ぶ短い鉄道の線路の幅は、タイと同じ一〇〇〇ミリ。これに対して、老中鉄路の線路の幅は、中国と同じ一四三五ミリだ。しかも、タイでは、バンコクからラオス国境に向けて中国の協力を受けて、中国幅の高速鉄道の工事が進んでいる。

二〇一九年五月、ラオス、タイ、中国の間で興味深い協定が締結された。老中鉄路のタイへの延伸にあたってメコン河に新しい鉄道橋を架ける内容だ。(18) 一四三五ミリ幅のレールだ。ラオスでは「タイとの短い鉄道はもう要らない」との意見もあったが、一〇〇〇ミリ幅のレールを敷いた鉄橋も残すことになった。

タイ国鉄からみれば、後から割り込んできたのは中国である。日本貿易振興機構（ＪＥＴＲＯ）ビエンチャン事務所の山田健一郎は指摘する。

「鉄道の地位向上を目指すタイ国鉄にとって、ラオス・ビエンチャンまでの路線の延伸は、積年の願いでした」

たかが五キロ、されど五キロ。しかも、自らの援助で造った。タイとしては、そう簡単に手放すわけにはいかない鉄路なのだ。

線路の幅は、政治性を帯びる。軍事的にも経済的にも勢力圏のシンボルのように扱われる。中央アジアではロシア幅か中国幅かで結論を出せず、中国が希望する新しい国際鉄道の構想は進んでいない。中国とベトナムの間でも一〇〇〇ミリ幅が基本のベトナムが、のらりくらりと中国幅の新線の敷設をかわしている。

五・二キロの貨客の鉄路に一五年の時間を費やしたタイとラオスである。老中鉄路がタイへと延びるのはいつの日か。気長に見守りたい。

3　マイペースなタイ　マイペンライな新幹線

日本は安倍晋三政権のもとで、新幹線などインフラ輸出を経済振興策アベノミクスの目玉の一つに掲げた。中国は習近平政権の対外戦略「一帯一路」に沿って雲南省からラオスを抜けてタイまで鉄道を延ばしたがっている。日中両国を競わせて、インフラ整備をよりお得に進めたいタイ。そんな三か国の思惑が交錯しながら、タイを舞台に高速鉄道の計画がうごめく。

ただ、首都バンコクと北部チェンマイを結ぶ高速鉄道（六七二キロ）の建設は、ぴくりともしない。日本とタイの政府が二〇一五年、新幹線の投入に合意した路線だ。日本の鉄道ビジネスの関係者の間では「永遠の調査路線」と自嘲気味に語られ、タイの英字紙『バンコク・ポスト』報道も「廃案検討[1]」「ギアアップ（準備整う）[2]」と揺れる。中国も獲得した路線を着工したものの、開業のめどがたたぬほどゆっくりとしか進まない。

タイの高速鉄道はどこへ向かうのか。

六年越し一ミリも進まず

バンコクから北へ約七〇〇キロ。観光客に人気の古都チェンマイとの間には、飛行機や長距離バスが頻繁に往来する。格安航空なら片道数千円だ。時速三〇〇キロで走る高速鉄道ができれば、在来線で一四時間かかるところが三時間半に短縮されるとはいえ、チェンマイ中心部の人口は一三万人程度。私も何度か乗った在来線は、外国人バックパッカーには人気だが、昼間はいつもすいていた。高速鉄道の集客力には大きな疑問符がつきまとう。

鉄道事業を担当する日本企業の幹部は、あっさり言う。「調査ばかりで建設が進まないのはなぜかって？　採算がとれない。それに尽きる」

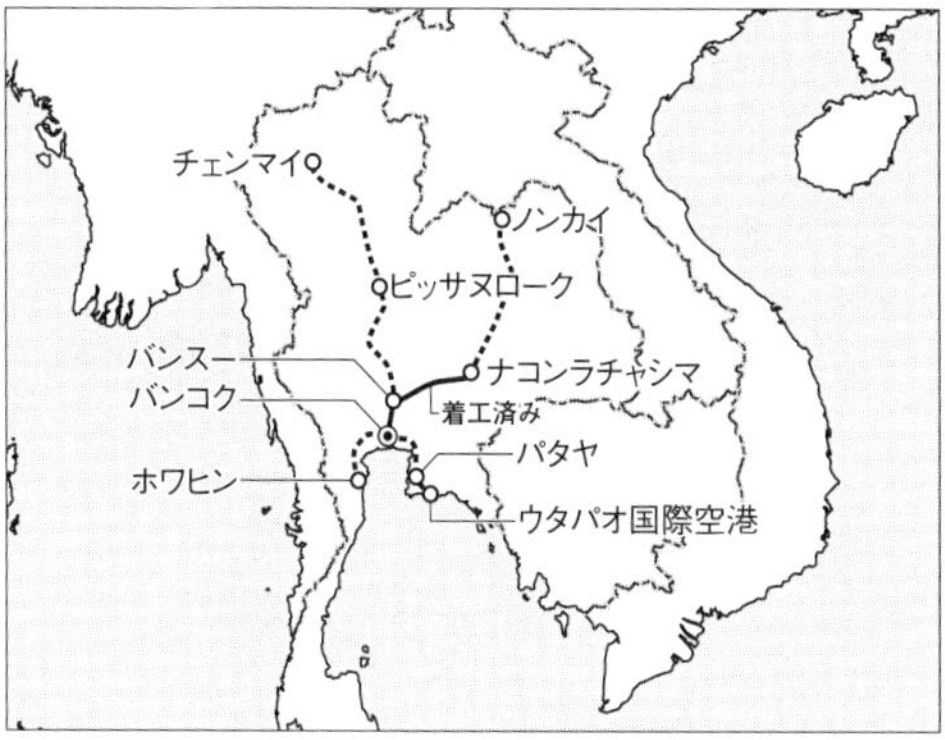

タイの主な高速鉄道計画

試算された事業費は、総額五〇〇〇億バーツ(約二兆円)近い。日本政府はタイ政府に円借款を供与し、日本製の車両や信号など新幹線システムを売ったり沿線開発にかかわったりすることで、日本企業が潤うともくろんだ。この区間の鉄道事業が赤字になったとしても日本には関係なく、タイ政府が公共交通を支える前提だ。

だが、タイ側は高速鉄道の運営会社を両国で設立し、日本企業も沿線でのビジネスだけでなく鉄道事業の経営を担ってほしい、と期待する。赤字になれば、ともに責任を負う仕組みだ。

日本企業はそっぽを向いてしまった。

「中国の国有企業じゃあるまいし、民間企業がそんなリスクをとれるわけがない。非現実的な計画を、日本とタイの政治家がアドバルーンとして打ち上げた」。この幹部は解説する。

そんな計画が、どうして生まれたのだろう。時計の針を、二〇一四年まで巻き戻してみよう。

軍政下での輸出計画

一四年五月。タイで軍事クーデターによって成立した政権が発足した。首相の座に就いたのは元陸軍司令官だったプラユット・チャンオーチャーだ。翌一五年二月、首相の安倍晋三はプラユットを東京に迎え、会談した(3)。日本政府は新幹線輸出の呼び水として、在来線の複線化工事などへの協力を約束した。

一か月後、第三回国連防災世界会議に出席するため再び来日したプラユットに対し、安倍は新幹線を念頭に改めて鉄道協力を持ちかけた(4)。一行には、二月は東海道新幹線を東京から新大阪まで、三月は東北新幹線を東京から仙台まで試乗してもらった。

プラユットを迎えた国土交通省幹部は、こう話していた。「タイ側の反応はとても良かった。ほっとした。タイは中国とも話を進めている。タイが検討している高速鉄道路線のすべてを中国にとられてしまうわけにはいかない。親日国のタイに新幹線をなんとしても走らせたい」

日本政府は焦っているように見えた。

理由がある。これに先立つ一四年一二月。プラユットは中国を訪問していた。国家主席習近平、首相李克強と会談した(5)。高速鉄道の北京―天津間を夫人とともに試乗し、高速鉄道の整備に向けた協力に合意した。ラオスに近い東北部ノンカイからバンコクを通りタイ湾に抜けるルート(約七三四キロ)

など二区間である。[6]「鉄道を中国から買い、タイからはコメやゴムを売る」という物々交換のような約束も、話題になった。

中国の動きが日本を刺激した。巻き返すべく、日本政府はプラユットの二度の来日をとらえて攻勢をかけたのだった。一五年五月には、首相補佐官の和泉洋人をバンコクに派遣した。安倍政権、菅義偉政権を通じて首相補佐官を務めた和泉は、国土交通省(旧建設省)出身。国際協力機構(JICA)理事で内閣官房参与だった木山繁、国際協力銀行(JBIC)総裁の前田匡史とともに、日本のインフラ輸出の旗振り役となった。その和泉が、タイ政府との間で高速鉄道の整備を協力する約束をとりつけた。この月末にタイの運輸相プラジン・チャントーンが来日し、閣僚間で正式に合意する。[7]和泉も立ち合った。

日本の国土交通省の発表によれば、覚書には「バンコク〜チェンマイ間高速鉄道に関し、日本の高速鉄道技術(新幹線)の導入を前提として詳細な事業性調査や事業スキーム等を日タイ間で協議」することが書き込まれている。

プラジンはタイメディアに対して「一二年に調査を終えている。プロジェクトを実現する時が来た」と語り、[8]翌一六年にも着工できるとの考えを示した。

今から思えば、あまりに甘い見通しである。

もっとも百戦錬磨の和泉らが、その見通しを真に受けていたとは思えない。タイの鉄道建設は時間がかかる。高速鉄道も一九九〇年代から計画はあったが、通貨危機や政変もあって立案されては消えていった。当初から関心を寄せてきた日本の政治家や官僚は、タイ側の甘いささやきにのってみせることで、新幹線輸出を勝ち取った絵を描きたかったのだろう。

このときの合意を受けて、朝日新聞も「タイ、新幹線を採用　日本と合意」(一五年五月二八日朝刊)と報じた。「JR東日本、三井物産、日立製作所、三菱重工業が連合を組み、事業への参加を検討している。インフラ輸出を成長戦略の柱の一つに掲げる安倍政権は、新幹線のトップセールスに力を入れている」。一兆円を超す総事業費の調達を課題としながらも、実現すれば「二〇〇七年の台湾に続く二例目の新幹線輸出」と期待が記されていた。

しかし、いや、案の定というべきか。プラジンがささやいた一六年の着工はなかった。黒字化には一日あたり五万人以上の乗客が必要だが、一万人程度にとどまるとみられていた。全線の整備に踏み出すには、あまりにも採算が見通せない。日タイ両政府は一六年、バンコクからほぼ半分の距離にあたるピッサヌロークまでを先に建設することで合意した(9)。

利便よりも政治を優先した鉄道の宿命だ。

翌一七年一二月、日本政府は建設に向けた調査報告書をまとめ、タイ政府に渡した。ピッサヌロークまでの事業費は二七〇〇億バーツ(約一兆円)、開業目標は二五年。タイの交通当局は当時「沿線開発によって長期的には黒字になる」と日本の国土交通省から説明を受けたと語っている。この時点で、調査費は約七億円。

問題なのは巨額の円借款を用いることを前提とする事業にもかかわらず、調査結果の詳細が公表されていないことだ。日本政府は「政府間で協議が続いており、事業費なども調整中のため発表の予定はない」(国土交通省鉄道局)と説明する。日本政府は想定とのずれや今後の見通しについて、きちんと情報開示すべきだ。

指摘しておきたい事実がある。タイを舞台にした日中の高速鉄道輸出の競いあいは、国際入札ではない。日本も中国も軍政の指名によって事業を獲得している。

私は一五年二月、タイ首相府を取材で訪ねた。宮殿のようなクリーム色の建物は、軍事政権が陣取っていた。経済政策を統括する副首相、プリディヤトーン・テークワンが取材に応じた。トレードマークの赤い蝶ネクタイ姿だ。

鉄道協力について説明が始まった。

「日本には、この鉄道路線の調査をお願いしたいと考えています」

手元の地図には、経路を示す赤い線が引いてある。タイ南部のカンボジア国境からバンコクを通り、ミャンマー国境までを東西に結ぶ。その先には、タイが整備に力を入れるダウェー経済特区がある。ベトナムからカンボジア、タイ、ミャンマーを東西にまたぐ「南部経済回廊(約一二〇〇キロ)」に沿う路線は、アジアに生産拠点が点在する日本企業にもメリットがあるといわれる。「日本が希望すれば、ベトナムにまでだって鉄路を延ばせます」

結果的には、日本に高速鉄道の建設を要請したのは別の路線になったのだが、大事業を国際入札にかけず、指名する手法には驚いた。

この交渉は、米国のバラク・オバマ政権が軍政に距離をおく傍らで進んだ。軍事クーデターで政権を握ったプラユットを、大統領のオバマはホワイトハウスに入れなかった。「早期の民政復帰」や

「人権の尊重」を求めて高官の交流も止めていた。

それに比べれば、日本政府は中国政府同様に、タイが軍事政権であるということは気にしていなかった。タイは、日本企業にとって五〇〇〇社以上が進出する東南アジアの拠点である。日本の経済界は日本政府に対して、米国とは一線を画してタイの政治体制を問わぬように強く要望していた。日本の政府や企業には「日本が引くと中国に攻め込まれる」という危機感があった。

過去の軍政時代のミャンマーに対して、国民民主連合（ＮＬＤ）を率いたアウン・サン・スーチーの拘束などをきっかけに日本も欧米ほどではないにせよ、経済援助で距離を置いた時期がある。この間に、中国に商機を奪われたと感じている日本政府や企業の関係者は少なくない。人権や民主主義などの価値を外交やビジネスに持ち込むことは、失敗の記憶だったのだ。

私がバンコクに駐在して早々の二〇一七年九月。日本から経済産業相の世耕弘成が率いる約六〇〇人にのぼる経済訪問団がやって来た。日本とタイの経済関係で史上最大の規模だった。タイ側からの強い要請で実現した。

一行は大歓迎された。首相府にプラユットを表敬し、記念写真を撮った。

結果的に、軍事政権に対してお墨付きを与えた。

「私を信じてください」

プラユットは訪問団に対して何度も繰り返した。訴えたのは、政権が最も力を入れる東部沿岸の工業地帯「東部経済回廊（ＥＥＣ）」開発への投資だ。そこを通る高速鉄道も予定されていた。

タイ軍政と米国との首脳会談が成立したのは、その半月後。オバマが退き、後任の大統領に人権問題を厳しく問わないドナルド・トランプが就いてようやく、プラユットはホワイトハウスに招かれた。続くジョー・バイデン政権は、ビジネスにおいて人権をより重んじる姿勢に転じた。二一年一二月と二三年三月に開いた民主主義サミットでは、タイを招かなかった。一九年に軍政から総選挙を通じて民政へ移管したタイではあるが、野党をつぶしたうえでの選挙だった。親軍政勢力が政権を維持している。王室を含む権威主義的な体制に対して、若者らは抗議を続けている。

なにも日本は常に欧米と同じ行動をとるべきだとは言わない。彼らも、ご都合主義だ。

しかし、軍政下の大訪問団を思い出すたび、人権や民主主義をめぐる日本の価値観の軸のありかを疑う。普遍であるはずの価値を、中国批判の方便にはしたくない。

カタツムリ　タイ速度VS中国速度

タイの高速鉄道の歩みがのろいのは、日本が協力する路線に限らない。中国が建設を始めた路線もなかなか、進まない。

三年かけて三・五キロ[10]――。カタツムリにも例えられる。二〇一九年の一年間で、日本の新幹線網を上回る五四七四キロの高速鉄道を開業した中国が、タイのペースに翻弄されている。

バンコクとラオス国境に近い東北部ノンカイを結ぶ六〇六キロのルートだ。バンコクから中間点のナコンラチャシマ(約二五〇キロ)を第一区間として、一七年暮れに着工した[11]。総工費約一八〇〇億バーツ(約七三〇〇億円)全額をタイ側が負担し、中国から車両や技術を購入する。

メーターゲージと呼ばれる一〇〇〇ミリ軌道のタイで、中国と同じ一四三五ミリ幅の鉄路が生まれる。中国にとって、雲南省昆明からラオスを縦断し、バンコクを通ってタイ湾やシンガポールを目指す重要な区間だ。

一九五〇年代の東西冷戦時代。タイが北部で国境を接するラオスはまだ西側陣営にいた。共産主義への傾斜を回避したい米国は、ラオスへとつながるタイ東北部の鉄路を、国道とあわせて無償援助で敷いた(12)。これと同じルートでいま、中国の技術を用いた鉄道が造られつつある。国際情勢の変化を物語る。

新型コロナウイルス感染症の流行が始まって半年が過ぎた二〇二〇年七月。中国の国家主席習近平は、タイ首相プラユットとの電話会談で「コロナの影響を克服した両国は、実務的な協力を推進し、鉄路建設も順調に進んでいる」と述べた(13)。

だが、中タイ協力の歩みは、のろい。コロナの影響だけではない。

タイ政府も世論も中国主導の建設を警戒した。中国人技術者の滞在ビザの問題や建設資金の調達方法でもめた。長い交渉を経て、資金は中国の政府系銀行から借金せず、自ら資金を調達することに切り替えた。車両は輸入に頼らざるをえないにしても、土木工事はタイの企業中心にした。

第一区間とするナコンラチャシマまでの開業目標は、二三年から二六年へ先送りされた(14)。その二六年すら定かではない。

ラオスからタイ湾へ抜けるルートが完成するには、少なくとも一〇年はかかるとみられている。マイペンライ(なんとかなる)のタイ。粘り腰である。

「カタツムリ」な最大の理由は、本当のところ、交通手段として高速鉄道が大して必要とされていないからだ。急ぐ理由がないのだ。道路や空路のネットワークがすでに発達している。人口はバンコクに集中し、旅客鉄道の需要はむしろ都市鉄道や地下鉄にある。中国とて利便や採算を度外視して鉄路の建設を進めれば、その負担はいずれ重荷になる。現地の人々の生活と離れ、ナショナリズムを燃やす高速鉄道の輸出合戦は、空しい。

もう一つの高速鉄道計画

高速鉄道計画がもう一つ、ゆるゆると動き始めている。

バンコク首都圏のスワンナプーム、ドンムアン、ウタパオの三空港をつなぐ路線だ。総延長は約二二〇キロ。名古屋―新神戸間とほぼ同じ距離だ。最高時速は二五〇キロを予定し、約一時間で結ぶ。[15]日本企業が多く進出する地域を通る。タイ政府が経済振興策の目玉とする東部経済回廊（ＥＥＣ）開発構想の一角を担い、費用は二四七一億バーツ（約一兆円）と試算された。

地元の最大財閥チャロン・ポカパン（ＣＰ）グループと中国国有の鉄道建設会社である中国鉄建（ＣＲＣＣ）が出資する企業連合が手がける。

この路線を日中両国で協力して建設しようとした時期がある。二〇一八年のことだ。[16]両国の政府は首相の安倍の訪中にあたって、関係改善の象徴にしようとした。だが、やはり採算性を理由に日本企業が首を縦に振らず、日中協力は幻に終わった。

どんなところを走るのだろう。新線とほぼ重なる在来線に乗ってみることにした。

地図を見ると、海岸線に沿ってひたすら南下する。ビーチリゾートで有名なパタヤを通る。海の景色が楽しめるかもしれない。終点はバーンプルータールアンという聞き慣れない地名だ。よほどお客が少ないのか、一日一往復しか走っていない。

二〇一八年師走の日曜日、二三日早朝。バンコクのファランポーン駅へと急いだ。タイ鉄道網の要となる駅だった。私の列車「九九七番」も、この駅が始発だ。

青に赤と白のラインが施された車両が、八番ホームで待っていた。三両しかない。六時四五分に出発し、終点には九時五〇分に着く。二〇〇キロ弱の道のりを約三時間かけて走る。料金は一七〇バーツ、約六〇〇円である。

以前、北部の最大都市チェンマイへ行ったときは二時間以上も発車が遅れたことがあった。心配していたが、定刻より一分半、早く出発した。この差を気にしていたのは、私だけかもしれないが……。

一車両七二人乗りにもかかわらず、お客は私を含めて六人だけ。ほどなく茶色の制服の車掌さんが検札にやってきた。食堂車も車内販売もないことが分かった。がっかりしたが、三時間余りなら仕方ない。「コップクンクラップ(タイ語でありがとう)」。にこやかに去っていった。

グウーン、グウーンとディーゼルエンジンの音が響く。七時一五分ごろ、オレンジの太陽がのぼった。しばらくバンコクの市街地を走る。高層ビルとトタン屋根のバラックがごちゃまぜに目に入る。線路に迫る距離で、Tシャツなど衣類を売る屋台が店開きしている。列車が通るすきをぬって、平然と人が線路を歩いて横切る。

平日は通勤通学で使うお客がいる区間だ。スワンナプーム空港へ向かうエアポートレールリンクや地下鉄と乗り換えできるマッカサン駅も通る。この駅周辺は、高速鉄道とセットで開発される。ビュン。対向車両とすれ違った。このあたりは複線だ。

出発して一時間も経たないうち、外の景色は緑になってきた。水を張った田んぼが見える。気がつくと単線になっている。うとうとしているうち、シーラチャ駅に着いた。ビルが林立している。この地域は、東部経済回廊（EEC）の中核だ。自動車関連など日本企業も多く工場を構える。タイでは二つめの日本人学校もある。

パタヤ駅だ。国王の大きな写真を飾っている。海岸線からは離れているらしく、道中、海は見えなかった。残念だ。

九時四〇分。終点のバーンプルータールアン駅に着いた。予定より一〇分ほど早い。私の車両には、多いときで地元のお客さんを中心に三〇人ぐらい。座席は半分以上が空いていた。タイの鉄道で目立つ世界中からやって来るバックパッカーが、ほとんどいなかった。

ホームに降りて、見渡すと向かいの草むらに朽ちかけた古い車両が転がっている。トイレやホームは清潔に手入れされていたが、小さな駅には食堂もない。戻りの列車は、一五時五〇分発……。待ち時間が長すぎる。駅でバナナチップスや総菜を売っていた女性が、パタヤまでミニバスで行って、バスでバンコクに戻れると教えてくれた。合計一六八バーツ（約七〇〇円）。列車の運賃とほぼ同じである。バスは二〇分おきに往来している。空港へも直行便がある。家や職場などが駅に近いか、よほどの愛好家でないと鉄道は利用しないだろう。

だから、一日一往復なんだな。

終点の駅の近くにウタパオ空港がある。一九六〇年代から七五年まで続いたベトナム戦争中は、米軍が東南アジアの重要な拠点とした空港だ。Ｂ５２爆撃機が飛び立っていった。近くのサタヒップ港にも米艦隊が寄港した。タイは見返りに巨額の援助を受け取った。パタヤは米軍兵士の休暇のために開発された。歓楽街は米兵でにぎわった。この付近は当時、米国の後方基地だったのだ。

ミニバスが、タイ海軍の広い基地を囲む塀のわきを通り過ぎた。ウタパオ空港はその後、中国やアジアから民間機も乗り入れる軍民共用の空港になっている。タイ政府は開発の起爆剤として、高速鉄道に期待する。ただ、土地の引き渡しや資金の支払いについて調整がつかず、予定していた二〇二四年の開業は延期が確実である。

バンコク中央駅の交代

バンコクで中央駅の役割を担ってきたフアランポーン駅は、駐在中にたびたび訪れた駅でもあった。駅の気配が恋しくなると、列車に乗る予定がなくても足が向くのだ。

クリーム色のドーム形の駅舎は、ドイツのフランクフルト駅をモデルに一九一六年に造られた。一〇〇年余りの歴史がある。プラットホームへの出入り口には、ラーマ五世（チュラロンコーン国王、一八五三〜一九一〇年）の肖像画がどーんと掲げられている。近代化を進めた国王で、タイ鉄道の父とも呼ばれる。シャム王立鉄道を設立し、一八九七年にバンコク―アユタヤ間から運行を始めた。[17] 英国などの企業が建設に参加した。

構内のダンキンドーナツでコーヒーを買ってベンチに座り、列車を眺めた。渋滞が激しいバンコク

タイの鉄道網の拠点だったフアランポーン駅には，鉄道の父とされるラーマ５世の肖像画が飾られている(奥)．手前は現国王＝2018年12月21日，バンコク

では高速鉄道だけではなく、数々の新線が計画されている。しかしフアランポーン駅は老朽化しているうえ、都心にあるため、対応できなかった。

そこで、新しい巨大な駅舎が二〇二一年八月、日本の援助で開業した[18]。バンスー中央駅だ。二四のホームが設けられ、東南アジア最大とされる。巨大なアーチ状の屋根に、巨大な時計が見える。直径六メートルもあり、ラーマ９世(プミポン国王)にちなんで、数字は「九」のみだ。

この駅は、レッドライン(約二六キロ)と呼ばれる都市交通の開通とともにオープンした。合計で二七〇〇億円規模の円借款が投じられ、三菱重工業や住友商事など日本企業が参画した。赤いつややかな車両は、日立製作所が笠戸事業所(山口県)で製造したものだ。電化がほとんど進んでいないタイでは珍しい電車で、最高時速一二〇キロで走る。

タイの鉄道に詳しい横浜市立大学教授の柿崎一郎は指摘する。

「必要なのはバンコク首都圏の渋滞を解消する都市鉄道の新設と、一割ほどしか進んでいない在来線の複線化でしょう」。『王国の鉄路』や『タイ鉄道と日本軍』などの著者で、中学時代をタイで過ごし、大学時代からタイの鉄道の研究を始めた。

約四〇〇〇キロに及ぶタイの鉄路を乗り尽くしている。中国が乗り込んでも「カタツムリ」な建設の進捗状況については「タイ政府は自らの利益や合法性を損なわないように中国主導を許さなかった。

カタツムリかもしれませんが、タイ主導のペースで進めている」。鉄道は、その社会が受け入れられるペースでしか、進みようがないのだ。

ファランポーン駅は二一年一二月、その機能をバンスー中央駅に完全に移す予定だった。駅舎内でのコンサートなどお別れイベントまで開いたのに、さまざまな調整がつかず、延期された。二三年五月現在、一部の列車は発着している。これまたタイらしい。

ファランポーン駅には、駅舎を保存して博物館にする計画がある。ホテルやショッピングモールなど商業施設も併設する構想もある。

現在の駅にも小さい鉄道博物館がある。(19) 古い切符やプレート、信号やタイプライターなどを展示している。ただ、そろばん、中国の国旗やお土産品、鉄道とは関係のない置物までいっしょくたにして並べてあり、日本人が思い浮かべる「鉄博」には遠い。

博物館構想にかかわるタイ国鉄のシリッポン・プルチパンは「伝統のある駅の建物を保存し、うまく活用したい」と話していた。かつてバンコクには、民間の鉄道ファンがつくった鉄道博物館が中心部の公園にあったが、訪れる客が減って一二年末に閉館されてしまった。博物館など鉄道を包みこむ文化にこそ、日本は民間を中心にもっと協力できるのではないか。政府よりも、むしろ、鉄道愛好家の出番かもしれない。

4 「マラッカジレンマ」がせきたてるマレーの鉄路

マレー半島を貫く高速鉄道計画が迷走している。

マレーシアの首都クアラルンプールとシンガポールを結ぶ高速鉄道の構想が動き出したのは、二〇一〇年ごろのこと。東京─名古屋間とほぼ同じ三五〇キロを、一時間半で結ぶ計画だ。総事業費は、日本円にして二兆円規模と試算された。

ナジブ・ラザク政権下のマレーシアからの提案だった。一三年に両国は合意し、一六年に契約を結ぶ(1)。

二年後。マハティール・ビン・モハマドが一五年ぶりに首相に返り咲き、計画を凍結してしまう。二〇年春に再び首相が変わり、コロナ禍の影響もあって二一年初めに計画を白紙に戻した(2)。

ところが、その夏、またまた首相が変わる。新たに首相に就いたイスマイル・サブリ・ヤーコブはシンガポール側に交渉の再開を申し出た。

「再提案を拒まない」。シンガポールの首相リー・シェンロンは退けはしなかった(3)。

二二年一一月、マレーシアはまた首相が変わった。高速鉄道どころではない。シンガポールや受注を狙っていた国々の政府や企業は、しらけ気味である。

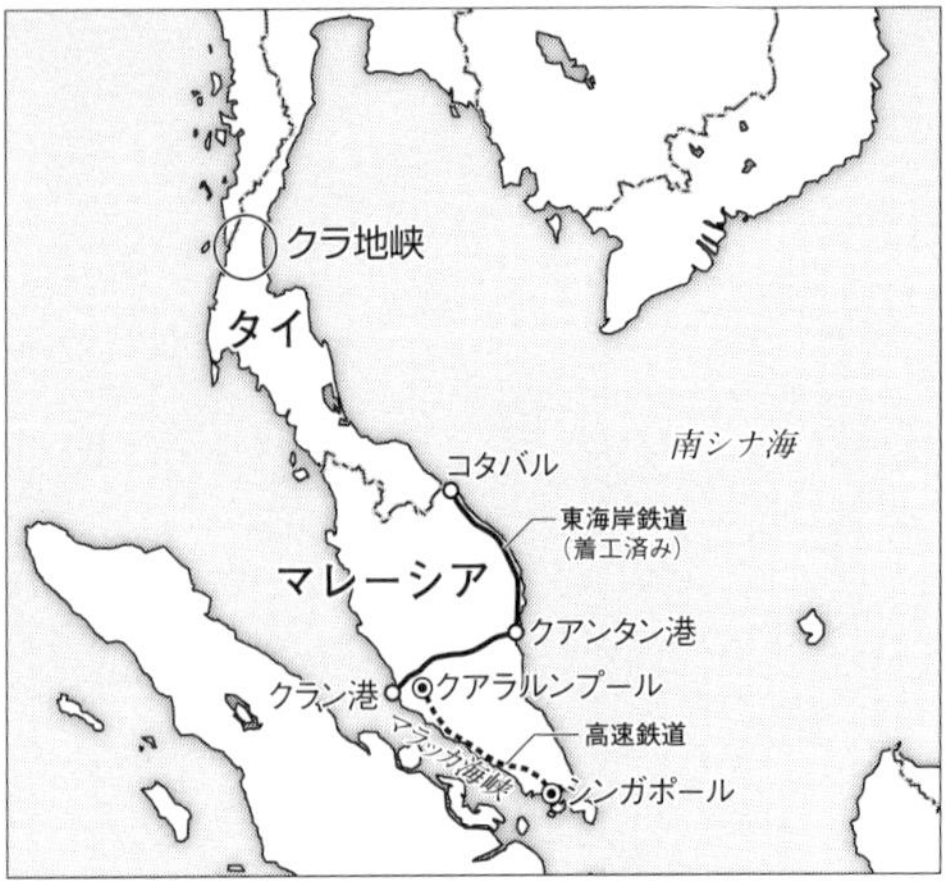

マレー半島を貫く鉄道計画

受注に火花を散らしてきた日本や中国、韓国、欧州勢はマレーシアの政治に翻弄され続けている。計画が宙に浮き、落胆しているかと思ったら、日本企業は意外にも安堵していた。

理由は二つある。まず中国と比べて劣勢だったからだ。中国が提案する事業費は、日本より四割ほどは安いとされる。国有企業中心の中国は採算度外視で乗り込む。民間企業中心の日本とでは、とれるリスクの幅が違う。

ＪＲグループや住友商事など日本企業は、官邸や国土交通省、そして国内の世論ほどは前のめりではなかった。日本の商社の幹部は「正直言って、ほっとした。中国に負けるなと官邸からのプレッシャーは強いが、中国と競うのは厳しいと感じていた」と語った。

もう一つは人材だ。日本は海外で鉄道の建設に携われる技術者も限られる。新幹線の輸出が決まって建設が進むインドに人手をとられている。「マレー半島が同時に動いたら、物理的に対応できない」。話を聞きながら、インフラ輸出に前のめりな官邸との温度差を感じた。

官邸は、日本の象徴として新幹線の輸出にこだわる。企業にとっては巨額のビジネスとはいえ、独特の面倒くささがある。「外交を重視する円借款の案件は、採算性をきちんと詰めないまま相手国に約束してしまうことも少なくない。企業として対応しきれないものもある」。ある日本企業で鉄道の国際展開を担当する役員は指摘する。

さらに、旧国鉄時代の技術の流れを汲む新幹線の輸出は、ＪＲの了解や協力が必須だ。日本政府だけでは決められないことが多い。日本の車両メーカーにとって、高速鉄道で言えばＪＲは国内で唯一のお客だ。さまざまに配慮が必要となる。新幹線の輸出は、都市鉄道や地下鉄と比べると企業のビジネスとしては自由度が低い。「オールジャパン」でまとまるには、ハードルが高い案件なのだ。

大東亜縦貫鉄道と一帯一路

マレー半島の鉄路は一八八五年、当時の宗主国イギリスが敷いた。中国からの移民が多い町タイピンからスズを港まで運び出すためだった。その後、第二次世界大戦中、大日本帝国が中国からタイ、マレー半島を抜けてシンガポールに達する鉄路を「大東亜縦貫鉄道」として構想した。

戦後も一九六〇年代に浮上し、東西冷戦期には棚上げになっていたものの、九〇年代にマレーシアのマハティールが似たようなルートで「アジア横断鉄道ネットワーク」を提唱した(4)。

そして、二一世紀。中国の習近平政権は「一帯一路」の重要な一角として、中国から高速鉄道を延ばしたがっている。世紀をまたぐプロジェクトは、マレー半島をどう変えていくのだろうか。

そんなことを考えながら、クアラルンプールからシンガポールへ向けて在来線に乗った。二〇一九年六月中旬のことだ。気温は三〇度を軽く超えていたが、ウールのカーディガンを持参した。一六年にシンガポールからクアラルンプールまで北上したとき、がらがらの車内に冷房ががんがんに効いていて、震え上がったからだ。

クアラルンプールのKLセントラル駅を正午すぎに出発した。グマス駅まで約二時間半、約一六五キロを電車に乗る。三一リンギ（約九四〇円）。この区間は三年前と異なり複線になっていた。六両編成の車両は、中国の国有企業中国中車（CRRC）の株洲工場製だ。湖南省株洲は南部の鉄路の要衝で、毛沢東時代に核戦争に備えて開発された工業都市である。

マレーシアの鉄道は一〇〇〇ミリ幅が中心で、この区間もそうだった。それでも、最高時速一六〇キロで走る。中国側は「メーターゲージ世界最速車両」（『人民日報』のデジタルサイト「人民網」）と宣伝し、[5]積極的に輸出していた。

ヤシの木が続く車窓からの景色は単調だ。車内の売店でチキンライス弁当（八リンギ＝約二四〇円）を買って食べたら、睡魔に襲われた。

目が覚めるとグマス駅だった。シンガポールとの国境にあるジョホールバルにあるJBセントラル駅行きに乗り換える。こちらの切符は二一リンギ（約六三〇円）だ。せっかく速く走ったのに、待ち時間が約一時間もある。冷房が効いていない駅の二階でじっと待った。売店もない。のどが乾く。猫が歩いている。

出発が近づき、ホームに降りる。窓ガラスに大きくひびが入った古い車両が待っていた。ディーゼル機関車に牽引され、列車は定刻通り午後三時三五分に出発した。電化されていないうえ単線のままだ。

扉が閉まらず、バタンバタンとずっと大きな音がしている。ほこりが入ってくる。顔がすすけそうだ。約一九七キロに四時間半もかかった。到着したら午後八時。日が暮れていた。

クアラルンプールから数えると八時間もかかった。

グマスからJBセントラルの区間も複線にして電化する工事が進んでいる。中国企業が一部を請け負う。クアラルンプールから国境まで乗り換えなしで電車が走れば、かかる時間は三時間半。現在の半分以下に縮まる。

長い列に並んで出入国の手続きを終えて、シンガポールに入ると人々の歩く速度が上がった気がした。夕方のラッシュとも重なって混み合うなかバスで都心へ向かう。ホテルに着いたら夜の一〇時を過ぎていた。


シンガポールは一九六五年にマレーシアから独立した経緯もあって、意図的に往来を不便にしてきたとも聞く。国境にかかる橋は朝夕、渋滞に悩まされている。両国の関係が安定した今、高速鉄道とは別に両国の国境近くの街をつないで通勤電車を走らせる計画がある。出入国の手続きを簡素化し、直通電車が実現すれば便利になる。

マレーシアの人々はシンガポールにとって貴重な働き手だ。約三〇万人が通う。シンガポールから物価が安いマレーシア側に買い物に行く人もいる。地元の人々の生活はもちろん、ビジネスや観光にとっても確実に効果がある。

高速鉄道の優先順位はいかほどか。在来線を改善すれば四時間足らずで着く。しかもクアラルンプールとシンガポールの間は空路が充実している。毎日三〇便が往復し、一時間弱で結ぶ。格安航空

（LCC）なら五〇〇〇円もかからない。

巨額を投じて、誰のための高速鉄道を造るのか。地域をめぐる覇権と鉄道の関係を考えながら列車に乗り込んだはずが、国境の混雑にもまれながら生活そのものを実感した。

マハティールの打算、習の戦略

すったもんだする高速鉄道計画のかげで、中国はもうひとつのプロジェクト「東海岸鉄道（イーストコースト・レイルリンク）」を進めていた。マレー半島を東西に横断する鉄道の建設だ。一〇〇〇ミリ幅の軌道が中心だったマレーシアに、中国と同じ一四三五ミリの鉄路が生まれようとしていた。

二〇一九年六月、予定地を訪ねた。

緑濃いヤシの木が立つ丘を車窓に眺めながら、クアラルンプールから東へ二五〇キロ。南シナ海に臨む港湾都市クアンタンに着いた。ヤシの実とヤドカリが転がる砂浜を歩くと、生あたたかい波が足元に打ち寄せる。

東海岸鉄道は、タイ国境のコタバルから東海岸を南へ下り、ここクアンタンからマレー半島を横断し、西海岸のマラッカの北にあるクラン港へと抜ける。技術から資金まで中国が支援している。

総延長は六六五キロ。旅客と貨物の両方を運ぶ。時速はそれぞれ一六〇キロと八〇キロである。事業費は当初、六五五億リンギ（約二兆円）と見積もられた。二〇二〇年代半ばの開通を目指した。

ところが中国語で言えば「一波三折（紆余曲折）」。すんなりとは進まなかった。首相に再登板したマハティールが、高速鉄道とあわせて、こちらの工事も止めてしまったのだ。

前任のナジブとの選挙戦のさなかから、中国からの巨額の借り入れを問題視した。返せなくなって中国からの外交的な影響を免れなくなる「債務の罠」への懸念を口にしていた。脱「中国依存」を訴え、中国の旺盛なインフラ投資を「新植民地主義」とも批判した。

「マレーシアの中に人々を隔てる「壁」はいらない」

「工業団地を壁で囲って中国は何をしようとしているのか」

選挙の舌戦で、中国と共同開発する工業団地の白い壁まで批判した。

その工業団地「MCKIP」は、クアンタン港から数キロ離れた所にあった。「一帯一路」の重要事業と紹介された展示場を、中国広西チワン族自治区政府の職員が視察していた。「自治区から海路で三日。近いんですよ」と言う。一四平方キロメートルもの敷地には、鉄道の駅も三か所に造られる予定だった。

近くでは、中国の国有企業を軸に両国が合弁で設立した連合製鉄が稼働している。約五五〇〇人が働く。地元に税金と雇用を生み出している。「壁」批判は、選挙向けのアピールだったに違いない。老練な政治家、マハティールが否定したかったのは、中国ではない。あくまでも「汚職にまみれている」と追及してきた政敵ナジブだった。

ナジブは、マレーシアが一九七四年に東南アジアの主な国でいち早く台湾と断交して中国と国交を結んだ時の首相アブドゥル・ラザクを父に持つ。政権を担うと、国民の四分の一を占める中国系市民の支持も狙って政治、経済ともに中国への傾斜を強めた。中国から大型事業を通じてナジブやその周辺に賄賂が流れ、ビジネスの公平性をゆがめていると内外で指摘された。選挙戦には持ってこいの批判材料だった。

二〇一九年四月。マハティールは一転、工事再開を決めた(6)。中国が北京で開く第二回「一帯一路首脳フォーラム」が二週間後に迫るころだ。マハティールは北京に赴き、習近平と笑顔で握手した。中国は「債務の罠」から、過剰生産で余った自国製品の押しつけまで、先進国から批判を浴びている。習はマレーシアとの合意を、新興国との関係重視を示す宣伝に使った。

中国側は、契約額を三分の一ほど値引きし、四四〇億リンギ(約一兆三〇〇〇億円)で応じた。マレーシア企業への工事の発注の比率も三割から四割に引き上げ、地元重視の姿勢を強調した。

東海岸の町ドゥングンで開かれた工事復活式で、駐マレーシア中国大使白天は「両国間の最大の経済協力事業だ。マハティール首相による復活の決断を受けて、中国の企業家はマレーシアに対する投資に自信を深めている」とあいさつした(7)。中国政府によれば、建設に八万人、営業開始後は六〇〇〇人を雇う方針だ。鉄道の人材を育てるため、三〇〇〇人を中国で受け入れて訓練する。マレーシアの運輸相アンソニー・ロークは中国企業の仕事ぶりを称賛した。

マラッカジレンマ

中国からみれば、マレー半島を横断してマラッカ海峡に面するクラン港まで走る東海岸鉄道は引き下がれない案件だった。

マラッカ海峡は、インド洋から南シナ海、そして太平洋へと抜ける海路にある。古くからの海運の要衝だ。江沢民、李鵬、朱鎔基、胡錦濤、李克強ら指導者もマレーシア訪問にあわせて足を運んだ。「マラッカジレンマ」という言葉がある。中国が輸入する原油の八割がマラッカ海峡を通る。この輸送路が有事で封鎖されると、経済成長のみならず国民の生活そのものが大きな打撃をうける。封鎖できる能力を持つ国は米国しかいない。その脆弱性を意味する「ジレンマ」に対する恐れを、深まる米中対立が増幅する。

マハティールの首相再登板は、日本を喜ばせた。「中国離れ」を期待する声は強かった。ある世代から上の日本人には、最初の首相在任中(一九八一—二〇〇三年)に提唱した「ルックイースト」政策で「日本から学ぼう」と訴えた印象が強く残っているからだ。

だが、「中国離れ」はなかった。「親中」「反中」「親日」で分けて語れるほど、話は単純ではない。中国は好きや嫌いでつきあえる存在でもない。

東南アジア諸国連合(ASEAN)の多くの国々と同様にマレーシアにとっても、中国は最大の貿易相手である。中国の一人あたり国内総生産(GDP)はマレーシアを抜き去り、シンガポールやブルネイに次いで高い。東南アジアの国々とって中国は大事な市場であると同時に、チャイナマネーによる投資への期待も大きい。

鉄道をめぐって関係がぎくしゃくすると、中国からはIT大手アリババの創業者馬雲(ジャック・マー)がクアラルンプールへ飛んで来た。(8) マハティールは「中国企業の代表」を自認する馬と会見し、物流や輸出拠点の共同開発など協業を強める方針を確認した。新興国にとって中国は、渇望する情報技術を持つ国にもなっているのだ。

マハティールは最初に首相を務めていた九〇年代半ばに「マルチメディアスーパーコリドー（MSC）」を提唱した。ITに強い関心を持つ。返り咲いてからの訪中時には、馬のほか、米国が安全保障上の問題から各国に排除を求める華為技術（ファーウェイ）の創業者任正非とも会った。[9] クアラルンプールでの華為の5Gにかかわるイベントにはマハティール自ら姿を見せた。[10]

マレーシアから見れば、米国に追い詰められた中国企業との取引は今が好機でもあるのだ。

「われわれはいっぽうの側に立つべきではない」。ASEANが二〇一九年六月末に開いた首脳会議にあわせたビジネスサミットで、マハティールは米中との関係をこう、述べた。[11] 中国については「機会を提供する経済大国」との時論を繰り返した。来日時には「中国は我々を征服したことはない。米国がどう思おうと中国は力を持つ国になる」（東京の外国特派員協会）とも語った。[12]

シンガポール首相のリー・シェンロンも言う。[13]「各国は中国が成長し強くなることを認めなければならない」。濃淡はあれどASEANの国々に共通した考えである。彼らは米国と対立する中国の弱みを探しながら、自国の利益を最大限に引き出すすべを探っている。誰もが自らの利益を膨らませようと、新しい天秤を前に分銅の位置と重さを思案している。打算が国を支える。

台頭する中国の膨張主義を警戒しつつも、植民地の歴史は言うに及ばず、ベトナム戦争をはじめ米国が東西冷戦下にアジアでしたことを忘れるはずがない。

日米と中国の「どちらをとるか」という踏み絵は御法度だ。彼らはどちらかを選ぶつもりはないからだ。その立場を理解し、日本自身が彼らとともにできることを探すことこそ重要だ。

よみがえる運河計画

鉄道とは少し離れるが、中国の台頭は眠っていた運河構想をも甦らせている。

マラッカ海峡を通らず、太平洋からインド洋へ――。地域で影響力を拡大したい国が繰り返し夢見たタイ運河である。

タイの南部、マレー半島のくびれにクラ地峡と呼ばれる場所がある。東はタイ湾、西はアンダマン海にはさまれ、もっとも細くなる部分は五〇キロに満たない。ゴムの木やヤシの緑が濃く、水辺にはマングローブも茂る。ミャンマーが目と鼻の先だ。

二〇二〇年秋、クラ地峡を訪ね、周辺の候補地を歩いた。想定されているのは、三〇メートルの水深、幅三五〇メートル前後、全長一三五キロ規模の運河だった。「中国の人たちが一〇年ぐらい前から調査に来る。村は賛成と反対で分かれている」。西岸側の村で漁師のリーは言った。二六歳。気さくな青年だ。海洋保護の看板のわきに、特産のカニのモニュメントが立っている。「コロナで外食が減って魚の値段が下がり、たいへんだ。運河もいいけど、今の生活が大事だ」。魚市場でコロナの地元経済への影響をリポートしていたテレビ局の記者は「アユタヤ王朝（一四～一八世紀）の時代からある計画。コロナで経済が大変だから政治家は夢を語るのかもね」と笑った。

彼女が言うようにクラ地峡の周辺に運河を通す構想は、一七世紀から語られてきた。何度も消えては甦るので「不死鳥」と呼ばれる。

狙いは、時間の短縮だけではない。運河ができれば、多くの船が集中するマラッカ海峡を回らず、インド洋と太平洋を往来できるようになる。マラッカだけに海路を頼るリスクを減らせる。

一九世紀にはインドやミャンマー、シンガポールなどを植民地にしていた大英帝国が関心を持った。エジプトで紅海と地中海をつなぐスエズ運河を建設した関係者も視察した。だが巨額の工事費に加え、マラッカ海峡の価値が国の存亡にかかわるシンガポールへの配慮もあって、実現しなかった。

第二次世界大戦末期の一九四四年、日本軍が運河構想のルートに沿って鉄道を敷いた。ミャンマーへ武器や弾薬など軍需物資を供給するためだった。起点となったチュムポーンは、日本軍のタイ南部における拠点であり、太平洋戦争の開戦時に上陸した町でもある。タイは当時、米英と日本との間で中立を保っていたが、日本軍からすればミャンマーやマレー半島への基盤として確保しておきたい場所だった。

クラ地峡の水辺＝2020年8月31日

クラ地峡の鉄道も、タイとミャンマーを結んだ泰緬鉄道とほぼ同じ時期に敷設した。ただ、輸送に使えた期間は、開通式から一年ほどだったとされる。米軍の空襲が激しくなったからだ。日本が敗れた後は、英国軍がマレー半島の鉄路を復活させるためにレールをはがして持っていった。戦後、道路を整備していて古いレールが見つかることもあったそうだ。(14)

日本が再び顔を出すのは、一九五〇～七〇年代。高度成長を経て世界第二の経済大国にかけのぼった時代である。

このときは鉄路ではない。パイプラインや運河だ。中東から大量の石油を運ぶようになり、マラッカ海峡を通らず、西から東へと抜ける輸送路が欲しかったからだ。日本の財界が、米国、フランス、タイと組んで熱をあげた。

だが、土木工事用に、平和的核爆発[15]として水爆を発破に用いた開削の検討が明らかになり、「唯一の被爆国として無神経すぎる」と国会で猛反発を浴びた[16]。八〇～九〇年代にも日本経済団体連合会(経団連)などが再び関心を寄せたが、バブル崩壊で立ち消えになった。

近年の「不死鳥」の再生は、海洋進出への意欲満々の中国が担う[17]。中国の民間企業を中心に、タイの退役軍人らで作るタイ運河協会などと組んでタイ政府に働きかけてきた。共同で調査報告書も作っている[18]。中国政府の関係者によれば、二〇〇〇年代半ばから研究に熱が入った。数百億ドル(数兆円相当)と試算される事業費は大きな問題ではないという。資源の輸入をマラッカ海峡ルートに頼る中国にとって、迂回路探しは国是だ。米国による「マラッカ封鎖」を国家の存亡にかかわるリスクと位置づける。

今のところ中国政府は表に立たず、慎重な姿勢を保つ。タイ政府自身が煮え切らないほか、シンガポールやマレーシアからも警戒されかねない案件だ。本音なのか警戒を緩めるためか判然としないものの、中国政府系シンクタンク研究員ら識者を通じて「優先順位は低い」という情報を国際社会に向けて発信している。

それでも米国や日本、オーストラリア、インドの安全保障関係者は警戒を解かない。この運河ができると、中国海軍がインド洋へ抜けやすくなるからだ。

不死鳥は飛ぶか

タイでも繰り返し議論されてきた。

二〇〇〇年代半ばにはタクシン・チナワット政権も調査しようとしたが、〇六年の政変で頓挫した。一四年の軍事クーデターでプラユットが政権を握ると再浮上した。[19] ただ、調査していた国家経済社会開発委員会（NESDC）は二一年八月、「巨額な投資が必要で採算性がない」「地政学的にもプレッシャーを受ける」などとして、調査の打ち切りを発表した。[20]

タイ南部は、政府と対立するイスラム教徒を抱える地域だ。南北を物理的にも隔てることになる運河の建設には消極的な意見がある。プーケット島など観光客でにぎわうリゾート地もある。工事に伴う環境への影響が懸念されている。経済政策にかかわる政府幹部も「（運河は）多くの船をさばききれず、非現実的だ」（英字紙『バンコク・ポスト』）とみている。[21]

クラ地峡めぐりに同行してくれた、バンコク在住のタイ研究の専門家、タマサート大学客員研究員の水上祐二は語る。「タイ政府は非現実的だと知りつつも、計画を温存し続けるだろう。巨大プロジェクトは国内で政治的なパワーになる。同時に、中国が現時点でどこまで本気かは分からないにしても、中国の存在を見せつけることで米国などへの影響力を高めようとしているのではないか」

運河は刺激的すぎる。それでもマラッカの迂回路は欲しい。タイ政府は東西に結ぶ鉄道や港を開発する「ランドブリッジ」構想を捨てていない。タイと中国の思惑が融け合ってマレーシアの東海岸鉄道のように東西を横断する貨物中心の鉄道が建設される可能性もある。
まさに、日本が戦中に敷いた鉄道をなぞるように。

コラム

泰緬鉄道の「歴史戦」

タイとミャンマーをつなぐ鉄道として、第二次世界大戦中に日本軍が敷いた泰緬鉄道(四一五キロ)を思い出す日本人もいるだろう。東京の靖国神社の資料館遊就館には当時の蒸気機関車Ｃ56形31号機が置かれている。

この鉄道は一九四二年七月に着工し、わずか一年三か月で完成した。ミャンマーに侵攻した日本軍を支える人や物資を運ぶための鉄路として建設を急いだ。西太平洋ソロモン諸島のガダルカナルの戦いで連合国軍が本格的な反攻に転じたころである。海の要衝マラッカ海峡の迂回路としても期待された。

建設には日本人のほか、オーストラリア人など連合国軍の捕虜やアジアの労働者らが大量に動員された。マラリアやコレラも流行し、大勢が亡くなった。アカデミー賞を受賞した映画『戦場にかける橋』(一九五七年)で取り上げられ、「死の鉄道」として世界的に知られている。

ミャンマー側の鉄路は撤去されてしまったが、タイ側は観光客を中心に利用されている。私も何度か乗った。「橋」に近いカンチャナブリーからナム・トックまで約八〇キロの区間は、くねくねと曲がった細い単線が岸壁をすり抜けるように走っていく。キャッサバ畑の向こうに深い緑のジャングルが見える。戦中は脱線や転落も少なくなかった険しい鉄路だ。巨大な岩を切り分けた「チョンカイの切り落とし」やタム・クラセーの桟道橋を渡る風景は写真スポットとして人気がある。車窓をバックにスマホで自撮りする姿が目立つ。

映画で有名になった、クワイ川にかかる橋は米軍の空襲で壊され、戦後建て替えられたものだ。列車が走っていない時は開放される。ここでも大勢の人が写真を撮っている。近くにはTシャツなどお土産もの屋さんや川や緑あふれる山々の眺めを楽しめるレストランがある。沿線には風光明媚な滝もある。バンコクから日帰りできる手軽な観光地だ。戦争で多くの犠牲者を出した地であり、連合国軍の共同墓地もある。とはいえ、地元カンチャナブリー県にとっては、鉄道をふくむ戦跡は重要な観光資源なのだ。

バレンタインデーに、たまたま訪ねたことがある。二〇一五年のことだ。ウエディングドレスとタキシードを着たたくさんのカップルが橋を背景に写真を撮っていて驚いた。なにかのイベントのようだった。バンコクから乗り合わせたタイ人の若者に、日本人だと明かして質問してみた。

「戦争で多くの被害者が出たところで、バレンタインに撮影って違和感ない?」

二人は笑いだした。「関係ありませんよ。景色が美しい場所なんですから。歴史は歴史、今は今」。あっけらかんとしていた。

世界遺産申請を「阻止」

泰緬鉄道について、タイ側で国連教育科学文化機関(ユネスコ)による世界遺産の指定を目指す方針が表面化したことがある。二〇一八〜一九年ごろのことだ。地元で公聴会も開かれていた。

ミャンマーはかかわらず、タイが単独で申請する計画だった。

この動きをめぐる議論は、とても印象深いものだった。

バンコクに駐在していた二〇一九年九月、ユネスコの諮問機関である国際記念物遺跡会議（ＩＣＯＭＯＳ、イコモス）のタイの組織であるタイ・イコモスを訪ねた。委員長のボウォンウェート・ルングルジーが取材に応じてくれた。

彼によると、現地ではかれこれ一〇年以上前から、登録を目指す動きがあった。「死の鉄道（Death Railway）」という名称を候補にしていたが、日本政府の意向を考えると直接的過ぎると考えて、「今に残る第二次世界大戦の鉄路」と変えた。

対象として検討されたのは、起点となったノン・プラドック駅、クワイ川にかかる例の鉄橋、オーストラリアが作った戦争にかかわる博物館や連合国軍の共同墓地などだ。日本軍が鉄道完成直後に建てた慰霊塔も含まれていた。(2) この塔は、過酷な工事で亡くなった人を悼むもので、日本語のほか、英語、マレー語、ベトナム語、中国語、タミール語でも記されている。一緒に訪ねたタイの友人の反応は分かれた。これほどあちこちから労働者を集めて造ったのかと非難する人もいれば、戦時中にもかかわらず日本軍が他国の労働者を慰霊したことに感心する人もいた。同じ史実に直面しても、受け止め方はさまざまだ。

ボウォンウェートは、申請の手続きがうまく進んでいないことを隠さなかった。「タイ政府は申請に後ろ向きだ。今回（二〇二〇年二月の申請）は無理だ」と語った。

「日本政府は「死の鉄道」という名が、よほど嫌いなのですね」と続ける。

「日本政府とも話しているんですね」と質問した。

彼は名刺を何枚か探し出して、机の上にトランプのカードのように並べた。駐タイ日本大使だった佐渡島志郎や公使らの名前があった。「去年、食事を一緒にしました。彼らは我々が申請することを強く恐れていた。私は政治的な問題については心配しなくていいと何度も説明しました。日本政府が持つデータも必要だから協力してほしいとお願いしたのですが、とにかく政治化することを恐れていて、話になりませんでした。人類の遺産となる貴重な建築物であり、当時の日本の優れた技術を含めた鉄道の全体の歴史を考えたものであって、人を何人殺したとか残虐性がどうとかという話には関係しない。そう繰り返し伝えたのですが……」

タイの国会議員からも「(申請は)困る」という意見が寄せられていた。ボウォンウェートは日本政府の働きかけを受けた動きとみていた。

日本大使館の関係者の口は堅かった。ようやくたどりついた元外交官によると、この登録を大きな問題にならないように封じ込めるのは、日本政府にとって重要なミッションだった。

これが、いわゆる「歴史戦」なのか。

戦争や災害など歴史の悲劇から学ぶ旅、ダークツーリズムについて研究していた香港理工大学准教授のワンタニー・スンチクルに会いに行った。タイ東北部のウドンターニー県出身で、ドイツや英国で働きながら学位をとり、香港で観光や旅行について教えていた。

「タイ人は日本について悪い印象を持っていません。私もそうです。タイでも決して豊かではない地域で育ちましたが、日本の企業が進出して職場が増えたと喜んでいる近所の人たちを子どものころから見てきました。世界遺産に登録されれば、ユネスコのお墨付きでより多くの観光客が来てくれる。地元はそう考えているのです。日本のヒロシマも平和をアピールする場所です。誰が良くて悪いかを追求するよりも泰緬鉄道もヒロシマのようになればいい。日本政府は怖がらないで前向きに、歴史を直視してほしい」。大学のカフェでビールを飲みながら、にこやかに語った。

タイ側の本音は、観光振興にある。多くの人が気づいている。

しかし、日本政府の反対はゆるがない。

この問題にタイ・イコモスとともにかかわったバンコクのある大学教授が解説してくれた。「日本政府は戦争にかかわる場所を扱えば、日本の残虐性が宣伝される機会になると大変心配していました。さまざまな誤解が世界に広がる、と。タイの人々がどう考えるかよりも、中国や韓国との関係からでした。タイ政府は日本との関係を重視しています。日本と中韓との問題が解決するまで泰緬鉄道を世界遺産に登録することは無理なのではないか、と思います」

世界遺産をめぐって、日本政府は「南京大虐殺の記録」が二〇一五年に登録される(3)と、中国政府に対して猛烈に抗議した(4)。ユネスコに対しても日本国内で批判が巻き起こった。いっぽう、日本政府が申請し、登録された「明治日本の産業革命遺産(5)」に対しては、韓国政府から「強制労働」にかかわる抗議を受け、見直しを求められている(6)。

その後、タイでは別の案件が有力候補とされ、泰緬鉄道の話は立ち消えになっている。日本政府の意向がどこまで影響したかは、よくわからない。

日本はタイで「歴史戦」に勝ったのか。そして、何を得たのだろうか。

岸田文雄政権は二〇二三年一月、佐渡金山（新潟県）を世界文化遺産へ推薦することを改めて決めた。(7)韓国政府は「強制労働の被害の現場だ」として反対している。(8)日本政府は各省庁横断の組織を作り、世界遺産を舞台に再び「歴史戦」に乗り出した。両国の政府はユネスコを舞台に、自らの国家が認定した歴史の正当性を求めて争う。歴史は誰のものなのか。

泰緬鉄道が、世界遺産の求める「人類の普遍的価値」を具現化する日は見えない。

5 バンドン・ショックの示唆　インドネシア

人口二億七〇〇〇万人を数える海洋大国インドネシアで、初めてとなる高速鉄道が二〇二三年一〇月、開業した。首都ジャカルタから南東へ一四二キロ。西ジャワ州の州都バンドンまで最高時速三五〇キロで走り、一時間弱で結ぶ。在来線の三時間半から大幅に短縮される。日本と中国が受注を激しく競いあい、ジョコ・ウィドド政権は一五年秋、中国を選んだ(1)。東南アジア初の高速鉄道が、中国の手で造られることになったのだ。中国にとっても、高速車両の輸出は初めてだ。車両を製造するのは、中国中車(CRRC)の青島四方機車車両である(2)。

日本では大きな失望が広がると同時に、世界で繰り広げられる商戦で中国に対抗心の炎を燃やすきっかけにもなった。

黄色い車両は「コモドドラゴン」

シルバーに鮮やかなオレンジとピンクのラインの車両が走り抜ける。インドネシア大統領のジョコと中国国家主席習近平がバリ島のホテルの一室で巨大モニターを笑顔で見つめている。

インドネシアが議長国を務めた主要二〇か国・地域首脳会議(G20サミット)が閉幕した直後、二二年一一月一六日夜。両首脳が高速鉄道の試運転をオンラインで「視察」した。(3) ふたり一緒に笑顔で発車の指令を出した。実車への試乗は工事が遅れて間に合わなかったが、異例の三期目を決めた習にとって、アジア外交の晴れ舞台となった。

開業は二三年一〇月。両国が全面的戦略パートナー関係を結んで一〇年目の秋だ。

車体には、インドネシア国旗と同じ赤いライン。中国の復興号とも似た配色である。現地の固有種の爬虫類、コモドドラゴンをイメージし、「レッドコモド」という愛称もあったが、正式な名称は「Woosh(ウーシュ)」に決まった。インドネシア語の「時間の短縮、最適な運転、優れたシステム」の頭文字から取った。インドネシア伝統の布地バティックを意識した柄が座席に使われている。「中国色」に染まりたくないインドネシアのこだわりを感じる。

日本、まさかの「敗退」

この計画は、スシロ・バンバン・ユドヨノ政権(〇四～一四年)時代の一一年ごろから議論が本格化し、一八年の開業を目指していた。

日本は新幹線をなんとしても売り込もうと深くかかわってきた。現地を調査し、インドネシア政府にアドバイスした。日本政府は一九五〇年代から脈々と、ODA(政府の途上国援助)を通じてインドネシアを支援してきた。自動車をはじめ多くの日本企業が工場を持つ。新幹線技術だけでなく、外交や経済関係にも自信があった。

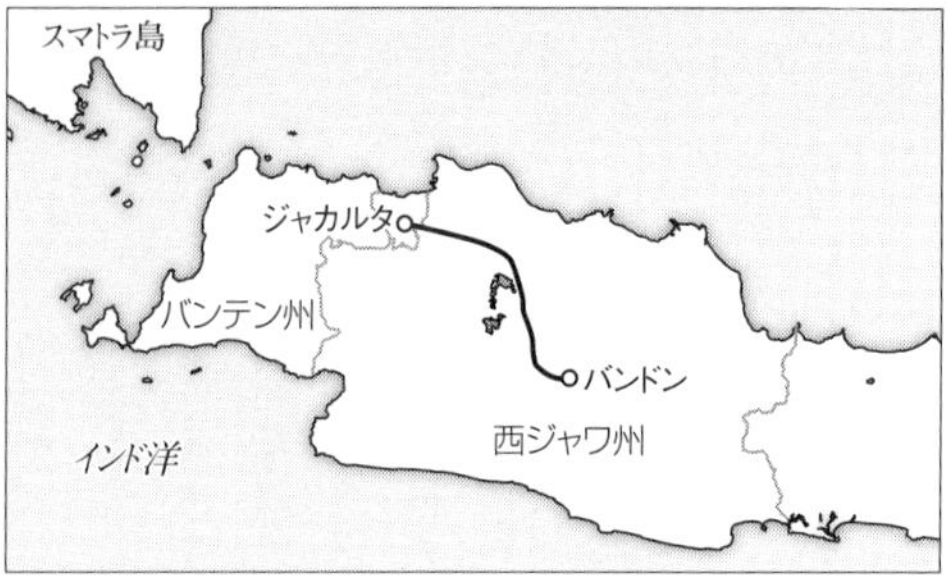

インドネシア初の高速鉄道

ところが、大統領に就いて約一年のジョコが、中国を選んでしまった。国軍やエリート層出身の大統領が続いたインドネシアで、ジョコは初めての庶民出身のリーダーとして注目されていた。

中国の提案の何が決め手になったのか。

「日本の提案はインドネシア政府の関与を求めた。我々はビジネスとして事業を進めたいのだ[4]」。「中国の提案は政府のお金を求めていない[5]」。担当閣僚の一人、国営企業相のリニは現地でメディアに対して明言している。

地元誌『TEMPO』(二〇一五年一〇月一二―一八日号)などによると、総事業費は日本が八九兆ルピア、中国は八〇兆ルピア、日本円に換算すると八〇〇〇億円前後。日中の差は約一割で、価格差が決定的な要因ではなかった。リニの発言通り、中国の提案が資金を中国国有銀行からの融資と、両国の国有企業からの出資でまかない、インドネシアの国家予算は使わない仕組みだったことが評価された。高速鉄道を運営する会社を中国とインドネシアの企業が出資して設立し、万が一、経営が悪化してもインドネシア政府に保証を求めない条件だった。日本側は、巨大なインフラ整備を財政の負担なしで完成させ、運営するのは難しいと考えていた。

開業時期についても、中国は一九年の大統領選挙に間に合うように仕上げたいジョコの要望を飲んだ。日本は「土地収用などにかかる時間を考えると一九年は難しい」と考え、二一年を提示した。

中国案を選んだインドネシア政府に対して、日本政府は激しく反発した。

一五年九月二九日。ジョコは急きょ、国家開発企画庁長官ソフヤン・ジャリルを東京へ特使として派遣した。(6)「日本は実現可能な最良の提案を行ったと確信している。(インドネシア政府の決定は)理解しがたく、極めて遺憾である」

二〇分だけ会談に応じた官房長官の菅義偉は、憤りを隠さなかった。

この商戦にかかわった日本企業の幹部は言う。「中国に負けたのではない。民間企業に出資を求めるなど、インドネシアの提示する条件では受けられないと、日本は自ら引いたのです。鉄道は公共事業です。インドネシアの人々の生活に必要だから造るわけで利益を追求するものではない。赤字になったとしても、日本企業や日本政府が補塡する仕組みはおかしいでしょう。インドネシア政府が責任を持って造るべきだ」

中国が約束した「一八年開業」は間に合わなかった。土地の収用などが難航した。資金も足りなくなり、インドネシア政府は結局、約七・三兆ルピア(約七三〇億円)を超える国家予算の投入を迫られた。(7)日本側からすれば案の定とも言える展開だ。

「それ見たことか。他の新興国も、こういう状況をよく見て決めてほしいね」

当時の首相安倍の側近として、日本政府で売り込み最前線にいた官僚は吐き捨てるように言った。

日本は、慎重に見積もってリスクを避けて数字をはじく。中国は、最速を念頭に、まずは相手が好む条件を提示する。うまく進まなかったら、交渉して条件を変えていく。どちらを選ぶかは、鉄道を造る国が決める話だ。状況に応じて再交渉して進めていくやり方も、珍しいわけではない。

いずれにせよ言えることは、日本政府はジョコを説得できなかったのである。政府がからむビジネスであれば、技術や価格の条件に加えて政治が大きな要素を占める。インドネシアや高速鉄道に限った話ではない。裏返せば、そこまでして新幹線を売らなければならないのか、という問いがブーメランのように突きつけられている。

高原の大学都市へ

私は一七年九月、この因縁の区間を在来線で往復した。ジャカルタに出張したついでに、足を伸ばしてみた。

出発はガンビル駅。首都と主な都市を結ぶ拠点となる駅で、日本の援助で高架化された。スターバックスコーヒーやマクドナルドが店を出している。運賃は一五万ルピア（約一四〇〇円）ぐらい。青、白、オレンジのラインが入ったシルバーの車両でバンドンに向かった。

標高七〇〇メートルの高原にあるバンドンは、熱帯にしては過ごしやすい。大学都市でもある。学生らしき若い乗客が目立つ。ヒジャブで頭を覆ったイスラム教徒の女性が、手鏡を持ってマスカラを熱心に塗っている。片目に何十回も。後ろの席から見入っていた私も、手鏡に映っていたかもしれない。鮮やかな青のバティックの制服を着た男性乗務員がカートを押して車内販売に歩く。お弁当「NASI RAMES」（ナシ・ラメス）を買ってみる。鶏肉やお芋の団子のようなもの、炒めたタマネギや落花生などを白いごはんにのせてある。三万ルピア（約二八〇円）。スパイシーで、ちょこっと甘い。おいしい。

ジャカルタからバンドンへ走る列車の車内販売. 飲み物やお菓子, お弁当を売っている＝2017年9月7日

三時間ほど走り、列車はほぼ定刻に着いた。けっこう揺れた。ただ、一四〇キロとは、東京から静岡とほぼ同じ距離だ。高速鉄道でなくとも、線路やシステムを改善すれば時間はかなり短縮できる気がした。

郊外の工事現場を訪ねた。「印尼雅万高鉄項目」。インドネシア高速鉄道ジャカルタ・バンドンプロジェクトを意味する漢字の看板がにょきっと現れた。茶畑をつぶして整地していた。土木工事を手がける中国の国有企業中国中鉄のオレンジの制服を着た男性が取材に応じてくれた。

「日給は八万五〇〇〇ルピア(約八〇〇円)。毎日同じような作業ばかり。でも、仕事があるのはいいことだよ」。もっと話を聞こうと近づくと、中国人の管理者が現れて追い払われてしまった。

新しい駅を造るため立ち退き対象となっている地域にも足を運んだ。庶民の在来線の小さな駅の前には黒いバイクが鈴なりに停まっている。庶民の足だ。雑貨店には日本の漫画『NARUTO－ナルト－』のカードがぶら下がっている。華為技術(ファーウェイ)やOPPOなど中国スマホの代理店もある。ある家族が自宅の居間で高速鉄道について話してくれた。「引っ越し先の家賃の補助など条件しだい。得するなら引っ越すけど、損するなら嫌だ」。もっともな話である。

高速鉄道は巨額の投資が必要だ。高速バスも三時間弱で頻繁に往来する。運賃は在来線の約二倍の二五万～三〇万ルピア程度、日本円に換算

中国による高速鉄道の工事現場で働く現地の男性＝2017年9月7日，バンドン郊外

して二五〇〇円前後になる見通しだ。ジョコ政権はジャカルタから首都を別の島、カリマンタン島（ボルネオ島）に移す計画を進めている。首都圏への一極集中と格差を是正する狙いだ。長期的にみて、乗客は想定通り確保できるのだろうか。

インドネシアに限らず新興国にとって高速鉄道は、ただの乗り物ではない。政治家は発展の象徴や自らの実績のレガシー（遺産）として、国民にアピールする道具に使いたがる。敗戦から復興し、高度成長期にあった日本が、新幹線に乗り物を超えた夢とプライドを託したように。

バンドンの駅の近くで、案内してくれた地元の人たちとごはんを食べた。食堂でバンドが演奏している。「あ、心の友だ！　もちろん、知ってるよね？」と問われた。一九八〇年代半ばにインドネシアで日本語のまま大ヒットした五輪真弓の曲だという。私は、その曲を知らなかった。「インドネシアではみんな知っているよ、有名な曲だ。歌い継がれている」

この曲がはやったころ、インドネシアは二代目の大統領スハルト政権の時代だ。民主化運動を弾圧しながら経済の成長を最優先する開発独裁のさなかである。

「愛はいつもラララバイ　あなたが弱い時　ただ心の友と私を呼んで」。そう歌うこの曲を、人々はどんな気分で聞いていたのだろう。

バンドンにはインドネシア国鉄の本社がある。オランダの植民地時代、蘭印国鉄（一八七五年設立）の重要な拠点だった。インドネシアは、第二次世界大戦中の日本軍による占領、戦後はオランダとの独立戦争を経て一九四九年に独立した。初代大統領のスカルノらが中国やインドの首脳と音頭をとって五五年にバンドンで、「アジア・アフリカ会議」を開いた。「バンドン会議」と呼ばれる。第三勢力の連帯を訴えて旧植民地の独立運動を勢いづけた。会議を記念した博物館を見学すると、中国首相だった周恩来が談笑するセピア色の写真も飾られていた。ジョコは二〇二三年五月、朝日新聞の取材に対して「米国も中国も、日本と同様に友人であり、重要なパートナーだ。インドネシアはどの国の代理人にもなりたくない」と語った。「バンドン会議」の理想であり、新興・途上国が生き抜く知恵でもある。(8)

日本のODAがもたらしたもの

インドネシアは、日本のODAにとって特別な国だ。敗戦から九年後の一九五四年、ODAの幕開けと同時にインドネシアに対しても工業や運輸通信分野での研修を始めた。道路や港などインフラ建設は利子つきでお金を貸し出す円借款が中心ではあるが、六兆円近い規模を援助した。経済協力開発機構(OECD)によると、インドネシアに対する円借款の供与額は二〇二〇年までの累計で、インドに次ぐ二位である。インドネシアにとって日本は最大の援助国である。(9)

当初は第二次世界大戦における賠償の意味合いがあった。だが、発展を後押しする経済協力と結びつけたことで日本の戦争の責任や反省はしだいに希薄になっていった。東西冷戦時代はインドネシアで共産勢力が台頭することを防ぐ役割もあった。もちろん、日本企業のビジネスにつなげる狙いは常に大きかった。

二〇世紀末のアジアの通貨危機をきっかけにインドネシアが民主化するまで、日本は米国などとともに開発独裁政権をパートナーとして支援してきた。戦中の占領政策への負い目もあり、人権や民主主義の価値観を共有しているかどうかを厳しく問わず、外交や経済を重んじて、時の政権と結んだ。豊かになれば自然と、人権もより重視されるようになると考えた。アジアのある国で大使を務めた日本の元外交官は言う。「貧しさが最大の問題だったのですよ。豊かになってきた現在のアジアを見て、皆さんあれやこれや言いますが、貧しさをまず解決する。面倒なことは言わず、一緒に豊かになろう。そうすれば、問題は解決する、と。私は間違っていたとは思いませんね」。これは、インドネシアに限らず、中国に対する援助を含めて日本のＯＤＡの底流にある本音だと思う。

ジャカルタの地下鉄が二〇一九年三月、開業した。(10) インドネシア初の地下鉄である。日本政府が円借款(約一三〇〇億円)で建設を全面的に支援した。ジャカルタ首都圏は人口三二〇〇万人を抱え、渋滞は悪名高き日常だ。スマホで予約できるバイクタクシーが身近な足として走り回っているとはいえ、適した距離は限られる。お年寄りや体の不自由な人はバイクには乗りにくい。いっぺんに多くの人々を定時に運べる鉄道が持つ意味は大きい。

「ジャカルタ都市高速鉄道(MRT＝Mass Rapid Transit、大量高速輸送)南北線」と呼ばれ、中心部からビジネス街の目抜き通りを通って南下する。東南アジア諸国連合(ＡＳＥＡＮ)の事務局の前あたりで地上に出て、高架を走る。全長一五・七キロ。東京メトロ銀座線(浅草―渋谷)より一キロほど長い距離だ。

一三年秋に工事が始まった。土木工事から車両、信号、運行管理や開業後の支援までまとめて日本企業の技術を用いている。アジア通貨危機以降、インドネシアは資金を節約するため、日本から鉄道の中古車両を導入してきた。日本製の新車が輸入されたのは、二一年ぶりだった。ただ、インドネシア政府はいつまでも輸入に頼らず、自国の車両メーカーを育てたいと考えている。そのため、援助ではなく、ビジネスのパートナーとなる外国企業を探している。

インドネシアは、五〇年には日本の経済規模を上回るとみられている存在だ。アジアの大国を意識するインドネシアと日本との間で、相互認識のギャップを強く感じる。自国を舞台に日中が繰り広げた高速鉄道商戦に対して、こんな反応があったことを忘れるべきではない。日本の外務省に情報公開請求して得た文書から見つけた。黒塗りにつぐ黒塗りで溜め息が出たが、こまめに現地の日本大使館が打電していた地元メディアの報道は読めた。日本大使館が「特段、中国寄りではない」と評価する『スアラ・カルヤ』紙からだ(11)。

「国際政治において、「むくれる(ngambek)」という用語などない」「商売に負けるのは普通のこと、泣く必要はない」「感情的態度を見せようとした日本の脅しは笑い草である」(政治経済評論家のインタビュー)

国会議員からも、日本の過剰反応に驚く声もあがっていた。

大統領のジョコがＭＲＴの開業式のあいさつで日本の協力についてははっきりとは触れなかったという批判が、日本の一部から出た。おりしも選挙を控えて、外国からお金も技術も頼って大事業を進めることに対する世論の批判を意識した政治的な配慮と分析された。

それはそうだろうな、と思う。日本社会の一部には、ODAで支援した相手国がお礼を言うことを強く期待する声がある。しかし、とりわけ円借款の場合、相手国からすれば金利は低くてもあくまでもお金を借りて、いずれは日本に返すお金だ。もらうわけではない。発注する主体は、あくまでもその国である。日本の東海道新幹線も世界銀行から借金して造った。いつまでもお礼を強要されたら、どんな気分になるだろう。もちろん、ODAを通じて関係が深まり、日本の技術や支援に取り組む日本人について関心を持ってもらえれば、こんなにうれしいことはない。

日本人初の国連難民高等弁務官を経て、国際協力機構(JICA)理事長も務めた緒方貞子の言葉を思い出す。援助した相手に対して感謝を執拗に求める日本社会の空気を嫌っていた。著書『転機の海外援助』に、こう書く。

「援助は感謝されるためにするものではないと思いますし、それはこだわりすぎの議論だと私は思います。そこに必要性があって、双方の依存関係の上に利益を受ける人たちがいるから援助するのです。私たちは感謝されるために仕事をしているわけではありません」

インドネシアで改善や整備が必要な路線はたくさんある。日本の協力の出番は今後も、やまのようにある。

コラム

日本人が愛する中古車両

アジア各地で、日本の中古車両が第二の人生を送っている。キハと呼ばれるディーゼルカー、ブルートレイン、客車——。なぜ、古い車両が活躍する物語は「テツ」の心をつかむのだろうか。

異国で感じる「すごい」日本

アジアで日本の中古車両が広く使われてきた背景には、線路の幅の問題がある。日本の在来線の幅は一〇六七ミリ。第二次世界大戦中、占領した日本がレール幅を統一したインドネシアは同じで、タイ、マレーシア、ミャンマーやベトナムは一〇〇〇ミリと近い。欧米やロシア、中国、インドなどは一四三五ミリ以上が中心で、改造するにしても手間がかかる。

インドネシアでは、日本の中古車両が約一〇〇〇両活躍している。始まりは二〇〇〇年。都営地下鉄三田線を走っていた七二両が、インドネシア国鉄に無償で譲渡された。インドネシア経済はアジアを襲った通貨危機の後遺症に苦しんでいた。新車を買うお金を節約したかったのだ。日本側にも、使わなくなった車両を解体する費用を節約できるメリットがあった。鉄道の専門家によれば、日本で三〇年ほど走った車両でもメンテナンスしだいで、さらに一五年ぐらいは走れるそうだ。

活用しているのは、「インドネシア通勤鉄道会社（ＫＣＩ）」。首都圏を走るインドネシア国鉄の子会社だ。保有する約一〇〇〇両のうち、新車は地元の国有企業ＩＮＫＡ製の十数両だけ。残りはすべて日本の中古で、ＪＲ東日本の２０５系を中心に東京メトロや東急電鉄で使われていた車両もある。車体は、赤と黄色に塗り替えられているが、車内に入ると「日本」を感じる。つり革、座席、扇風機、棚、消火器に残る漢字……。私が乗った車両には「神戸　川崎重工　昭和五二年」と書いてあった。西暦でいえば一九七七年。四〇年余り前に造られたものだ。乗り心地は悪くなかった。

車内にはドリアンの持ち込み禁止と貼り出されている。熱帯の国らしい。巡回する警備員の姿も目をひく。スリ対策であり、乗客が騒いだり床に座ったりしないように注意する役割がある。

日本製の導入の成果は、車両の不足を補うだけにとどまらなかった。冷房が効いた車両はジャカルタの鉄道の風景を変えるのにも一役買った。屋根に上ったりドアにぶら下がったりしていた乗客が消えた。車内が涼しくなったからでもある。

経済成長とともにジャカルタ首都圏は膨らみ続け、郊外からの通勤も増えている。朝夕はラッシュで混み合う。男性との接触を嫌う女性が不愉快な思いをしないように、二〇一〇年には女性専用の車両を投入した。

むさしのドリームジャカルタ行き

日本側でＫＣＩとの連携に力を入れている鉄道会社は、ＪＲ東日本だ。社員ひとりを出向させ、車両のメンテナンスや部品の確保など技術支援もしている。一八年春、武蔵野線を走っていた２０５系が「むさしのドリームジャカルタ行き」という行き先を表示して海を渡った。譲渡価格は明らかにしていないが、無料ではない。

二代目駐在員の鈴木史比古を一八年二月、ジャカルタのKCI本社に訪ねた。四〇代半ばの赴任だった。インドネシア語を特訓し、同僚との会話に使えるようになっていた。昼食のお気に入りは本社近くのジャワ料理の店。日本円で二〇〇円ぐらいの甘辛い地元料理を食べる。

年間の輸送人数が一七年、初めて一〇〇万人を突破した。鈴木は「日本から学んで、故障が減ったり車両が扱いやすくなったりしたよと頼りにされると、ほんとうにうれしい」と話す。KCIの社員を日本に派遣し、研修している。中古車両はメンテナンスが命だからだ。

日本の鉄道愛好家には、気になる話がある。インドネシア政府の高官は中古車両の導入をやめる方針を幾度となく口にしている。自国の車両メーカーINKAを後押しするためだ。二二年には、INKAとスイスのメーカーの合弁会社がインドネシアで生産した新車を導入する方針が伝えられた。地元紙によれば、二五～二六年から投入される見通しだ。(1)

日本の中古車両の運行やメンテナンスになじんだKCIは当初苦労するかもしれない。ただ、地場の企業を育てようとする政策は、どこの国も通ってきた道である。自国製の新車に転換していくのは、都市鉄道の需要の増加が見込まれるインドネシアなら当然ともいえる。

取材をしていると、技術などを含めた日本への肯定感に心くすぐられてくる。中古車両が外国で長く活躍する姿が日本で注目を集めるのは、単なる懐旧だけではないのではないか。異国で頑張る「日本」への承認と満足感が潜んでいるように感じる。

車内に残る日本語の表示の写真を撮りつつ、地元の人々はどんなふうに感じているのかな、と思った。仮に、日本が戦後しばらく経っても、財政上の理由から米国から引退した車両を安く譲り受ける状態が続いていたとする。そこへ米国人観光客がやってきてはしゃいで写真を撮っていたら……？ほほえましく受け止める人ばかりだろうか。複雑な感情を抱く人がいても、おかしくない。そんなことを考えて、早々にカメラをしまった。

「日本人は、よほど鉄道が好きなのだなあと思うだけだよ」

私が抱く懸念に対して、ジャカルタで会った国際政治学者はそう、笑っていたが……。

ＤＤ51がつなぐ日タイ交流

私が二〇年秋まで三年半を過ごしたタイでも、日本の中古車両が現役で走っていた。客車、ブルートレイン、そして八〇年以上前に製造され、観光用に使われている蒸気機関車まで、種類も豊富だ。日本からわざわざ乗りに来る愛好家は少なくない。

タイ国鉄が二一年末、ＪＲ北海道からディーゼルカーキハ１８３を輸入した。製造から四〇年が過ぎた車両だ。日本では特急オホーツクとして走っていた。二二年一二月、観光列車として第二の人生をスタートした。(2) バンコクで改造、つやつやに再塗装された。主なお客は地元の人々だ。

ＳＮＳでは当初、輸入に好意的な意見ばかりではなかった。製造から四〇年も過ぎた車両で、「本当に走れるのか」「鉄くず」という声もあがった。(3) 一六年にも中古の客車一〇両を日本から輸入しなから五年以上も放置してきたこともあったからだ。心配は、もっともだ。

タイに住み、乗りテツとしてユーチューブで発信している鉄道愛好家の木村正人は言う。「高速鉄道計画が持ち上がったり都市鉄道や地下鉄の路線が増えたりすることで、タイでも鉄道にかかわる報道が増えています。鉄道に対する関心が以前より高まっています。ユーチューバーなど鉄道愛好家として個人で発信する現地の人も増えました。中古車両に対して、いろんな角度からこれまで以上に反応があったのも、そのせいではないでしょうか」

北斗星　タイで輝く

複線化を進める工事用の車両として輸入された中古のディーゼル機関車DD51を取材したことがある。北海道で寝台特急北斗星を牽引していた鉄道愛好家に人気のある機関車だ。輸入したAS社によれば、一両あたりの価格は輸送費こみで四〇〇〇万円。日本の鉄道愛好家らがクラウドファンディングで約一八〇〇万円を集めて、技術指導者を日本からバンコクへ派遣した。輸入にあたって日本語の資料しか添えられておらず、整備に苦労していたからだ。運転席の表示も耐雪、空転、停止と表示も日本語のままだった。

中心となったのは、木村のほか、長崎の吉村元志、北海道の小林涼太郎らだ。「長く使ってもらえるように協力したい」と話す日本側に対して、AS社のポンサック・スティーブンは「会社じゃなく、ひとりひとりの有志としての支援がほんとうにうれしい」と応じた。自分の祖父が日本で運転していた機関車だといって、わざわざ見にきた日本人もいた。「大事にされていたんだなあ、と愛着がわき

タイで再出発した日本の機関車DD51＝2019年9月20日，タイ・ノンプラドク

ました」。スティーブンは笑顔をみせた。この会社がある辺りは戦中、日本軍が多くの施設を展開していた。「戦争で亡くなった人の幽霊が出るってうわさもあるのですよ」。そう付け加えた。

負の歴史を抱える地で、温かな交流が生まれている。吉村は日本から持参した北斗星のプレートを手渡した。

その後も、日本の技術者による相談や指導をこつこつと続けている。吉村は言う。

「中古車両が活躍できるかどうかは、車両の善し悪しだけでなく、いかにメンテナンスするかが大きい。技術者の交流などソフト面の支援があってこそ、より長く使えます」

中古車両が心を通わせるきっかけになるとしたら、第二の人生、これほどの輝きはない。

ミャンマーに協力が戻る日

ミャンマーでもヤンゴンの環状線をはじめ、日本の中古車両があちこちで活躍する。とはいえ、民主化指導者アウン・サン・スーチーが「中古ばかりではいやだ」と日本の援助関係者に話したことがあり、日本政府は新車も投入する方針で計画を進めていた。

ただ、二一年二月に国軍によるクーデターが起き、二三年五月現在も国軍の統治下にある。鉄路の爆破も起きている。民主主義に銃弾で背を向けた国に援助ができるはずがない。日本政府は鉄道を含めて新たな協力を止めた。ヤンゴン近郊で見かけたキハ１１を思い出す。行き先のプレートが「高山」という日本語表記のままで走っていた。家族三人で乗り鉄していた英語講師の男性は、「一〇歳の息子が列車に乗ると喜ぶんだ。いつか環状線を家族で一周したい」と話していた。ミャンマーの政治が一日も早く人々の手に戻り、日本の鉄道専門家が再び現場に赴く日を心待ちにしている。

6　「赤いはやぶさ」発車ベルはいつ？　インド

インドにとって初めての高速鉄道を、日本が協力して建設している。南西部の商都ムンバイから北上すること、約五〇〇キロ。首相のナレンドラ・モディの地元グジャラート州のアーメダバードと結ぶ構想だ。だが、建設をめぐる交渉は難航し、目標にしていた二〇二三年の開業は、少なくとも五年は遅れる見通しだ。新幹線がインドの大地を駆ける日はいつか、来るのだろうか。

「はやぶさ」インドで格闘

ＪＲ東日本がはやぶさとして東北新幹線で走らせるＥ５系が投入される。最高時速は三二〇キロ。東京―新大阪に匹敵する距離の両地を最速二時間七分で結ぶ。現在の半分以下の時間だ。車両の色はエメラルドグリーンからヒンドゥー教でおめでたい色とされる赤に変わる予定だ。

インドの高速鉄道計画は〇五年前後に浮上し、日本政府も色気をみせた。だが、インド側は当初、経済成長を支える手段として貨物輸送の整備を優先した。計画が甦ったのは一〇年前後。インド政府はフランスを念頭に検討していたが、日本がひっくり返した。

モディ「高速鉄道は、インドにとっても政治的に非常に大きな話であるが、今回決定を行った。鉄道関連業界のみならず、社会全体、産業界全体に大きな変化をもたらす」

安倍晋三「新幹線は、その安全性、正確性という意味において、世界の高速鉄道の中でも群を抜いている。インドの他の高速鉄道路線にも導入されていくことを強く期待」

情報公開で入手した首脳会談の模様だ。(1) 黒塗りだらけだが、この部分からは双方の期待がうかがえる。

決め手は、日本からインドへ原発技術の輸出を可能にした「日印原子力協定」の締結に応じたことに加えて、超低金利で事業費を貸し出す契約だった。

円借款の年利はわずか〇・一パーセント、償還期間は五〇年の破格の優遇条件だ。(2) インドとの交渉にかかわった日本政府の幹部によれば、モディからの提案を安倍が飲んだ。

両首脳は電話を含めると通算二〇回以上、会談した。そのたびに、高速鉄道について話した。モディが来日した一六年二月、ともに川崎重工業の兵庫工場を見学し、一七年九月には、安倍がアーメダバードを訪ねて起工式に並んで出席した。

新幹線はビジネスを超えて、日印関係を深める象徴としての意味を帯びていく。象徴だからこそ、失敗は許されない。

一・八兆円規模で想定していた事業費は、精査すると三兆円近くまで膨れあがった。設計の変更や

インドにおける高速鉄道構想

工期の遅れが主な理由とされた。低めの見積もりを示して予算を獲得するのは、国内の公共事業でもよくあることだ。

だが、インド政府は怒った。いや、交渉上、優位に立つために怒ってみせたのかもしれない。いずれにせよ、「起工」したはずの事業が止まってしまった。増額分の負担を日本に求める意見まであった。

「日本がやりたくてやっている」。私の取材に対しても、そう言い放つインド外交官もいた。新幹線輸出の実績を作りたい日本政府の足元をみている。

日本側は、土木工事をインド企業に任せるなどしてコストを下げる案を示した。インド側は「なぜ、最初からそうしなかったのか」「高速鉄道よりもコロナ対策を」と言っていたこともあった。安倍は二〇年に入ってモディに対して手紙を書いた。これについても政府に情報公開を求めたが、認められず、独自に取材した。

「大プロジェクトにはいろいろある。インド側がどうしても嫌ならやめる選択も否定しないが、我々首脳で合意したプロジェクトをともに完成させようではないか。日本が全面的に協力する意思は変わらない」。関係者によれば、そんな内容だったという。

安倍は退任間際の二〇年九月、電話会談で何とか事を収めた。

安倍「日印の旗艦プロジェクトである本事業が進展し、インドの地で新幹線が走る日を待ち望んでいる」

モディ「インドには新幹線技術や新しいマネジメントがもたらされ、インド経済は計り知れない影響を享受する。我々の築いた強固な日印関係の土台を、御後任の総理に引き継いでいただきたい」

情報公開で入手した黒塗りだらけの文書の中に、二人の会話のごく一部だけが残されていた。(3)

インド新幹線、牛歩が続く舞台裏である。

この事業を担当する日本企業の幹部からボヤキをしばしば耳にした。「インドの新幹線は終わりが見えない」

インドは民族も宗教も多様。連邦全体の公用語はヒンディー語だが、憲法で公認された州の言語が二一もある。モディはイスラム教徒などに圧力をかけ、「ヒンドゥー至上主義」と批判されるが、「多様性の中の団結(Unity in diversity)」をかけ声に統一されている国家だ。

日本は対照的だ。同質であることを求められがちだ。「(日本は)一つの民族」と言い切った閣僚の言葉を否定せず、「大臣なりの言葉で表現」と閣議決定して批判しなかった。(4)

新幹線をめぐる交渉は、異なる社会風土がぶつかりあう様相を呈している。

インドにとって鉄道とは何だろう。鈴なりの人々が列車のドアにぶらさがったり屋根に上ったりする姿や、列車が牛にぶつかって脱線するニュースが頭をよぎる。線路の幅も、一六六七ミリの広いレールを主軸にしながら、支線やローカル線には一〇〇〇ミリもある。紅茶の里ダージリンを走る世界最古の山岳鉄道は六一〇ミリで、世界遺産に登録されている。巨大な人口と悠久の歴史を抱える広い国土を、スルリと走る流線形の新幹線のイメージがなかなかつかめない。

新幹線の南側の起点ムンバイへ出かけてみた。一九年一二月、駐在していたバンコクからイギリスの植民地時代にボンベイと呼ばれた商都へ飛んだ。

世界遺産の駅にE5の模型

インドの鉄道は全長六万八〇〇〇キロに及ぶ。日本の二倍以上の長さだ。一八五三年に開業した。日本が東京・新橋発で初めて列車の汽笛を鳴らすより、二〇年近く早かった。ムンバイは、インド初、アジア初の鉄道の起点となった都市だ。二〇世紀初めにインドで初めて電車が走ったのもムンバイ。インドの鉄道の歴史が始まる地である。それに、新幹線が続こうとしている。わくわくした。

ムンバイにはユネスコの世界遺産に登録されている駅がある。チャトラパティ・シバージー・ターミナス駅（CST）[5]。かつてビクトリア・ターミナスと呼ばれた駅は、英領下で約一〇年かけて一八八七年に完成した。ビクトリアン・ゴシック様式の威厳ある駅舎だ。

併設されている鉄道博物館を訪ねた。新幹線Ｅ５の模型が目に飛び込んできた。壁には、新幹線技術の説明が貼ってあった。日本政府の代表団が訪問したときに寄贈したものだ。

天井は高く、ステンドグラスが美しい。書庫には百年以上も前の乗車記録が百科事典のように並ん

列車が入るたび乗客があふれる＝2019年12月，ムンバイ，チャトラパティ・シバージー・ターミナス(CST)駅

でいる。歴史の重みに圧倒されていたせいだろうか。新幹線の模型がひよわな緑の鉛筆にみえる。博物館の案内係に新幹線開業の見通しを聞いてみた。「遅れるでしょうね。まだ着工していないのですから」。あっさりと言う。

両国の政府は、首脳が立ちあった鉄道研修施設の建設の起工式をもって「着工」と呼んでいた。さすがに無理がある話だと思っていたが、案の定だ。地元の人たちは着工とはみなしていなかった。しかも、ムンバイを州都とするマハラシュトラ州のトップは、直近の選挙で新幹線に反対を唱えていた政治家に代わった。土地の収用もムンバイ側は難航していた。

駅のホームに出てみた。ムンバイ近郊に向けて一八もあるホームのどこかから数分おきに列車が発着している。

通勤や通学の時間でもないのに、大勢の乗客に圧倒される。寄せては返す人の波。顔立ちも肌の色も服装もさまざまだ。背広姿の男性やモノトーン、紺、茶系のおしゃれを好む女性が多い日本の風景とは、目に飛び込む明るさが違う。

列車は扉を開けたまま出発する。それほど混んでいない車両でも扉のそばの手すりにつかまり、体を半分ほど外に出して乗っている人が目につく。暑いから風にあたりたいのかもしれないが、危ない。ホテルで読んだ地元紙は、「ムンバイ近郊で毎年三〇〇〇人近くが鉄道事故で亡くなっており、このうち走行中の列車からの転落死は一八年、七一一人いた」と伝えていた。

車両は見た限り、インド製だ。レールの幅は一六七六ミリ。日本の在来線より六〇センチも広いこともあって、どっしりと大きい。意外だったのは、どの列車にも女性専用車両があったことだ。民族衣装のサリーを身につけた女性の図案が描かれている。妻や娘を見送りに来た男性は「この車両のおかげで安心だ」と話していた。妊婦さん、身体が不自由な人や癌を患う人を優先する車両もあった。

五ルピー（約九円）を払って構内のトイレを使ったあと、チケットを買いに外国人用窓口へ向かった。フランスのパスポートを持った若者たちの後ろに並んだ。新幹線の北側の起点であるアーメダバードまでの急行は六六五ルピー（約一一〇〇円）。安い。高速鉄道の開通で時間を半分に短縮できても、運賃の設定しだいで苦戦を強いられる予感が走る。

中国人ビジネスマンが語るインド新幹線

出発の朝がやってきた。アーメダバードと結ぶ列車が発着するムンバイ中央駅近くに宿をとった。世界遺産の駅ではない。にぎやかなインドの人たちにまじって朝ごはんを食べた。カレースープをすすっていると、東洋人の男性二人組と目があった。カレーを避けて小さなパンケーキと果物を黙々と食べ、地元の人が好むマサラティーではなくコーヒーを飲んでいる。ぱりっとしたシャツにチノパン。三〇歳すぎだろうか。中国語で話しかけてみると、上海に近い江蘇省の建設資材メーカーで働く営業マンだった。インドは重要な市場なので毎年四回ほど出張して来る。日本が手がける新幹線のことも知っていた。

「遅れている？　それはそうだよ、インドだから。日本でなくても誰が造っても遅れるよ。日本のせいではない。メトロだって何年かかっていることか。まあ、五年の遅れじゃすまないと思うよ」

「インドの人は納期や時間の感覚に乏しい。賄賂もまだまだ根強い」

「インドで食べる中華料理は、おいしくない。本物の味とかけ離れている。ここで食べるなら、日本料理の方がまだマシだ」

ぐちをこぼす二人の口ぶりは、まるで日本企業の知人たちのようだ。インドの人々にまじると、日本と中国のほうが近く感じてしまう。私が中国語をわかるからかもしれない。

二人は、インドと政治的な対立が根深いパキスタンも担当している。「治安が不安視されている国だけど、パキスタンでは地元の警察がホテルまで迎えに来てくれる。車で移動するときも警備してくれる。もちろん無料だ。老朋友(古い友人)どうしだからね、中国とパキスタンは」

こういうエネルギッシュな人たちが、膨張する中国経済の「先兵」なのだろうと感じた。政府が直接指示をしなくても、その方向性からは外れないようにしながら、自らの意思で稼ぎに飛び回る。

彼らは私の一人旅に驚く。「インドは中国と比べて治安が悪い。女性は十分に注意をしたほうがいいよ」。別れ際、そう声をかけてくれた。

ただ、ムンバイからアーメダバードへの急行に限って言えば、拍子抜けするほど普通だった。

ゴトン。赤い二階建て列車が音をたてて動き始めた。一四時二〇分、定刻だ。ゴトン。何度か動いて止まってと繰り返したあとは、すべるように走る。濃い緑の街路樹を抜けて、崩れそうなビルの残骸やスラムを眺めながらムンバイの都市部を離れた。がっしりとした広軌のせいか、揺れない。トイレも清潔だ。シャツやカバン、文房具、モバイルグッズ、お菓子や弁当を売りに次々にやってくる。八〇ルピー（約一四〇円）でスパイシーな炊き込みごはんビリヤニを買ってみた。長いコメ粒にトマトが入って、ほんのりと赤い。まあまあだ。

一時間ほどすると緑の平原に入り、景色は単調になった。車内も静かで居眠りしてしまった。目覚めると赤い夕日が沈み始めている。窓の外に濁った川とバラックが見える。煙をもくもく出している工場を通り過ぎる。空気が悪い。夕日がかすんで見える。

沿線の人口は、ムンバイ一二〇〇万人を筆頭に、アーメダバードは五〇〇万人を超える。一〇〇万人を超える都市が点在する。日本政府は、東海道新幹線になぞらえて採算をはじく。両都市間の運賃は三〇〇〇ルピー（約五一〇〇円）が予定されていた。私が乗ったエアコンつき急行の五倍弱、エアコンなし二等車なら一五倍である。飛行機並みの価格だ。

うーん。

インドは貧富の格差が激しい。人口が巨大でも、何割が新幹線のチケット代を払えるのだろうか。インドの一人あたり国内総生産（ＧＤＰ）はベトナムの六割ほど。バングラデシュとほぼ同じだ。それとも、建設が遅れているうちに、豊かさが追いつくのだろうか。格差に怒る沿線の農民たちからは、用地買収をめぐって抗議する動きもあった。

退屈したのか、後ろのおばちゃんたちが大きな声で歌い始めた。声に張りがある。眠気もさめた。四〇ルピー（約七〇円）のサンドイッチを買った。食べてばかりだ。定刻より五分だけ遅れて二一時四五分にアーメダバード駅に着いた。駅前には、蒸気機関車が飾られていた。黒光りする車体がずっしりと、歴史を語っていた。

アーメダバードでは、郊外にあるサバルマティ・アシュラムに立ち寄った。インド独立の父として知られるマハトマ・ガンジーが住んでいたこともある場所だ。

「鉄道で邪悪が広がります」。ガンジーは、著書『真の独立への道（ヒンド・スワラージ）』（岩波文庫）で、そう語る(6)。ペスト、つまり感染症を広げるとして、鉄道を批判したのだ。南アフリカにいた若き日には有色人種として鉄道から降ろされたこともある。この経験は、のちの自由を求めた闘争につながる。インドに戻ってからは三等車に乗って、あちこちを訪ねたことで知られる。

インドの駅はガンジーの肖像画であふれている。ガンジーなら、新幹線に何を広げることを期待するだろうか。

伏せられた情報

この路線を新幹線が走る日はいつか。

目標にしていた二三年の開業は、両政府内部では少なくとも二八年まで延期されている。だが、正式には公表されていない。事業費の膨張や、その対応策についても明らかにされていない。ODAで円借款を投じるなら、日本政府は国民に向けてきちんと説明する必要がある。新幹線の輸出そのものを否定するつもりはないが、不透明な事業の進め方には問題がある。海外のインフラ建設は巨額の円借款を投じるにもかかわらず、国内の公共事業に比べて納税者の監視の目が届かない。私がこだわって取材を続ける大きな理由だ。

インドにとって高速鉄道の建設が初めてなら、インフラ輸出に力を入れてきた日本にとっては、現状で新幹線の輸出計画が進んでいるのはインドだけである。

日本とインドは、中国を牽制するために手を結んだパートナーどうしでもある。とりわけ日本が提唱する外交戦略「自由で開かれたインド太平洋」構想にとって、インドは欠かせない存在だ。

もちろん、インドも中国と根深い国境紛争を抱え、「一帯一路」にも反対だ。インドが対立するパキスタンと中国が近しいことも関係をいっそう遠ざける。日米豪印で立ち上げたＱＵＡＤ（クアッド）という戦略的な枠組みにも加わった。だが、中国を名指しした「対抗」には踏み出さない。

インドにとって中国は隣国であり、最大の貿易相手でもあるからだ。

中国が主導して設立したアジアインフラ投資銀行（ＡＩＩＢ）に加盟し、副総裁を送りこみ、最大の借り手となっている。バンガロールの地下鉄などへ融資をうける。ブラジル、ロシア、中国、南アフリカとともに新開発銀行（ＮＤＢ）を運営する。二二年二月のロシアのウクライナ侵攻後、米欧が主導する対ロ制裁には加わらなかった。ロシアは武器や資源の購入先でもあるからだ。

「戦略的自律性」を重んじるインドは、ひとことでいえばしたたかな大国、なのである。

官邸印　膨らむ事業費

二一年九月二九日。インド高速鉄道に関する一三回目の日印合同委員会が、オンラインで開かれた。(7)

インド側は鉄道省、外務省に加えて、運営のために設立されたインド高速鉄道公社（ＮＨＳＲＣＬ）の幹部が顔をそろえた。

日本側の団長は首相補佐官の和泉洋人。一六年二月にインド・ムンバイで始まった初回から今回まで担当した。国土交通省出身で、安倍晋三、菅義偉両政権を通じて、インフラ輸出の旗振り役を務めた。官邸との近さから、和泉が出張した先の日本大使館では、担当者たちが緊張して迎えていた。なかでも、インドは一八年、「不倫」が報じられた厚生労働省の女性審議官と「コネクティングルーム」で宿泊した四か所の一つでもある。目的は和泉の体調管理のための同行と説明されたが、国会で野党から批判を浴びた因縁の場所だ。(8)

それはともかく、会議後の発表資料はA4で一枚だけ。「今後も事業を着実に進めていくことが確認された」。いつもながらに具体的な記述に乏しいものだった。この委員会について情報公開請求しても毎回、参加者ぐらいしか識別できないほど「黒塗り」だった。

少子高齢化で縮む国内市場を背景に、高速鉄道などインフラ輸出は、日本の経済成長戦略の目玉の一つとされた。いっぽうで、モディ政権の成長戦略は「メイク・イン・インディア(インドでつくる)」。一四億人を超える巨大な市場と引き換えに、インド人を雇用してインドで生産するよう求める。投入が予定されるE5系はやぶさ型の車両についても、完成車の輸入は最初だけだ。日本の車両メーカーに現地での生産を求める。二四編成(一編成＝一〇両)のうち、一八編成は日本から輸入しても、残りは現地で組み立てることを条件にしている。日本企業は地元企業に技術を移転し、造れるように指導してほしい、と。「メイク・イン・インディア」なのだから。

中国もそうだったが、自国の鉄路がこれほど長い国で、車両などをすべて輸入し続ける選択はありえない。台湾が日本から買い続けるのは、一路線で完結する規模だからだ。それでも、台湾の鉄道会社の首脳は、日本製の車両に市場の独占を許したため、高くついたと不満をもらしていた。

インドにはムンバイ―アーメダバードを皮切りに、六本以上の高速鉄道計画がある。[9] インド政府の担当者は日本に対して誘い水をかける。「一本目がうまくいけば次も日本の可能性が高まる」。もちろん、フランスや中国も意欲を示す。競争は必至だ。

鉄道大国の底力

高速鉄道は初めてとはいえ、インドは鉄道大国。フランスのアルストムも進出し、鉄道関連の工場は少なくない。日本の商社で鉄道ビジネスに長く携わる知人は言う。「インドは六万キロ以上の鉄道を走らせ、歴史も長い。自前や外資の工場を持っている。世界的な比較で言えば鉄道先進国です。イギリスが敷いた鉄路の伝統から欧州方式を基本として独自に発展させています。日本はデリーなど一部の地下鉄では成功しましたが、鉄道市場は巨大でも参入は容易ではありませんでした」。日本製の車両は戦前から輸出されてはいたが、少数派。主力はあくまでも欧米だった。

確かに、時速一六〇キロで走る中速鉄道を一九年から自前で開業している。南部チェンナイ（旧マドラス）には独立から一〇年も経たない一九五〇年代半ばにスイスの技術を受け入れて設立された車両工場ＩＣＦがある。英国のエリザベス女王ほか欧州の首脳や閣僚、中国の首相を務めた周恩来も訪ねた名門工場である。「現代化された工場には、中国が学ぶべき価値がある」。工場近くの鉄道博物館を訪ねたら、周直筆の手紙のコピーが飾ってあった。

何より、国際援助の主な受け手だった中国が発展に伴って卒業し、インドは限られた大口の借り手である。世界銀行やアジア開発銀行(ＡＤＢ)など国際機関を含めて、貸し手が列をなす存在だ。

「強気のインドは言いたい放題」。建設に携わる日本の政府系機関の幹部は、そう、こぼした。

インドはどう考えているのか。

東京の皇居のそば、武道館に近いインド大使館を訪ねた。二〇二〇年一月のことだった。駐日インド大使サンジェイ・クマール・バルマは悠然としていた。中国語を操り、北京の大使館で勤務した経験を持つ中国通だ。

「高速鉄道は巨大で複雑な事業です。目標が期限通り進まないことはめずらしくないでしょう。日本も成田国際空港の建設にはずいぶんと時間がかかったはずです。新幹線もそうでしたね。どこの国でもこうした大事業は遅れるものです。日本のせいでもインドのせいでもない。異なる企業文化や仕事の進め方を持つ集団が一緒に初めての事業を遂行しているのです。実際に建設の段階になれば、さまざまな議論がでてくるのは当然と言えるでしょう」

ニューデリーで一九年一二月に取材した国家高速鉄道公社(ＮＨＳＲＣＬ)で広報を担当するスシュマ・ガウルも言った。

「降雪地帯を走るはやぶさと、気温が四〇度を超える地域も走るインドでは車両の調整が必要なように、インドの風土に適したものを造っていくことになるでしょう」

交渉巧者のインドと格闘技のような共同作業が続く。発車ベルはまだ遠そうだ。

国際協力機構（ＪＩＣＡ）のある幹部は「インドは日本にとって大事な国だ。新幹線は成功させなければならない」と言ったうえで、こう指摘した。「高速鉄道計画がある国すべてに力を注ぐ必要はない。その資金や労力を、たとえば国際社会でのルール作りの考え方を共有できる人材を育てたり、交流したりするために投じる方が日本にとってはよほど戦略的だ」。援助関係者からも、こうした声があがる。日本企業もＪＲグループを含めて諸手をあげて積極的ではない。官邸からの圧力が突出していた。

日本は、高速鉄道の国際商戦で何を学んだか。新幹線の輸出で何を得ようとし、何を失ったのか。マレー半島やベトナムなど新興・途上国で計画が甦ったとき、試される。

7 「契約一〇年機密」の鉄道　ハンガリー

ハンガリーとセルビアを結ぶ鉄道の改良工事が進んでいる。かつてパリとイスタンブールを結ぶオリエント急行が走った路線だ。習近平政権の対外戦略「一帯一路」の看板事業として、中国が全面的に支援する。コロナ禍のなか、ハンガリー政府が中国と結んだ契約内容は「一〇年機密」。中欧の鉄路は、欧州をつなぐのか。それとも引き裂くのか。

「機密」の裏側

この鉄道は、ハンガリーの首都ブダペストとセルビアの首都ベオグラードを結ぶ全長約三五〇キロの路線である。一九世紀末から整備され、鉄路の傷みは激しい。中国の協力を得て、スピードアップを目指す。中国製の最高時速二〇〇キロ規格の車両が投入され、かかる時間は現在の約八時間から三時間弱まで縮まる見通しだ。総事業費は日本円にして数千億円規模。関係三か国で二〇一四年に建設に合意し、セルビア側は二〇一八年に着工していた(1)。

だが、ハンガリー側は手こずっていた。親中姿勢を隠さないオルバン・ビクトル政権とはいえ、欧

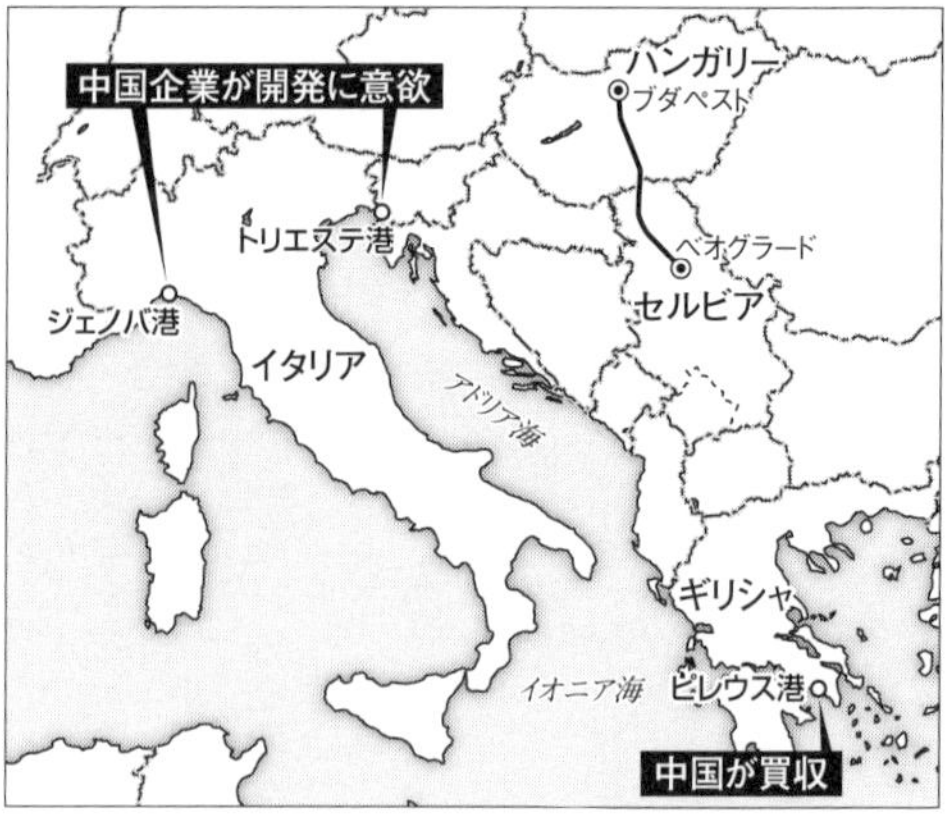

ハンガリーとセルビアを結ぶ鉄道

州連合（ＥＵ）のメンバーとして、公共事業には透明でオープンな発注が求められるからだ。手続き抜きには中国を指名できず、遅れていた。

コロナ禍のさなか。二〇年四月、ハンガリー政府が動いた。契約の詳細は一〇年間にわたって機密扱いする条件で、中国輸出入銀行からの融資を受け入れることを決めたのだ。[2] 国会では賛成一三三票、反対五八票、棄権一票と割れた。返済には一〇〇年以上かかるとの見方も出ている。中国からの借金漬けとなる「債務の罠」を心配する声もあがった。それでもハンガリー政府は押し切った。外務貿易相のシーヤールトー・ペーテルは「中国政府の見解も考慮し、ハンガリーの対外政策の利益を損なわないように一〇年間の機密保持を決めた」と説明した。

事業を受注したのは、レーリンツ・メーサローシュが支配する企業グループのオーパス・グローバルだ。[3] この人物は、首相のオルバンと同郷で、親しい関係にある。ガス配管工からハンガリー最大の億万長者にのぼりつめた。

オルバンは二〇代、民主化を目指す闘士として知られ、一九八八年には青年組織フィデスを結成。だが、国会議員に当選して国政に関与を始めた九〇年代中盤以降、右派へ転じる。九八年から二〇〇二年まで首相として政権を握り、総選挙で敗北したものの一〇年に返り咲く。批判勢力やメディアへの圧力を強めて権威主義的な体制を強めてきた。ロシアとも近い。

ブダペストで長く暮らし、ハンガリー情勢に詳しい経済学者、盛田常夫は指摘する。「この企業グループは、オルバン政権が公金で育てたようなものです。契約内容を機密にしたのは、投資費用の回収が見込めない事業の全容を明らかにしたくないのでしょう。両国間を往来する人が少ないのに、ハンガリー政府が巨額の資金を投入するのは、中国政府との関係維持とあわせて、首相に近い企業に受注させ、利益を落とす狙いもあります」

つまり、政権の裏金作りというわけだ。中国は、あ・うんの呼吸で手を貸している。

ハンガリーで鉄道が初めて開業したのは一八四六年のこと。ハプスブルク家が支配していた王国時代だ。一九三〇年代には旅客列車の半分以上がディーゼル車となり、電化も始まった。七か国と隣接し、今も欧州大陸をつなぐ国際列車が行き交う。一九世紀にブダペストで開業した地下鉄は、ロンドン、イスタンブールに次ぐ歴史を持ち、世界遺産にもなっている。路面電車も市民の足として約一五〇年の歴史を持つ。旧ソ連で少年少女が共産主義を学ぶピオネール活動に由来する「子ども鉄道」も健在だ[4]。私も二〇一四年三月に初めて出張した時、乗ってみた。運転手などは大人だが、制服制帽をまとった一〇代前半の男女が検札係や駅員などを務める。共産主義の時代は去り、首元の赤いチーフは消えても、社会教育の一環として残している。狭軌とはいえ、本格的なディーゼル機関車が客車を牽引し、郊外の緑豊かな山中の坂道約一一キロを往復する。観光資源になっている。

ハンガリーとセルビアを結ぶ在来線を走る機関車．19 世紀末から整備された古びた鉄路を，中国主導の改良でスピードアップさせる＝2018 年 12 月 2 日，セルビア・ベオグラードセンター駅

豊かな鉄道文化を持つハンガリーに中国が乗り込んで造る鉄道は、単なる輸送を越えて二一世紀の国際政治に波紋を広げている。

昔より遅い　古びた鉄路

私は二〇一八年一二月、ブダペストからセルビアのベオグラードまでの在来線に乗った。どんよりと冷たい日だった。

国際列車が多く発着するブダペスト東駅。一八八〇年代に建てられた駅舎はさまざまな建築様式を取り入れて設計された。ステンドグラスが美しい。

セルビア行きの列車は三両編成。端っこのホームで待っていた。旧ユーゴスラビアのノーベル文学賞受賞作家の名前を冠して、イボ・アンドリッチ号と言う。ベオグラードまでの三五〇キロを約八時間かけて走る。一等車の運賃は二八ユーロ(約四二〇〇円)。長距離バスと値段は変わらないが、二時間以上長くかかる。線路や通信施設が古いので速度を上げられないからだ。

定刻より五分遅れて午前八時二分に出発。車内は少し湿った臭いがする。電源はない。同じ車両に乗客は一三人だけ。がらがらだ。車窓から見えるのは、葉を落とした樹、クリーム色の低い四角い建物。窓が割れたまま放置された朽ちた工場のわきを通り過ぎていく。中国やデンマークの輸送会社のコンテナを積んだ貨物列車とすれ違う。三〇分近く走ると単線になった。ちょっとくたびれた濃紺の制服を着た車掌が検札に来た。

収穫を終えた麦畑、灰色の空、くすんだアズキ色の屋根、枝だけになったブドウの木。小さな駅に着くたびに、十数人が降りる。ホームをイヌが走る。ほとんど誰も乗ってこない。

三時間半ほど走って、ハンガリー側の国境の駅ケレビアに着く。青い制服の警官四人が乗り込み、パスポートをチェック。その場で蒸気機関車のマークの出国スタンプを押してくれた。三〇分ほど停車して走り始めると、すぐにセルビア側の駅スボティツァだ。今度はセルビアの警官二人が乗ってきた。鼻にはピアス。「どこに行くの?」「終点のベオグラードセンター駅です」「ふうん」。パスポートを取り上げ、どこかでチェックし、三〇分後に戻ってきた。

ブダペスト東駅．国境を越えて各国を結ぶ国際列車が往来する．隣国セルビアの首都ベオグラードとの発着駅でもある＝2018 年 12 月 1 日，ブダペスト

セルビアに入ったころには、私が乗った一号車は誰もいなくなっていた。

貸し切り列車が、ゆっくりと走り出す。雪が残る。さびた信号機が見える。鉄路の古さからか徐行する区間もあった。

セルビア第二の都市、ノビ・サド駅に着いた。一九九〇年代末のコソボ紛争中には、この町にかかるドナウ川を結ぶ三つの橋がすべて、米欧の軍事同盟である北大西洋条約機構(NATO)による空爆で壊されたという。

列車は新しい白い鉄橋を渡っていく。EUの支援で建設されたことを記す青い旗が見える[5]。二〇一八年三月に完成したばかりだ。セルビアのあるベテランジャーナリストが言っていた。「セルビアにとってEUは大事な支援者だが、合意形成が複雑で人権や民主主義についても意見を言われる。支援はなかなか決まらない。彼らは中国の影響力が問題だと言うが、だからといって対決姿勢を示すわけでも、我々への支援を強めるわけでもない」。かたや、中国は首相李克強のセルビア訪問時、橋などインフラ建設の支援を約束した。セルビアの大統領アレクサンダル・ブチッチは李に対して感謝の気持ちを伝えるのに、この古びた列車の名前にも使われているイボ・アンドリッチの言葉を引用したことがある。(6)

「人間が(中略)建てたものの中で、私の見るところ、橋よりも優れ、価値のあるものはない(7)」と。

終点のベオグラードセンター駅に着くと、夕方五時近い。やはり一等車は私だけ。ホームで一緒になった乗客が教えてくれた。「昔はもっと速く走っていた」。それほど古い鉄路だった。

乗ってみて実感した。ブダペストが一八〇万人、ベオグラードが一六〇万人。沿線人口を考えても旅客輸送では収益が上がらない。当初、時速三〇〇キロの高速車両の投入もうわさされた。だが、最高時速は約二〇〇キロ程度にとどまる予定だ。本命は旅客ではない。貨物だ。中国政府は「中欧班列」と呼ばれる中国と欧州を結ぶ貨物輸送に力を入れる。採算を考えれば当然のことだ。

「習兄さん」がゆさぶる欧州

「ありがとう習兄さん」。ベオグラードで二〇二〇年春、中国の国家主席習近平が描かれた赤い大きな看板が登場した。(8)現地語と中国語で感謝の言葉が添えられている。

「コロナ外交」に注力した中国はセルビアに対しても、医療チーム、マスク、防護服などを届けた。簡単に組み立てられて新型コロナの検査などに使えるラボ「火眼」も送った。(9)欧州ではセルビアが初めてだった。遺伝子解析で有数の中国企業が生産したものだ。米国など先進国の一部からは、中国は「火眼」の普及を通じて世界中から遺伝子など個人情報を集めようとしているのではないか、と警戒する見方も出ている、いわくつきの設備である。

だが、ブチッチは意に介さなかった。中国から運ばれたコロナ対策の医療物資を届けた特別機を空港に自ら出迎えた。(10) 中国の国旗にキスしてみせた。ハンガリーより先行して進む鉄道の工事現場にも足を運んだ。(11) 中国メディアは、中国の協力をたたえる発言を伝えていた。

セルビアと中国の関係は歴史的にも良好だ。セルビアもかつて一員だった連邦国家旧ユーゴスラビアは、長く指導者を務めたチトーのもと、東西冷戦下で米ソ双方と距離を置く非同盟的な立場だった。一九四九年に建国された中華人民共和国に対しては、旧ソ連や東欧の国々とともに早々に承認した。コソボ紛争中の九九年、現地の中国大使館が米軍による空爆で破壊された事件も、両国をより近づけたとされる。その後独立したセルビアも、中国と友好関係を維持してきた。九〇年代以降、ハンガリーなど中東欧の国々が米欧で作る北大西洋条約機構(NATO)に加盟しても、セルビアは距離を置いている。EU加盟の優先順位は高いが、人権や司法などさまざまな分野の条件が整わず、加盟交渉は長引いている。

そのすきを縫うように、中国が距離を縮めている。習は二〇一六年、中国の国家元首として初めてセルビアを訪問した。(12) 空爆された旧中国大使館跡も訪れ、献花した。鉱山や製鉄所、インフラなど数々の投資を決めた。セルビアはEUや米国を刺激することを承知で、中国の軍用ドローンを購入したり華為技術(ファーウェイ)を5Gネットワークから排除したりしないでいる。欧州で初めて、港に隣接する貨物鉄道駅のオペレーションに華為の５Ｇ通信機器を採用した。爆撃された大使館跡地には大きな孔子像が立つ。私が訪ねたときは、中国人観光客が写真撮影に興じていた。

コロナ禍のなかでも鉄道改良工事は進んだ。二〇二二年三月、セルビア側のベオグラードからノビ・サドまで約八〇キロの運行が始まった。時速はぐんとあがり、特急は四〇分を切る。八〇キロと短い区間ながら、最高時速は二〇〇キロを記録した。「ソコ(セルビア語でハヤブサ)」と名付けられた車両は、スイスのシュタッドラー製。中国製ではない。[13] 中国依存を薄めたかったのだろうか。

セルビア大統領のブチッチ、ハンガリー首相のオルバン、そして中国大使館や国有企業の関係者ら約二〇〇人が一番列車に乗り込み、祝った。鉄路の一部はロシアが支援した。ブチッチは式典でこう、あいさつした。「中国やロシアの友人によって造られた。ドイツによって指揮され、車両はスイス製だ。安定して強いセルビアを示している」。外交バランスへの腐心がにじんだ。

「黒い羊」

ＥＵは、二〇一一年の欧州債務危機をきっかけに、経済が弱り加盟国の団結にも亀裂が入った。そこへ、中国が攻勢をかけた。中国と中東欧諸国協力(一六＋一で始まり、ギリシャも加わったが、リトアニアなどバルト三国が離脱)の枠組みを一二年から作り、チャイナマネーを投下してきた。ハンガリーとセルビアを結ぶ鉄道事業は、目玉の一つだ。中国国有企業が買収したギリシャ最大の港ピレウス港から欧州へと中国製品を輸送するルートの一角をなす。

中国はEUに加盟するハンガリーとの関係を重視している。人権や南シナ海をめぐる問題にかかわる対中批判などの決定で、すべてのEU加盟国の一致が必要になる場合、ハンガリーの反対票で退けられるからだ。じっさい、オルバン政権は香港国家治安維持法や新疆ウイグル自治区の人権問題にあたって、EUの共同声明には賛同していない。EUのメンバーであるハンガリーを動かすことを通じて、中国は間接的にEUに影響を与えられる。中国にとってハンガリーは使い勝手がいいのだ。

言論や人権問題をめぐって権威主義的な傾向を持つオルバンにとっても、独裁体制の中国の存在は好都合だ。内政に「法の支配」などの条件をつけずにカネを落としてくれる。

こうして権力者どうしの関係が築かれていく。

まるで東南アジア諸国連合(ASEAN)におけるカンボジアのようだ。権威主義を強める首相フン・センのもと、中国と蜜月を築いた。中国は自らに都合の悪いASEAN決定を、親中を隠さないカンボジアを通じて封じ込めようとする。

「カンボジアみたいですね」

私はハンガリーの元外相で歴史家のジェスゼンスキー・ゲザにそう、直言したことがある。一瞬きょとんとした表情をした彼は、むっとしながら言った。

「(EUの群れから浮いた)黒い羊になってはならない。ハンガリーは欧州なのです」

権力者や企業の関係者だけではない。ハンガリーで暮らす中国人も増えた。欧州債務危機で苦しんだハンガリー政府は二〇一三年から約四年間、財源確保の一貫として二五万〜三〇万ユーロ(約三八〇〇万〜四五〇〇万円）の国債に投資すれば定住権を与える政策を実施した。ふたをあけてみれば、権利を得た約二万人のうち、八割が中国の代理店経由、つまり中国人だった(14)。ハンガリーの不動産を購入し、資金洗浄や財産を国外に持ち出す方策として活用する人も少なくないとうわささされていた。

私が取材した女性は、広東省広州市から息子と二人でやって来た。彼女はブダペストの中国系企業で働く。息子はドイツ語が学べるインターナショナルスクールに通い、ドイツの大学を目指す。夫は残って広州で会社を経営している。「ＥＵに属するハンガリーに定住権があれば、ほかの欧州でも移動しやすいことが魅力だ」と語った。ハンガリーを踏み台に欧州を目指す。中国共産党に指示されたわけではないが、行動様式は同じである。

ブダペストの孔子学院

二〇一八年一二月。どっぷりと日が暮れた冬のブダペスト。四世紀近い歴史を持つ名門エトヴェシュ・ロラーンド大学にこうこうとあかりがともる一角があった。中国語や文化を広めるために中国が設立した孔子学院だ。二〇〇六年にハンガリーで初めて開校した。

ベオグラードまで列車で往復したあと、のぞいてみた。

百貨店のブランドショップに勤める女性は「お客には中国人旅行客が多い。必要に迫られて通い始めました」。初級コースに入ったばかりの女子学生も「就職の機会が広がります」と目を輝かせていた。総勢二〇〇人の受講生のなかには、高校生や大学生にまじって、華為技術や中興通訊（ＺＴＥ）などハンガリーに進出した中国企業で働く従業員もまじる。

孔子学院は中国共産党の宣伝機関とみなされ、欧米で閉鎖が相次ぐ。だが、ハンガリーでは六校まで増えている(15)(二〇二三年二月現在)。

仏教研究者で、学院の院長も務める教授イムレ・ハマルを取材した。「郝清新《ハオチンシン》」という中国名を持つ。私との会話も中国語だ。「中国は唯一、米国に挑戦する国だから警戒されているのでしょう。でも、私たちは大歓迎です。「西側」だけには頼れませんから」

中国の野心をしつこく問うていると、意外な言葉が飛び出した。「私の大学では日本語の方が、人気がありますよ」

同大学の日本学科の定員は中国学科の二倍に上る。孔子学院の教科書にも、オタクを意味する「宅男宅女」について中国とハンガリーの学生が語り合う場面もある。この国でも日本のアニメは人気で、日本語習得をめざす若者は多い。しかも、就職のためよりも、好きだから、との動機だ。

うれしくなって、この大学で日本学科長を務める梅村裕子に連絡してみた。「残念なことに日本学科は人気があっても、お金がないのです」。中国政府の支援で充実する中国学科に比べ、コピー機の買い替えもままならない。みかねた日本企業が中古を寄付してくれたそうだ。

上海の名門、復旦大学がブダペストに海外キャンパスを新設する計画がある。地元で反対運動が起きて頓挫しているが、ハンガリー以外の中東欧やアフリカからの留学生も誘致する計画だった。中国は大学や孔子学院などを通じて、人脈を広げて国際世論を有利に動かそうとしている。その意図に注意を払うことは必要だ。同時に、日本自身がやるべきことがもっとある。自らの文化の発信に対して、どれだけの力を注ぎ込んでいるだろうか。せっかく親しみを持ってくれている人たちの関心に、どう応えているだろうか。

「宅男宅女」のテキストを見ながら、考えてしまった。

危ういゲーム

中国はコロナ禍ではセルビアと同様にハンガリーにもマスクや防護服などを空路や鉄路で中国から運び込んだ。マスクを積んだ貨物機を、首相オルバンが空港まで出迎えたこともあった。首相府報道官ゾルタン・コバチは二〇年四月、英BBCの取材に対して言い切った。「中国以外に誰が我々に防疫物資を提供したのだ。英、EU、西欧は奪い合ってばかりだ」[16]。ニュースを見ながら、私の取材に対しても同じ文脈で答えていたことを思い出した。

「EUは鉄道支援に冷たい。この路線は整備を後回しにされてきた。中国以外に誰が資金を貸してくれますか」

ワクチンには疑惑があった。中国製は新興・途上国向けに輸出する際に、欧米メーカー製よりも価格が安く設定されている。それなのに、ハンガリーでは地元の商社を通じてハンガリー政府が買い上げる価格は欧米製の二倍だ。つまり、間に入った商社が稼いでいる。このカネも首相周辺に流れていると野党が批判していた。もっとも、ハンガリー国民には中国のワクチンは人気がなく、中国製の人工呼吸器とあわせて大量に余っている。

ハンガリーもセルビアも、主な貿易相手はドイツをはじめとするEUだ。貿易総額の七割以上を占める。地理的にも歴史的にも欧州各国やロシアとの関係が深い。中国との接近は、裏金を含むチャイナマネーという経済的なメリットを得るとともに、EUに対して発言権を確保するための交渉の道具でもあるのだ。

「モンスター」

ブダペストに暮らした経済学者コルナイ・ヤーノシュは、中国をそう呼んだ。その怪物を生んだフランケンシュタイン博士に自らを例えた。ドナウ川をみおろすブダペストの自宅を、二〇一九年夏に訪ねたときだ。北京で買ったという水彩画が飾られていた。

東西冷戦のさなか一九八〇年代に出版された『不足の経済学』などは、社会主義圏で体制改革を目指す知識人に大きな影響を与えた。米ハーバード大学でも教壇に立ち、冷戦終結後はノーベル経済学賞の候補でもあった。八五年に首相趙紫陽から招かれて訪中して以降、改革を支える理論を求める官僚や研究者らと交流があった。

中国の体制転換に期待を寄せていただけに、習政権下での自由や民主の後退を嘆いた。

「中国というモンスターが野心を膨張させて世界に脅威を与えています。その(力の)前提にあるのは、市場化によって牽引されてきた高成長がもたらした経済力なのに、市場改革は後退し、中央がコントロールする古いタイプの共産体制のもとでの経済システムに逆戻りしつつある」

ロシアが二〇二二年二月、隣国のウクライナを侵攻した。欧州各国がロシアを強く非難するなかでも、オルバンは大統領ウラジーミル・プーチンと近い関係を維持している。欧州の安全保障環境が激変するなか、中東欧と中国の関係はどうなるのか。

ブダペスト・コルヴィヌス大学准教授のタマシュ・マツラの懸念は深い。オルバン政権の中国傾斜を「危ういゲームだ」と表現する。中国の膨張主義や人権問題、さらにウクライナを侵攻したロシアとの近さもあって欧州主要国が中国に対する批判を強めているからだ。経済一辺倒で距離を縮めてきた時代は去った。ハンガリーなど中東欧で数々の投資を約束した中国だが、期待されたほどには実現していない。進行中の事業も現地の雇用を十分に生み出していないとの不満もある。

欧州国際政治が専門の筑波大学教授の東野篤子は、こう分析する。「中東欧は国によって差はあるが、チェコやリトアニアなどで中国離れが起きている。究極的には「欧米の一員」としての立場を優先するはずです」

長い歴史を生き抜く中東欧の国々は、大国を操るゲームの主か。板挟みか。統合に向けて進んできた欧州で自らの主権のありようを模索する動きと一体だ。

輸送にとどまらない意味を持つ鉄路を、欧州、米国、ロシア、そして中国のパワーに揺さぶられながら列車は行く。全線の開業が予定される二五年には、地域のバランスはどう傾いているだろうか。

コラム

中国で消えた時刻表が日本で生き続けるわけ

中国の鉄道時刻表を日本国内で日本語で発行する愛好家がいる。デジタル化が進んで、中国は二〇一六年夏を最後に紙の時刻表は取りやめた。本国で役割を終えたはずの紙へのこだわりは、どこからくるのだろうか。

俯瞰する楽しみ　刻む歴史

日本語で書かれた『中国鉄道時刻表』を発行するのは、中国鉄道時刻研究会。編集メンバー一四人の中心は、団体職員の何功《かろく》と会社員の twinrail（ハンドルネーム）だ。ふたりは東京大学工学部時代に知り合う。それぞれ大学院でも、交通にかかわる社会基盤の整備を専攻した。どちらかといえば乗り鉄の何と撮り鉄の twinrail。「雄大で魅力あふれる中国の鉄道を多くの人に楽しんでほしい」。一三年に研究会を結成し、仲間を募って同人誌として時刻表の刊行を始めた。一四年夏号を皮切りに、これまで一一刊を編んで販売している。

最新刊の二〇二三年春夏号は全六一五ページで、三八五〇円。表紙は、ラオスを駆ける中国製の車両だ。約二五〇〇部を発行した。大きさはB5サイズ。日本のJRやJTBが毎月発行している時刻表と同じである。

本家中国の時刻表は、目的地別に並べられていた。こちらは、日本式に路線別に組み替えており、日本人には親しみやすい。路線を網羅した地図を配し、中国の鉄道の乗り方や鉄道にまつわる中国語を指南するコーナーもある。新型コロナウイルス感染症の流行までは、毎年現地を視察し、シルクロードを走る観光列車敦煌号など乗車ルポもあった。実用的で読んで楽しい仕立てだ。

西安出身の両親のもと一九九一年に大阪で生まれた何は、ＪＲ東佐野駅のそばで育つ。幼いころから列車が身近にあった。親に連れられて帰郷する夏、北京から西安まで列車に乗った。日本より幅の広い軌道を走る列車の豪快さや車両の喧噪が胸に刻まれている。九三年生まれで横浜市出身の twinrail は、中学時代から友人と関東地方を中心に臨時列車の撮影を楽しんでいた。

本家は休刊

二〇一六年、研究会は危機に直面した。中国で一九五六年から発行されてきた『全国鉄路旅客列車時刻表』(中国鉄道出版社)が、その年の六月号で出版されなくなってしまったのだ。スマホの普及で紙の時刻表を使う人が激減したことが大きい。

さらに、中国ならではの理由もあった。中国では過去二〇年にわたって毎年平均三〇〇〇キロ以上の新線が開業している。日本で言えば、青森から博多までの二倍を上回る距離が毎年延びている。紙に印刷していては間に合わなくなったのだ。中国国鉄公式のサイト「12306.cn」[1]や中国の旅行会社のサイト「Trip.com」[2]で用は足りる。そう考える人が大半だ。

日本で時刻表が休刊になれば名残を惜しむ愛好家の声が必ず上がる。しかし、中国では大きな反発はなかった。時刻表は列車に乗る時刻を確認するために使い、日本のように趣味として読む人が少なかったのだと思う。研究会にとって「原本」である現地版を失ったショックは大きかった。だが、中国国鉄のサイトから時刻を拾って編集するシステムを開発し、乗り切った。

私にとって中国の鉄道は、一九九九年に北京に留学して以来、仕事の足であり旅の同伴者だ。時刻表を眺めながら見知らぬ地名をたどり、バーチャル旅行をするのは息抜きでもあった。

彼らが紙の時刻表にこだわり続けるのは、なぜだろう？

中国の鉄道好きが集うウェブメディア『鉄道視界』[3]を率いる羅春暁から研究会に取材が入った。羅は中国の愛好家の間で知られる「撮り鉄」。鉄道にかかわる文章もメディアに多く寄稿している。鉄道グッズを企画・販売するオンラインショップ「鉄道工房」[4]も運営する。趣味をビジネスに発展させる姿勢は、中国的だなあ、と思う。

「中国で失われて何年も経つのに、なぜ隣国日本では手間ひまかけて作っているのか。誰が何のために買うのか」。もっともな疑問である。

何功らが編んだ時刻表に関する中国のサイトの書き込みをのぞいてみた。「中国の鉄道網の更新は速い。スマホで十分だ」。ごもっともな指摘だ。

素直に驚く声も強い。「中国鉄道時刻研究会なんてものが日本にあるのか」。日本へ旅行に来た時に書店で買って読んだ人から「日本式の時刻表は細やかだ。視野が広がった気がする。ありがとう」という感謝の言葉もあった。

何らのこだわりは「全体を見渡せる俯瞰性、一覧性」だ。鉄道のネットワーク全体を理解できれば、列車の選択や乗り換えに便利だ。出発地と目的地が同じでも、速度や停車駅も比べやすい。

中国の場合、かつては目的地まで一本の列車で行く乗客がほとんどだった。乗り換えは好まれない。本数が少なく待ち時間が多いことや、他の地域発の切符を買いにくかったためだ。私が中国で鉄道旅行を始めた九〇年代後半は、往復切符すら買えなかった。

高速鉄道網の発展もあって、今後は乗り換えを考える利用者も増える。何は「乗り継ぎ指南はネットにもあるが、紙ならではの俯瞰性は中国でも重視されるようになるはずだ」と予測する。

twinrailは別の角度から時刻表の魅力を話してくれた。「時刻表をめくるのは楽しい。ローカル線の停車駅や地図上の位置、走る時間帯、本数の増減をながめながら、その駅の向こうにある地域や人々のつながりを想像するんです」。広い国土を長距離列車が結ぶ中国では、たとえば新疆ウイグル自治区のウルムチ駅発着の列車でも北京、広東、上海、山東とあちこちからやってくる。「何をするために三〇〇〇キロ超を走る列車に乗るのかなあ、砂漠のどまんなかの駅を見つければ住んでいる人々はどうしているかと考えたりします」

二九三ページだった創刊号と比べて最新刊のページ数は二倍超に膨らんだ。

「中国政府は三五年には高速鉄道網を現在の四万キロから七万キロに延ばすと言っていますから、私たちの時刻表も一〇〇〇ページを越えてしまうかもしれません」

毛沢東語録付きの時代も

時刻表は時代を映す。本数や路線、速度だけではない。一九四九年六月の時刻表は、中国人民革命軍軍事委員会のもとで鉄道省が発行した。鉄路と軍の近さを物語る。中華人民共和国政府の鉄道省として初めて時刻表を出したのは、五〇年四月。建国から半年後だった。五〇年代半ばに『全国鉄路旅客列車時刻表』の発行が始まり、(5) 表紙の図案は鉄橋や駅、列車が中心だった。六〇年代から七〇年代にかけての文化大革命時代は、表紙が赤い色で毛沢東語録がついていたものもある。ただ、この時期は鉄道に対する破壊活動も相次ぎ、正常な運行がままならなかった。

七〇年代末に改革開放政策に転じ、時刻表の誌面にも広告が増えた。日立グループの洗濯機やセイコーの腕時計など日本を含む外資系企業も登場する。八〇年代にはきれいな女性の写真が表紙を飾ることもあった。表情がどこか山口百恵に似ているコマもあり、彼女が主演したテレビドラマ『赤い疑惑(中国語タイトル『血疑』)』が中国を席巻した時代を思い出させた。高速鉄道が開業してからは、胡錦濤政権の政治スローガンを背負う和諧号が表紙にも登場した。紙の時刻表がなくなってしまったいま、研究会が編む日本語版は、総延長一五万キロ、一日平均七五〇〇本以上の旅客列車が走る中国鉄路の全体像を刻む歴史書になるかもしれない。

何は言う。「日中鉄道文化の橋渡し役になりたい。浙江省で高速鉄道事故が起きて以来、日本から中国の鉄道を見る目は厳しくなりました。でも、互いに鉄道を愛する者どうしの間では、ざまあみろなんて言い合わない関係を築きたいですね」

中国でも鉄道を、人や貨物を運ぶ道具としてだけではなく、楽しむ対象にする人が増えている。ダイヤ改定でラストランとなる列車には、なごりを惜しんで遠方から乗りに来る人も現れている。SNS映えする写真を撮ろうと、列車を追う人たちもいる。緑皮車と呼ばれる普通列車の引退車両は各地でおしゃれなレストランなどとして再利用されている。北京大学、清華大学、西南交通大学など各地の大学には鉄道研究会もある。愛好家たちがつくるサークル「北方鉄路萌化部」(6)は中国の車両を女子に模してストーリー性のあるキャラクター化したイラスト集「天朝鉄道少女（邦訳・中華鉄道少女）」を制作した。中国国内のみならず、日本語や韓国語にも翻訳して、各地のコミケに出展している。

鉄道データで諜報？

鉄道の情報をめぐって、不穏な動きがあった。中国でデータの収集や取引の規制を大幅に強化したデータセキュリティ法が二〇二一年九月に施行されて以来、初の諜報認定は高速鉄道にかかわるデータ提供だったのだ。二一年暮れ、外国企業の依頼をうけて、無線通信など、鉄道の運行管理や指令にかかわるデータを収集し、提供した中国企業の営業責任者らが逮捕された。スパイ容疑だった(7)。基本的にアクセスが自由なデータだったにもかかわらず。

中国政府は、国家の安全や企業の競争力の向上を狙って、データの国外移転の制限を厳しくしている。列車の時刻表の電子データを紙に変えることが「違法」なんてまさか考えられないが、習政権下の情報統制は想像を超えて広がっている。

何らの時刻表とスパイは無関係だ！　とまじめに主張しなければならない時代なんて、ごめんだ。テツの愛は、国境をゆるく溶かす。趣味として楽しめる鉄道が長く続くことを祈る。

8 「ひかり」「のぞみ」が走った鉄路で　韓国

韓国の港湾都市・釜山《プサン》からソウル、そして北朝鮮国境に近い都羅山《トラサン》駅まで、列車で旅した。二〇一九年一月のことだ。この鉄路は、日本統治時代には元祖「ひかり」「のぞみ」が中国へと駆け抜けた。大陸とつながる国際性を帯びて生まれながらも、第二次世界大戦後は朝鮮戦争を経て、線路も南北に途切れた。日本と縁深い鉄路には、北東アジアの歴史が詰め込まれている。

団子鼻の観光号

釜山からソウルへ――。一九六〇年代末から七〇年代にかけて、不思議な顔立ちの列車が走っていた。観光号である。

日本の初代新幹線0系にそっくりだ。東京五輪が開かれた一九六四年に東京―新大阪を走り始めた、あの夢の超特急である。観光号の方が、ちょっとのっぺりとはしているが、団子鼻で白地に青のラインは同じだ。ただ、写真をみると、架線はない。ディーゼル機関車なのだ。

一九六九年からソウル―釜山(約四二〇キロ)間を約四時間四五分で結んで走り始めた。日本が敗戦

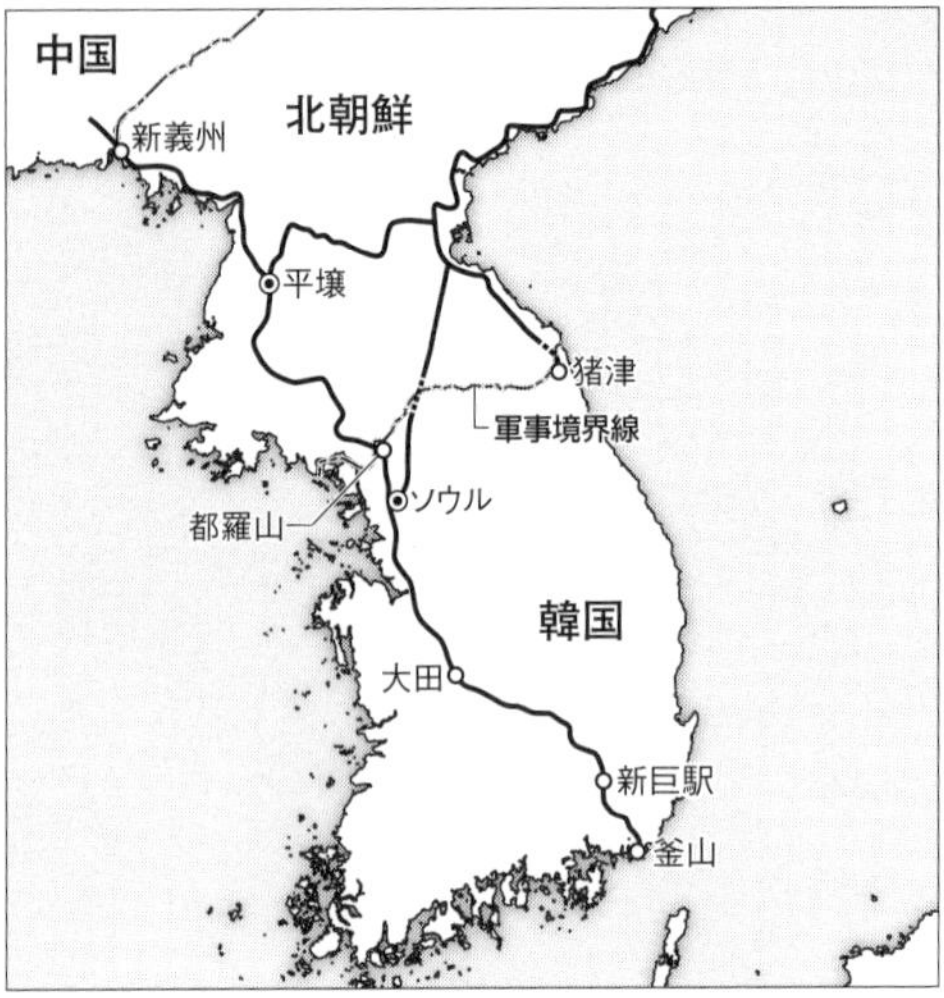

本章に登場する朝鮮半島の主な鉄路

で去った四五年以来、二四年ぶりの一等客車の復活だった。日本統治時代には、朝鮮総督府鉄道の特急あかつきが六時間四五分で走っていた路線である。

観光号について、韓国鉄道公社（KORAIL）には、「まだ珍しかったエアコンを配備し、呼び鈴とビジネスルーム、医師と看護師が配置された医務室がついた超豪華列車だった」とする資料が残る。「走る応接間」とも呼ばれた。

六九年に発行された雑誌『サンデー・ソウル』の記事が詳しい[1]。「夢の超特急」と見出しがついている。

特一等には、青いカーペットが敷かれ、冷暖房完備。座席ごとに案内員を呼び出せるベルがついている。枕、ゴミ箱、簡易テーブルなどもある。ビジネスルームには、事務をこなせる机があり、トイレは洋式。

一等は、特一等と比べてベル、ビジネスルーム、枕がなく、トイレは洋式ではない。でも、一般の列車より座席の間隔が広い。

輸入元は日本。「すべての客車は新しく日本から導入された。合計一億四三八六万ウォンにのぼる。価格面でも「スーパーデラックス」列車」だった。

運賃は、当時の物価を考えると高い。

ソウルから釜山までの料金は特一等席が四七〇〇ウォン、一等席が四二〇〇ウォン。「麦一俵の価格を超える」と指摘された。ソウルの公務員の月給が二万ウォンぐらいの時代だ。現在の物価に換算すると、数十万ウォン、日本円で数万円に相当する。

鉄道庁は試乗会に国内外の貴賓、有名歌手やデザイナーを招待し、旅行用バッグ、記念メダル、ビール、トースト、コーヒー、キャラメル、タバコ、お菓子などの盛りだくさんのプレゼントを用意した。その費用だけで六〇〇万ウォンかかったという。

ＫＯＲＡＩＬの資料によると「一九六〇年代後半から経済復興とともに人々の間で鉄道旅行の文化が広がった」。ただ、高すぎる運賃は批判も浴びた。手軽に乗れる列車を増やすべきだという意見が相次ぐ。七〇年代には特急セマウルに変わった。その時点で、先頭のディーゼル機関車も普通の形になったらしい。

セマウル号とは、二〇一八年まで走っていた韓国を代表する旅客列車である。軍事クーデターで政権を握った大統領朴正煕が音頭をとった「セマウル(新しい村)」運動から名付けられた。

平和列車DMZ(非武装地帯)トレイン車内に観光号のパネルがあった＝2019年1月20日，ソウル

造ったのは誰?

朝日新聞の過去記事を検索してみたが、観光号のキーワードでは記事は一本も見当たらない。

韓国メディア『毎日経済新聞』(一九七二年三月九日)はこう綴る。「安くて早くて安全な列車を」という見出しの記事だ。「（ある乗客は）世界的に観光客の羨望の的になっていると言われる日本の新幹線を手本として造ったという観光号に普段から魅力を感じていた」

『帝国日本の植民地支配と韓国鉄道　１８９２―１９４５』の著者で、鉄道に詳しい歴史家、ソウル市立大学教授の鄭在貞《チョンジェジョン》をソウルに訪ねた。五一年生まれの鄭は観光号に乗ったことがあるが、記憶はあいまいだった。「ずいぶん広々としていた。ディーゼルなのに速くて立派だなあと思った」

終戦から四半世紀しかたっていない。韓国社会は日本の「真似」をするのは、いやだったのでは？この問いに、鄭はこう、答えた。

「韓国は当時、日本から技術や資金を受け入れて、追いつき追い越せの時代。社会全体としてはひかりと似ているかどうかは気にしていなかったんじゃないか」

たしかに、一九六五年の日韓国交正常化以降、日本からの資金援助で製鉄所、ダム、高速道路、鉄道などインフラの建設がすすめられた。世界有数のメーカーに育った製鉄会社ポスコ、現代自動車、サムスン電子なども日本企業から技術を学んだ時代だ。六九年時点で、一人あたりの国内総生産（ＧＤＰ）で言えば、韓国は日本の二割以下。経済力の差は大きかった。鉄道ビジネスに詳しい日本の商社の幹部が言う。「韓国はむしろ、ひかりにそっくりな顔を先進技術の象徴として受け止めていた可能性がある」

そもそも、誰が造ったのか。

日本の海外鉄道技術協力協会（ＪＡＲＴＳ）によると、客車は日立製作所や日本車両が製造し、旧国鉄も協力した。客車の青いラインは、新幹線をモデルにした。しかし、ひかりに似た先頭車両は両社によるものではなく、「誰が造ったか不明」(同協会)。

ＫＯＲＡＩＬ出身で前鉄道博物館長の孫吉信《ソンギルシン》が知っていた。米国のゼネラル・モーターズ(ＧＭ)から輸入したディーゼル機関車７５０７号だった。「前部を改造し、色を塗り替えて、日本から輸入した客車とあわせて一定期間観光号専用として使いました」

たしかに韓国の鉄道は一九五〇年代の朝鮮戦争をきっかけに、戦時の鉄道として米国の技術が大量に注ぎ込まれた。ＧＭとは縁が深い。実はＫＯＲＡＩＬの広報担当者にも問い合わせていたが、「製造や改造の経緯については資料が残っていない」とつれない対応だった。わずか半世紀前の話なのに、そんなことはないのでは……。この話は、日韓の政府や世論における歴史認識をめぐる対立を背景に、政治的に敏感な問題をはらむようになったのかもしれない。いや、それとも一人あたりＧＤＰで日本を上回る勢いの韓国にとって、新幹線に憧れた日々などどうでもよい話として忘れ去られたのだろうか。こんなふうにあれこれと考えてしまうのが、日韓関係なのだ。

史実は変わらずとも、それを読みとる国民感情は時代によって揺れ動く。団子鼻に改造された観光号の写真に、日韓のからみあい、もつれあう歴史が見える。

釜山で駅舎鉄に会う

二〇一九年一月、南部の港湾都市釜山からソウルを目指した鉄路の旅に戻ろう。

まずは釜山で初めて、韓国の鉄道愛好家に会った。一九八三年生まれ、会社員の男性だ。「小井里《ソジョンニ》駅副駅長」というペンネームで鉄道ブログを書いている。私もここでは、「副駅長さん」と呼ぶことにする。

七〇〇を超える駅を訪ねた駅舎鉄。貨物専用の立ち入り禁止駅や地下鉄を除けば、韓国内の駅の大半を制覇したという。釜山大学・大学院で歴史学と文献保存について修めた歴鉄でもある。駅の場所、外観、歴史などをデータベース化し、日々更新している。母校の図書館や国家記録院も活用して資料を収集する。

夕刻の待ち合わせに指定されたのは、東萊《トンネ》駅前の日本食レストランだ。日本統治時代の三〇年代に開業した東萊駅の旧駅舎も保存されている。副駅長さんは仕事帰りの黒い上着姿で現れた。私は韓国語が分からない。ブログを通じて「副駅長さん」を探してくれた通訳の金載協《キムジエヒョプ》さんに同席してもらった。

「とりあえずビールでもいかが？」と勧めると、副駅長さんは「お酒は飲みません」。

特派員として中国駐在が長い私だが、韓国で暮らした経験はない。韓国の男性はお酒好きと思い込んでいたが、出合い頭から意外な返事だ。固定観念を持たずに質問をしようと肝に銘じる。私もビールは我慢した。照り焼き丼の定食を囲んだ。

副駅長さんは西部の忠清南道のある町で生まれた。近くに鉄道はない。一七年前、大学受験で願書を釜山に持参するおり、バスで近くの駅まで行ってから急行ムグンファ号に乗った。韓国の国花、ムクゲからつけられた名前の列車である。途中で見かけた「小井里駅」の地名の響きと字面にぐっときて、テツの世界へ足を踏みこむことになった。駅名に「萌えた」。

ちなみに、小井里《ソジョンニ》という駅の発音は韓国の女性の名前の響きにも似ているそうだ。金さんがすかさずツッコミを入れる。「当時のガールフレンドの名前ですか?」。否定されてしまったが……。

その駅は、小さな三角屋根のある、日本統治時代に多く建てられた雰囲気の駅舎だった。残念ながら、もとの駅舎は〇四年に火事で焼失し、建て替えられた。「古い駅舎が、今でもいちばん好きです」。フィルムカメラで撮った写真を大事に保存している。

「私が駅に興味を持ち始めたころから、廃線になったり建て替えられたりするものが増えた。だからこそ、記録していきたいと思ったんです。これからもずっと駅の変化を追い続けます」

「鉄道の日」の変更

韓国にも二万人を超える「テツ」の愛好会があるそうだ。車両の撮り鉄が多く、大半は男性。だが、日本ほどには「テツ」の輪に広がりはなく、模型やキーホルダー、ぬいぐるみ、文具など鉄道グッズも乏しい。『RAILERS(レイラーズ)』という鉄道雑誌が一〇年〜一五年にかけて一九号まで発行されたが、二〇号は出ないままになっている。「ネットに押されて雑誌不況のせいもありますが、日本ほど鉄道ファンの市場がないのが最大の理由でしょう」

韓国にとって、日本統治時代に骨格が築かれ、多くの路線が敷かれた鉄道は、負の歴史と重なるからだろうか。

文在寅《ムンジェイン》政権のもと、韓国政府が法律で定めた記念日である「鉄道の日」が一八年、九月一八日から六月二八日へと変更された。一八九九年九月一八日は、当時の大韓帝国下で初めての鉄道が開通した日だ。その後、日本による統治時代に九月一八日を記念日とし、韓国として独立後も引き継がれていた。しかし、「日帝残滓の清算」などを理由に、大韓帝国が鉄道局を創設した一八九四年六月二八日を記念日に変えたのだ。鉄道開通の日から鉄道局開局の日へ――。日付が持つ意味よりも誰が決めたかを重視した変更だ。

朝鮮半島の人々にとって、釜山はかつて、さまざまな理由で日本と行き来する玄関口だった。日本が植民地支配していた時代に徴用され、強制的に働かされた「徴用工」らの一部もまた、ここから日本に向かった。釜山の高台にある国立日帝強制動員歴史館の常設展示場の出口近くの床には、短い線路が敷いてあった。見学を終えた人が、そのレールを踏みつけ出口に向かう設計になっている(2)。

副駅長さんは言う。「日本による鉄道の敷設が韓国の近代化に役立ったという一面的な評価に対しては、韓国内で反発が強い。日本は韓国の発展のためではなく、物資や労働力などを収奪するために鉄道を敷いた、と考えられています」

そのうえで、こう続けた。「とはいえ、日本時代に鉄道が造られたからというだけで、韓国人が鉄道を嫌いだとか関心が乏しいというわけではないと思います」

一九五〇年代前半の朝鮮戦争で壊され、造り直された線路や駅舎も少なくない。二〇〇四年には高速鉄道が開業した。このころからは、日本統治時代に造られた駅も含めて、歴史ある駅を文化財として保存する動きが広がっている。

「むしろ、日本人はなぜ、そんなに鉄道が好きなのかな、と思いますね」。これには金さんも大きくうなずいている。実のところ、私はこの質問を韓国に限らずアジア各地で頻繁にうける。いつも答えにつまってしまう。日本にいると、普通に思えるからだ。

韓国と対比して言えば、日本にとって、鉄道は、近代文明の象徴として欧米の技術を追いかけ、受け入れ、自ら発展させた成功体験の場である。第二次世界大戦中は膨張を志向する大日本帝国の道具にした。敗戦後は東京五輪とあわせて、新幹線を走らせた。世界銀行からお金を借りたとはいえ、そのころの世界最速だ。復興と高度成長の証しとして誇らしい存在だった。

もちろん、日本のテツは国家を背負いこんだ愛国テツばかりではない。鉄道の記憶は、出征や疎開、集団就職や帰省など故郷とつながっている。自家用車よりも先に普及しており、通勤や通学の手段として、都市部の私鉄を含めて身近な存在だった。私もローカル線の無人駅から高校へ通った。線路の向こうに家族や友人の顔が浮かぶ。

戦後、「軍隊」を持たない国家として再出発したので、戦艦、戦車、戦闘機のおもちゃで遊ぶより、鉄道模型のほうが遊びの道具になりやすかった、という自説を語る知人もいる。

副駅長さん、答えになっていますか。

思い出と歴史が詰まる空間

釜山では、もう一つ訪ねた場所がある。廃駅になりながらも保存されている駅のひとつ、海沿いにある旧松亭《ソンジョン》駅だ。待合室には時計やムグンファ号が走っていた頃の時刻表が残る。

事務室だった部屋にあかりがついている。工芸作家キム・ヨンシンが工房として使っていた。「この町に住んで三代目ですが、海も近く、とても気に入っている。駅の保存に役立てばと思い、アトリエにしています」。手作りのアクセサリーも販売している。暖をとるストーブがわきにある。

「韓国の鉄道はもちろん、日本との間の痛々しい歴史も抱えている。若い人の中には、そもそも古い駅を保存して何になるんだ、という意見もある。でもね、駅には私たちの暮らしや思い出があるんです。家族で列車に乗って海水浴に来たときの駅なんですってわざわざ訪ねてきた人もいました」

駅は時代ごとに、それぞれの思い出がつまっている空間なのだ。

彼女に勧められて駅に隣接する廃線を歩いてみることにした。列車が走っていたころから、美しい海が見える区間として知られていた。廃線後は紆余曲折を経て散歩道として整備されることになり、工事が進んでいた。夕闇がせまるなか、線路に沿って歩く人かげがポツポツと見えた。

釜山を離れる日。ガラス張りの現代的な釜山駅のテラスに立ってみた。港が見える。

「きっと伝えてよ カモメさん 今も信じて耐えてる私を」――。一九八〇年代に日本でもはやった『釜山港へ帰れ』が歌詞の記憶も鮮明に口をついて出てきた。

山口県下関港と結ぶ白いフェリーが停泊している。二〇世紀初めから日本が戦争に敗れて朝鮮半島から引き揚げる一九四五年まで両港を結ぶ関釜連絡船が往来していた。日本にとっては、単なる旅客船というよりも東京や大阪から下関までの列車と接続し、朝鮮半島を経て中国から欧州を目指すルートの一部だった。朝鮮半島のレールの幅は、日本の一〇六七ミリより広く、国際標準軌と呼ばれる一四三五ミリが採用されていた。

元祖ひかりも走った。釜山からソウル、平壌を抜けて、中国へと向かう列車だ。東京駅一五時発の特急富士に乗ると、翌日の九時二五分に下関到着。下関一〇時三〇分発の連絡船に乗り換え、釜山には一八時に着く。釜山で一九時発のひかりに乗れば(旧満州の)新京(中国吉林省長春)に三日目の二一時四五分に着いた。ちなみに、旧満州に向けては、のぞみも走らせていた。いずれものちに、日本の新幹線の名前になる。

韓国の鉄道は生まれた時から国際性を帯びていた。だが、朝鮮戦争後は国際鉄路の運行も分断状態にある。韓国にとって、鉄道は今もさまざまな矛盾をはらむ存在だ。

釜山駅構内で駅弁の代わりに、韓国語でオムクと呼ばれるさつま揚げを買う。一九五三年創業とある。三年間続いた朝鮮戦争が終わった年である。

ムグンファ号に乗る

釜山駅の一番ホームにおりると、青、赤、白のラインのムグンファ号が入ってきた。ここから約三時間、中西部の交通の要衝、大田《テジョン》駅へ向かう。運賃は一万七八〇〇ウォン(約一九〇〇円)。住宅街の防音壁の間を走っていく。一棟ごとに番号をふった砂色の高層アパートが、通り過ぎる。

一五分ほど過ぎたころだろうか。洛東江《ナクトンガン》を通った。朝鮮戦争期に北朝鮮軍が達した最南端とされる。列車はずんずん北上する。窓の外には、稲刈りを終えた田んぼが広がる。ぐるんと巻かれた藁《わら》や葉をすっかり落とした柿の木、低い丘のような山……。私の故郷岡山の農村とそっくりだ。そのうち、元大統領の朴正熙《パクチョンヒ》ゆかりの駅を通り過ぎた。新巨《シンゴ》駅だ。

朴は軍事クーデターで権力の座につき、六〇年代から七〇年代にかけて大統領を務めた。水害視察で訪れた彼は、復旧に汗を流す住民の姿を目にとめて、立ち寄ったとされる。朴政権下、経済優先の開発独裁体制のもと、韓国は「漢江の奇跡」と呼ばれた高い成長をとげる。新巨駅周辺は、彼が提唱した生活環境の改善や意識改革を進めたセマウル（新しい村）運動のきっかけになった地域と伝えられる。駅前広場に大統領像や当時の大統領専用列車の模型があるそうだ。

韓国を走る列車の名前には、特急セマウル、急行ムグンファ（ムクゲ）、準急トンイル（統一）、普通ピドゥルギ（ハト）などがある。

最高時速三〇〇キロの高速鉄道ＫＴＸの開業にあわせてトンイルは二〇〇四年ごろ、姿を消した。朝鮮戦争以来の分断国家にとって統一という名前を失うことに政治的、社会的な抵抗はなかったのだろうか。

中国では高速鉄道に、胡錦濤政権時代は和諧号、習近平政権は復興号と名付けている。いずれも政権のスローガンである。その名前を捨て去るのは、政治権力の移行抜きには考えられない。革命級の衝撃を伴うかもしれない。

韓国の列車が統一をあっさりと捨ててしまっていたことに驚いた。いろんな人に質問してみると、大きく分けて答えは二通り。一つは「統一という名称はありふれている。寂しいという声はあったが、そもそも列車名に特別な思い入れを持たない人が多い」

もう一つは「統一は、列車の名前から消えたぐらいで、消えるような目標ではない」

車内は静かだ。つらつらと考えているうちに、居眠りしてしまった。

鳥取の名誉駅長に韓国で会う

ソウルに向かう途中で大田駅で降りたのは、会いたい「テツ」がいたからだ。尹熙一《ユンヒイル》。京郷新聞東京支局長を一七年春までの四年あまり務めた日本通である。

尹は、鳥取県八頭町にある隼《はやぶさ》駅の名誉駅長を務める。第三セクター若桜鉄道の無人駅で、同じ名前のスズキの大型バイク、ハヤブサの愛好家たちが聖地として慕う駅だ。東京特派員時代、ローカル線の取材で訪ねて縁ができた。

尹の自宅で、妻の朴賢美《パクヒョンミ》の手料理をいただきながら、話を聞いた。豆腐チゲやチヂミ、キムチ、茶わん蒸しと、私の大好物ばかりが並ぶ。

なぜ、名誉駅長に？

「ライダーたちと地元住民がつくる「隼駅を守る会」が一体となって地域を盛り上げようと知恵を絞っていました。その熱に引き込まれました」。お酒を酌み交わし、交流を深めた。「そこに住んでいないライダーたちにとっても、駅がみんなの気持ちのまんなかにある感じが好きでした」

韓国では京釜線の池灘《チタン》駅の名誉駅長だ。

「ここも隼駅と同じく田んぼの中にある駅なんですよ」。尹のはからいで、二つの小さな駅は姉妹駅となった。「東京特派員のあいだ、隼駅の名誉駅長という話をすると、日本の方々に親しみを持ってもらえた。駅のおかげです」。北海道から九州まで各地を鉄道で旅した。妻や二人の娘が一緒のときもあった。「日本のローカル線が大好き。東京からは見えない日本に触れられた気がします」

大田駅のうどんとメロンパン

尹が住む大田には、日本統治時代に鉄道職員の官舎があった通りが残っていた。瓦ぶきの平屋建て。再開発が間近に迫っているそうだが、昭和の記憶が蘇るような風景だ。

寒村だった大田は、鉄道で一変した。ソウルと釜山を結ぶ京釜線が走り、長く南西部の光州方面へ走る湖南線の分岐駅だった。交通の要衝として、韓国鉄道公社（ＫＯＲＡＩＬ）の本社もここにある。

湖南線の分岐駅時代は、駅の名物はうどんだった。列車が方向を変えるあいだ、かけうどんを駅で食べて、急いで再び乗るのが乗客の楽しみだった。ふるさとの宇高連絡船のデッキで食べたうどんを思い出した。潮風が味付けだった。駅のうどんも特別な味がしただろうな。いまは、韓国でも食堂車や車内販売も姿を消し、多くは自動販売機になっている。「味気ないけど、時代の流れですね」と尹は言う。

日本統治時代に建てられた旧忠清南道道庁庁舎で開かれている「旧大田駅の歴史と意義」展に誘ってくれた。旧庁舎は黄色いタイル張りで、日本のどこかの県庁のような建物だ。尹は「日本が昔、造った下部は今でもしっかりしているのに、後から付け足した上部だけ古びている」と笑う。

駅は、通りの先、庁舎と向かい合うような位置にある。展示資料によれば、かつての駅舎は「日本の木造建築と西洋の古典様式を結合させた」ようだったが、朝鮮戦争で、駅周辺を拠点とした北朝鮮軍を米軍中心の国連軍が爆撃する過程で「焼けてしまったとみられる」と記されている。

一九〇四年の鉄道の開業で、大田は「鉄道の分岐点として近代新興都市へと変化し始めた」。あわせて、「鉄道は日本帝国主義のための徴兵、徴用、供出など収奪の道具だった」と書かれていた。日本による統治と朝鮮戦争を経て「大田駅は市民の哀歓が込められた空間となり、なくてはならない重要な暮らしの一部となった」。

そろそろソウルへ向かう時間だ。わずか八時間足らずの滞在だったが、尹夫妻のおかげで鉄道がつなぐ日本と韓国の一端を感じることができた。

大田駅には地元の名物パン屋聖心堂が店を出している。ニラ玉パンとメロンパンにあんこを入れて揚げたそぼろパンで知られる。どちらも日本円で二〇〇円弱。行列ができている。

創業は一九五六年。朝鮮戦争で釜山まで逃れてきた家族が、列車が故障して大田で降りることになった。そのうち、パン屋を始めた。戦後三年の混乱期である。「学校で担任の先生がコメを弁当に入れるな、他の雑穀を食べろと言っていたなあ」と尹がつぶやく。私と同い年、六四年生まれだ。韓国の発展は映画を早送りして見ているように感じる。

併設のカフェは、駅の店らしく列車の座席を再利用している。壁には、荷物棚まである。「韓国三大パン屋の一つだけど、ソウルには頼まれても支店を出さないんだよ」。名店の地元への愛着を紹介するとき、尹はちょっと得意げだった。

妻の朴が並んで買った名物パンを、別れ際に持たせてくれる。ホームまで見送りに来てくれた。ありがとう。カムサハムニダ。

日本とフランスの競争の果てに

ここからソウルに向けて高速鉄道KTXに乗る。青と白の配色の列車がやってきた。ソウルまでの運賃は、二万三七〇〇ウォン（約二五〇〇円）。KTXは釜山―大田―ソウルと走っているが、大田まではムグンファに乗ってみたかったのだ。KTXは初めてだった。

韓国の高速鉄道商戦をめぐって、日本はフランスと火花を散らした。

日本は八〇年代から新幹線の輸出をもくろんでいた。外交史料が残る。(3)

旧国鉄で第八代総裁（一九七六―八三年）を務めた高木文雄は八一年五月、日本の外務省に対してフランスと「激しい競合関係にある」と述べて、政府の後押しを強く依頼した。

「日本の持つ高度な技術を損益を度外視して、是非積極的に海外で活用させたい」

「仏大統領がコンコルドを売っているように、鉄道でも国を挙げて積極的な売り込みを計っている」

「自分（総裁）としては、目と鼻の先の韓国で日本が負けるようなことは何としても避けたい」

韓国側も日本に対して、期待を持たせる回答をしている。(4)「日本の新幹線は、経験を積んで洗練されており、KNR（旧韓国鉄道庁）が一番受け入れやすい」（一九八一年四月、韓国鉄道庁新幹線調査団）。「自分個人としては日本の技術に頼ることが良いと思っている」「交通部としては新幹線計画を実現させたい」と語る鉄道関係者もいた。

前述のひかりを模した観光号の通り、韓国にとって日本の新幹線はなじみ深いものだった。

だが、九〇年代半ば、一五年に及ぶ商戦を経て、韓国はTGVを擁するフランスを選んだ。韓国側は日本の技術移転の「消極性」を理由にあげたが、日本側は歴史問題が響いたとみていた。

　夜の闇をびゅんびゅん走る。尹夫妻の心遣いと揚げパンの温かさが、おなかのなかで混じっていく。

ソウル駅には約一時間で着いた。隣接する旧ソウル駅は、日本統治時代の二五年に京城駅として建てられた。東京駅を設計した辰野金吾に師事した塚本靖が手がけた。赤れんが造りといい、どことなく似ている。二〇〇四年のＫＴＸの開業とともに駅の役割を終え、今は文化イベントの会場として使われている。

安保を「観光」する列車

翌日、「安保観光」へといざなう平和列車ＤＭＺ（非武装地帯）トレインに乗った。ソウル駅一四番ホーム。赤と青の衣装を着た老若男女が手をつないでいる。そんなイラストで覆われたカラフルな列車が滑りこんできた。韓国と北朝鮮を隔てるＤＭＺにある都羅山《トラサン》駅との間を一日一往復（水〜日）している。一〇時一五分に出発し、一八時前に戻る。

　列車は、朝鮮戦争で南北に分断された京義線、つまりソウルと北朝鮮の新義州をつなぐ鉄路を北朝鮮国境に向けて北上する。都羅山駅は、民間人が訪ねることができる韓国最北端の駅、事実上の終着駅である。

　線路はつながっていても、列車の運行は途切れている。

　列車は三両編成。ツアー参加者は七〇人ほどいた。半分ほど席がうまっている。英語やロシア語を

韓国鉄道公社が運行するDMZトレイン．軍事境界線の南北に幅2キロずつ計4キロ設けられたDMZ（非武装地帯）の韓国側を走る観光列車＝2019年1月20日，京畿道坡州市・都羅山駅

話す人はいたが、大半は韓国人だ。運賃は三万六〇〇〇ウォン（約三八〇〇円）。

それにしても、ずいぶんと華やかな内装である。天井はハート、座席は風車、床にはハスの花。壁には、各国語で「平和、愛、和合」を意味する言葉が書いてある。ちなみに、日本語はひらがなで「へいわ、あい、わごう」。ジュースやビール、スナックを売る売店もある。

車内には、韓国が走らせた歴代車両や朝鮮戦争の歴史を示す写真が展示されている。米国の有名俳優、マリリン・モンローが米軍兵士を慰問した一枚もあった。一九五四年二月。日本へのハネムーン直後のことだ。前年の停戦後も政情が不安定な韓国には、多くの米軍兵士が駐留していた。

南北を分けるように流れるイムジン河を渡る。真冬だ。表面が凍っている所もある。水鳥が舞う。戦争で壊された橋脚が川に刺さっている。

途中、臨津江《イムジンガン》駅で降りてパスポートなど身分証のチェックを受ける。都羅山駅には一時間半ほどで到着。ホームには軍人もいるが、大きな緊張感はない。平壌まで二〇五キロ、ソウルまで五六キロ。駅名を記す青い大きな看板に、両国の首都までの距離が書かれている。

駅を出て、待っているバスに乗り込む。案内役は、ＫＯＲＡＩＬ観光開発に入社四年目のキム・ソイ。列車からずっと一緒だ。「見学で降りても、同じ席に戻ってください。車内で飲食は禁止です。

返事は私がやる気がでるように大きな声でお願いしますね」。南北首脳会談などで関心が高まると、お客が増える。

韓国軍の部隊や残る地雷、田んぼ、野菜のビニールハウス――。さまざまに入り交じる地域をバスはめぐる。最初に訪ねた平和公園には、二〇一八年春の首脳会談で向き合う韓国の大統領、文在寅《ムンジェイン》と北朝鮮の朝鮮労働委員長、金正恩《キムジョンウン》の笑顔のパネルがずらりと並んでいた。展望台では韓国の人たちが食い入るように望遠鏡をのぞいている。両国の旗が高さを競いあうようにはためく。北側の開城《ケソン》工業団地もくっきりと見える。南北の経済協力で〇四年に操業を始めたが、現在は北朝鮮による核実験や弾道ミサイル発射実験に対する経済制裁を受けて、稼働していない。

「近いね」。子どもが声をあげる。ソウル近郊から家族で来た二〇代の女性は、「弟の兵役が近づき、南北平和であってほしいとより強く望むようになった」と話す。韓国の男性には兵役の義務がある。休戦中とはいえ、朝鮮半島における戦争は終わっているわけではない。

北朝鮮が韓国を侵攻するために掘ったとされるトンネルの一つ、「第三トンネル」をヘルメットをかぶり、身をかがめて歩いた。ランチを食べた食堂わきの売店では、この地域で育てたというマメやコメがDMZ特産品として売られていた。

「今のままでは島だ」

午後四時前。バスは都羅山駅に戻ってきた。「May This Railroad Unite Korean Families」(この鉄路が南北朝鮮の家族たちを結び合わせますように)。構内には、米国大統領だったジョージ・ブッシュが〇二年二月にサインしたコンクリート製の枕木がガラスのケースに飾られている。大統領金大中《キムデジュン》と当地を訪ねたときのものだ。壁には欧州へつながる鉄路を示す地図が何枚も貼られている。「トランスユーラシア鉄道ネットワーク」。中国の習近平政権が進める対外戦略「一帯一路」の韓国版のようだ。いや、日本が戦中に築こうとした鉄路網の復活のようにも見える。

出入国審査のために用意された場所は、がらんとしたまま。鉄道の連結事業は進んでいない。

韓国と北朝鮮は南北鉄道連結事業の実現に向けて調査列車を走らせたこともある。一八年の南北首脳会談でも、鉄道の連結については触れられている。朝鮮戦争後、浮いては沈み、また浮き上がる構想が現実になる日は来るのか。北朝鮮側の鉄道は老朽化が激しい。復旧するにも新しく造り直すにも巨額の資金が必要になる。

ソウル市立大学教授の鄭在貞《チョンジェジョン》に、再び問うてみた。

「韓国の鉄道は生まれたときから国際性を持っている。それは大陸とのつながりです。南北(朝鮮)の連結あってこそ実現できる。今のままでは韓国は「島」のような存在だ」

ただ、実現に懐疑的な姿勢を隠さなかった。

「数多くの壁がある。日本、ロシア、米国、中国の各国からの支持、技術や資金の協力が必要になる。我が民族だけで成し遂げられる夢ではない。周囲に協力を得られるかたちで進める必要がある」

もっとも大事なこととして、こう付け加えた。

「鉄道は自由で開かれた社会でなければ本来の機能を存分に果たせない。現在の北朝鮮は人々に自由な移動を許す政治体制、社会ではない。最後の最後は、北朝鮮の体制まで問われる事業だと思います」

東アジアの自由と安定の実現とともに列車が往来する日。「夢」のかなう日が来ることを願う。

9　デモ隊と歩いたトラムの道　香港

香港で言論や表現の自由が削り取られていく。中国政府が二〇二〇年に香港国家安全維持法（国安法）の施行(1)を強行し、民主派の声は奪われてしまった。議会は親中派で埋まり、メディアは政府批判を封じられ、教育や労働など市民運動の軸となってきた民間団体は解散を強いられた。失望の果て、香港を離れる人が相次ぐ。異論が消されていく香港を目の当たりにしながら、あの日を思い出さずにはいられない。

いつもならトラム（路面電車）がゴトゴト走る道路を、黒い服に身を包んだデモ隊が埋めた。刑事事件の容疑者を香港から中国大陸に引き渡すことを可能にする逃亡犯条例の改正(2)に反対する人たちだ。「二〇〇万人」（主催者）とも数えられた黒い流れに、私も香港の映画監督ふたりと加わった。数時間前にトラムの車窓から眺めた景色が違って見えた。一九年六月一六日のことだ。

『十年』と『まな板の上』

ふたりの映画監督とは、伍嘉良《ンガーリョン》と葉嘉麟《イエカールン》。伍は、中国の影響力が強まっていく香港の将来像を描いたオムニバス映画『十年』を手がけた一人だ。民主的な選挙の実現を求めて若者たちが香港島中心部を占拠した「雨傘運動」が挫折した翌年の二〇一五年。わずか一館の上映から始めて異例のヒットとなり、香港のアカデミー賞と呼ばれる香港電影金像奨の最優秀作品賞を一六年に受賞した。私も香港郊外の学校の講堂で見た。観客のむせび泣く声が切なかった。

葉は、伍がプロデューサーを務めるネット動画制作会社一丁目に作品を提供している。刑事事件の容疑者を中国本土に引き渡すことを可能にする逃亡犯条例の改正を危ぶむ短編三部作のひとつ『砧板上(まな板の上)』である。

六月一六日午後三時半、デモの出発点である香港島のビクトリア公園そばで待ち合わせた。ふたりとも黒いTシャツを着ている。SNSを通じて、条例改正に反対の意思を示す黒い服での参加が呼びかけられていたからだ。私も地元の知人に勧められて、空港のZARAで買った黒いシャツとパンツを身につけていた。主催者は、数々のデモを呼びかけてきた民主派団体「民間人権陣線(民陣)」。ルートは、香港島きっての繁華街である銅鑼湾から、立法会(議会)や香港政府本部がある金鐘にいたる約三キロ。デモのコースの定番だ。

この目抜き通りを走るトラムは、香港の顔だ。英国植民地時代の一九〇四年に運行を始めた(3)。軌道の幅は一〇六七ミリ。日本の在来線と同じである。車体に広告が描かれた二階建て車両は香港の名物だ。運賃は大人なら一律三香港ドル(約五四円)。初乗り五香港ドルの地下鉄と比べても安く、庶民の足となっている。ルートと重なる路線は、デモを控えて午後二時から運休していた。

市民の条例改正への反発は六月に入って高まっていた。九日、一二日と続いた「一〇〇万人」デモを受けて、香港政府は一五日に条例の改正の審議を先送りする意向を示していた。ビジネスへの影響を懸念する経済界からも批判の声が上がった結果と分析された。ある程度の譲歩を得て、デモ参加者は減るとの見立てもあったが、むしろ膨れあがった。

一九九三年生まれの葉は言う。「条例改正は延期じゃなくて撤回すべきだ。デモを暴徒呼ばわりしたことも撤回し、暴力をふるった警察を処分し、拘束されている人々を釈放しなければならない。これらの要求に香港政府はまるで答えていない」

一二日のデモに対して、警察が催涙スプレーや、催涙弾、ゴム弾などを用いて強硬な手段で強制排除したことへの反発が広がっていた。行政長官の林鄭月娥《キャリー・ラム》に辞任を求める声も強まった。

「香港人が受け入れられる最低ラインを大きく踏み越えてしまった。このままではデモする自由すら消えてしまうのではないかという危機感から大勢が街に出ている。初めての参加者も少なくないはずです」

葉が制作した『まな板の上』では、街の精肉店の主人が隣の店主とのいざこざをきっかけに捕らえられ、大陸の警察へ送られる。香港へ返す条件として、中国中央テレビ（CCTV）のカメラの前で意に沿わない「自白」を強いられる。

銅鑼湾書店事件が作品のモチーフになっている。中国共産党が好まない本を扱っていた店主らが二〇一五年に突如、姿を消した。のちに中国当局に拘束されていたことがわかった。釈放の条件としてカメラの前で偽の自白を読み上げさせられた人もいた。この実話を参考にし、わずか一か月ほどで制作した。約一五分の短編ながら、そこには香港の人々の身辺に迫る現実があった。

デモは、銅鑼湾書店の近くも歩いた。店は閉鎖しているが看板は残っていた。葉は明かす。「とにかく条例改正の議論に間に合わせなければと急いで作りました。内容が内容だけに、出演を断る俳優もいました」

映画産業がさかんな香港はかつて「東洋のハリウッド」とも呼ばれた。近年は商業的な理由から巨大市場を抱える中国本土に仕事の中心を移す業界関係者が増えていた。アクションスター、ジャッキー・チェンが代表格だ。中国の国政助言機関である全国政治協商会議（政協）の委員まで務めている。ビジネスの関係から、香港政府や中国共産党に批判的なテーマの作品とは距離を置く映画人も当然、いる。

『十年』の制作にあたっても、そうだった。伍は悔やしがる。「私は大陸の映画市場を意識していないので問題にしませんが、香港での制作に大陸の意向を忖度した自主規制が広がっている」

自由は内側からも切り崩されていく。

オムニバス五作品のうち、伍が手がけた『地元産の卵』は、少年軍に入団した自分の子どもが当局の言論統制の手先になってしまう未来を描いている。ほかの作品のテーマも、香港人が日常使う広東語が中国の共通語である北京語に押されていくなかでの世代間の断絶、中国共産党から逃れられない香港政治の舞台裏、英国総領事館前で大陸への抵抗から焼身自殺を図った若者をめぐる物語……。

「十年後じゃなくて、今年だね、という声を聞く。ジョークとして笑えない悲しみを感じます。映画を通じて、香港人にとって自らの将来を考える討論のプラットフォームを作り出したかった。とにかく自分の頭で考えよう。遅すぎることはない。そのメッセージは今も変わりません」

デモの前夜、商業施設の工事用の足場に上り、抗議の垂れ幕を掲げていた男性が転落し、亡くなった。彼の死は「義憤にかられた自殺のようなもの」と受け止められた。『十年』のうちの一作、『焼身自殺者』の場面を思い出した人もいる。彼に手向ける白い花を手にして歩く人もいた。

『十年』を早送りするように、時は流れる。

一つの国の中で二つの制度を機能させる「一国二制度」の五〇年間の維持を約束して、香港が英国から中国に返還されたのは一九九七年。そのころは、お金は香港から大陸へ流れた。四半世紀が過ぎて、香港が中国への依存を強めている。経済規模で言えば、中国大陸の国内総生産（ＧＤＰ）に対する香港の比率は一八・五パーセント（一九九七年）から二・〇パーセント（二〇二二年）まで落ちた。コロナ禍前までは、香港を訪れるお客の八割弱を中国人が占めた。(4)

大きく変わった力関係を背景に、習政権は香港に対して、政治と経済の両面での統制を強める。力ずくでの統合が、きしみを生むのは当然だ。

伍は言う。「英国の統治下で完全な民主主義を享受していたなんて思っていません。そんなことはわかったうえで、これは約束と違うだろう、と。思い出してみてください。二〇〇三年の新型肺炎ＳＡＲＳで香港経済が痛み、中国とのビジネスの比重が増した。それでも、二〇〇八年の北京五輪の時点では香港人は中国チームを応援していたんですよ」

「なのに、大陸は経済力を背景にして自らの影響力が強まるにつれ、自らの優勢を利用して香港の自由を制御し始めたのです。香港人の間で反感と恐怖が強まっている。今回のデモに対する外国からの注目度が上がっているとすれば、世界中で中国からうける脅威を感じる人々が増えているからでしょう。その意味で、香港は世界の最前線にいます」

デモの「ふくらみ」と歩く

そんな話をしながら出発点、ビクトリア公園へと向かった。デモの先頭は、予定を二〇分早めて午後二時四〇分ごろに出発していた。公園に入りきれないほどの人が押し寄せたためだ。私たちが歩き始めたのは午後五時ごろ。葉の中高校時代の同級生、呉《ン》と、フォンバオ(ニックネーム)も一緒だ。

人がぎゅうぎゅうだ。公園からトラムの駅がある大通りに出るまでの数百メートルに一時間以上かかった。「香港加油(がんばれ)」と添えられた黒い風船をくくりつけた屋台が見える。

インドネシアから香港にお手伝いさんとして働きに来ている女性たちも、路上に立っている。日曜日にはいつも公園に集まってくつろいでいる人たちだ。広東語で支援を表明し、デモ隊から拍手が起きた。当然のことながら、デモはシュプレヒコールも周囲の会話も広東語。私が学んだ中国語は北京語に近い普通語と呼ばれる標準語なので、何を話しているか理解できない。伍らに通訳してもらいながら歩いた。私たちの会話は英語。デモの現場で北京語を使うことははばかられる気分だったのだ。

ようやく大通りに出ると、トラムの軌道を覆うように、路上を人が埋め尽くしている。ベビーカーを押す人、お年寄り、家族連れ。若者とは限らない。肌の色もさまざまだ。「朝になってもたどり着かないのではないか」と思っていたら、わきの道が開放され、少しずつ流れ始めた。デモ隊を仕切るリーダーらしき人は見当たらない。「一人一人が自分の思いで歩けばいい。指揮官はいなくていい。小さなグループがたくさん集まって大きな流れになる。なにより、こうした過程が重要だと考えてい

いつもはトラム(路面電車)が走る道路を埋めたデモ参加者＝2019年6月16日，香港島

ます。わからないじゃないですか。人々が動くことで作用しあって、今後何が起きるかは」。伍が説明するように、デモは気ままで穏やかな空気が流れていた。

知人友人とおしゃべりしながら、ゆるゆると歩き、ときどき気が向いたように声をあげ、また歩く。大陸寄りの報道を続ける地元メディア『大公報』の看板の前ではブーイングが起きた。私の周囲では、キャリー・ラムの長官辞任を求める声がもっとも強い調子で響いていた。一〇〇万人超、一三〇万人超、一五〇万人超……。参加者の人数の情報が流れると、歓声があがる。

しばらくして、知人に会う約束があるという伍と別れた。

抗議中の男性が転落死した現場の近くに来た。死を悼むたくさんの白い花が供えられ、人々が手をあわせている。歌声が聞こえてきた。賛美歌「Sing Hallelujah to the Lord」。キリスト教徒のグループが政府庁舎前で歌って祈りを捧げている。デモのテーマソングのようにもなっている曲だ。

午後一〇時半。トラムなら二〇分ほどの距離を五時間半かけて歩いた。政府本部前には、大勢が座りこんでいた。マスクをしている人たちもいる。

「前線にいる人たちは、警察とぶつかる危険性もあるし、顔を特定されないほうがいいからマスクをしている」。呉が教えてくれた。ともに歩くと、自分の周りがすべてである。先頭にいる人々の様子はわからない。

デモの全体像をつかむなら、スマホのほうが良いかもしれない。刻々とSNSに投稿される情報を現地にくわしい専門家に解説してもらいながら画面を追うほうが得策だ。緊張の最前線を取材するなら、目的地でカメラを構えて立つだろう。

私は空気を知りたかった。とくに後ろを歩く人々の表情を見たかった。

流れに身を任せてみて感じたことがある。デモの指揮官や核心となる「へそ」は重要だが、後ろのほうをぞろぞろ行く人もとても大事だ。それに、正直言うと、そもそもこのデモの「へそ」はどこにあるのか、私にはよくわからなかった。

普通の人が自らの意思で自らの時間を捧げるからこそ、権力者には怖い。「二〇〇万人」という黒い流れが道路を埋める航空写真は、為政者には恐怖を、黒い点に過ぎない参加者ひとりひとりには勇気を与える。小さな点ながら思いを共有できる相手がこれほど存在するのか、と。そして、後ろのふくらみこそが力である。抗議が長引けば前線は先鋭化し、後方は躊躇する。あらゆる抗議活動がぶつかる壁を、越えていく香港を見たいと思った。

「選挙」の外の民主主義

夜が更けたせいか、目的地でデモの余韻を味わっているのは若者がほとんどだ。香港政府に対して憤る声は上がるが悲壮感は感じられない。楽しそうに語らう小さな輪があちこちにできている。

葉たちが、一時間待ちのマクドナルドで遅い夕食を調達してくれた。立ちっぱなしのせいか足はむくみ、おなかはぺこぺこだ。チーズバーガー＋チキンナゲット＋フライドポテト＋コーラのセット（四六香港ドル／約八三〇円）をおごってくれた。

海が見える芝生に座って、一緒に食べた。

葉の友人である呉が初めてデモに参加したのは二〇〇三年、九歳のときだ。両親に連れられて出かけた。政府批判を取り締まる国家安全条例案の採決に反対し、撤回させた「五〇万人」デモだった。成功体験だった。両親は今日もデモに参加している。

いっぽう、葉ともう一人の友人フォンバオの両親は「親中」。しかし、二〇代の二人は「香港人」として中国大陸に向き合う。

三人ともデモには慣れていた。大学時代は愛国心を育てようと中国が進めていた国民教育科の導入をめぐる反対運動に参加した。続いて「雨傘運動」に加わった。「自分たちの次の世代のためにも踏ん張る必要がある」と彼らは言う。香港人はある程度の自治はあるが、その範囲は限られる。ましてや、香港政府の「ボス」となった中国大陸を選挙で動かすことはできない。だからこそ、香港の人々は街に出る。自らの声を響かせる数少ない手段だからだ。民主主義は選挙の枠外にも力を持って存在することを実感する。

芝生に設けられた大きなスクリーンで葉が監督した映画『まな板の上』が上映されている。彼ら同級生三人組と、地下鉄の終電一時に間に合うように現場を離れた。

北京特派員時代に取材した「反日デモ」を思い出す。〇五年、一二年だ。とりわけ一二年は典型的な動員型だった。決められたコースを列をつくって行進していた。日本大使館前に記者コーナーが設けられた。敷地内の日の丸をめがけて三角コーン、ペットボトル、インクやトマトが飛んできた。香港のデモとはあまりに違いすぎる。その後、習近平政権が発足後、中国ではさらに集会の自由が失われている。社会のデジタル化が進んで監視しやすくなり、異論をたやすく消せるようにもなった。香港にとってデモは政治意思の重要な表現であり、行使の手段だった。政治に対する参加意識にこれほど乖離があるうちは、同じ制度は難しい。「一国二制度」の維持は必然と思えた。

翌日、デモで歩いたコースをトラムに乗ってみた。蒸し暑いが冷房はない。半分開けられた窓から小雨が降り込み、硬い木製の椅子をぬらす。転落事故の現場近くでは供えられた花が丁寧に整頓され、飾られていた。この日もまた、白い花を持って訪れる人の姿があった。「二〇〇万人デモ」は香港政府を動かし、条例改正は事実上、断念せざるをえなくなった。長官のキャリー・ラムは市民に「対立をもたらした」と謝った。それでも、抗議の声は続く。香港政府が答えていない問いがたくさんあるからだ。何よりも、黙っていれば浸食してくる中国の力に抗うために声をあげ続ける。

トラムは平常運転に戻った。ティンティンと警笛を鳴らして雑踏をかき分ける。前を行くのは、四川省の白酒の五粮液《ごりょうえき》の広告でラッピングされた車両だ。欧米の高級ブランドのほか、ヤクルトや資生堂の日焼け止め、長崎と香港を結ぶ航空路線など日本にかかわる広告の車両が通り過ぎる。デモ隊に線路をゆずり、鉄輪を休める日が、また来る。それが、香港の生活であり、日常だったのに。

燃えた地下鉄の駅

逃亡犯条例の改正案は、その年の一〇月に撤回された(5)。しかし、香港政府に対する大規模な抗議活動はやまなかった。むしろ、デモ参加者と警察の衝突は激しさを増していった。その後も何度か取材に訪れたが、六月には私に連帯を求めて黒い服での参加を勧めた友人たちが、「香港に来るときは黒い服を着ない方がいい。警察に攻撃されやすいから」と言うようになった。デモのたびに催涙弾と火炎びんが飛び交い、戦場のようだった。道路や地下鉄が止まって、街全体がシャットダウンされたように感じた時もあった。

香港の地下鉄駅は、デモ参加者から何度も火をつけられ、券売機などが壊された。中国銀行など中国の資本を象徴する大陸の企業やHSBCグループなど親中とみなされた外資や香港企業と並んで、標的となった。警察の暴力に対抗する手段とはいえ、駅を燃やし、れんがをぶつけて壊す姿に、平和的なデモから一線を越えたと感じる外国人は少なくなかった。

当初は違った。地下鉄はデモ隊の足だった。運転手は若者たちを励ます車内放送をしていた。だが、中国共産党機関紙『人民日報』(ネット版)が「暴徒専用列車」などと批判[6]すると、地下鉄はデモ会場を素通りするようになった。中国大陸でも事業を展開する香港の鉄道会社MTRは、中央政府の顔色をうかがう。警察の取り締まりに沿う運営や管理をするようになった。

香港研究の専門家で、鉄道にも詳しい立教大学教授の倉田徹が解説してくれた。「デモ参加者は地下鉄への破壊活動をある意味で、仕返しだと考えていたのではないでしょうか。政治的に気にくわない相手を有無を言わせず、つぶしにかかる中国当局の「シンパ」をたたくことは反撃だ、と。無理のないことです。他に何ができるのでしょうか」

英国が残した路面電車トラムが庶民の足として街に根づき、愛されているのと対照的に映る。

伍が参加したオムニバス映画『十年』のプロデューサー、蔡廉明《アンドリュー・チョイ》を訪ねた。一九年一〇月。大学のキャンパスに立てこもった学生を警察が取り囲んで追い込んでいたさなかだ。警察と若者が激しく衝突していた。

「若者がしだいに暴力的になっていくことを、私は理解できます。この数か月、もっとひどい警察の行為を、私たちは見せられてきました。自分の将来を犠牲にして、香港のために何かをしようとしている若者を見放し、孤立させるわけにはいかない」

抗議行動の激化に大きな影響を与えたのは、元朗《ユンロン》駅での事件だった。香港の住宅地を走る路線の駅である。「二〇〇万人」デモの翌月のことだ。白いシャツの集団がデモ帰りの市民を無差別に襲い、近くにいた市民も巻き添えになった。「それなのに、警察は取り締まらず、調べもしなかった。幹部がギャングとぐるになっているからだと、多くの市民は考えています」。蔡は続けた。「私を含めて多くの市民は香港の独立までは求めていない。(高度な自治を約束した)「一国二制度」をきちんと運用してほしい。「一国一制度」にしないでほしい。訴えているのは、そういうことです」

その後の香港

しかし、「中国化」を強いる動きはむしろ、加速した。

抗議活動は二〇年六月、香港国家安全維持法の制定で強引な形で幕引きを強いられた。国家分裂、政権転覆、テロ活動、外国勢力と結託して国家の安全に危害を与えることを禁じる。「革命」という言葉を叫ぶだけでも、罪に問われるおそれがある。最高刑は終身刑だ。

見せしめのように民主派のリーダーが次々に逮捕、起訴された。

伍は香港を離れた。二一年秋、ＳＮＳを通じて英国で暮らしていることを明らかにした。所属していた制作会社は、中国に批判的な報道で知られたリンゴ日報の傘下にあり、親会社が廃刊となるより先に一九年に解散を強いられた。

映画『十年』で『焼身自殺者』という作品を監督した周冠威《キウイ・チョウ》を取材する機会があった。二一年と二二年のことだ。香港の抗議活動を撮った新作「時代革命」について話を聞いた。映画は香港では上映できず、日本など外国で公開された。

周は「香港に残る」と決めていた。「離れても心から恐怖は消えない。故郷にとどまり心の自由を追求したい。脚本は監獄にあっても脳裏につづれる」。警察が突然に現れて連れ去られる恐怖や民主化運動で逮捕された仲間への同情や悔しさから、自宅で大きな声で泣くことが増えた。オンラインのインタビューで語る姿に言葉が出なかった。

映画『Blue Island 憂鬱之《ゆううつの》島《しま》』を五年がかりで制作した監督陳梓桓《チャンジーウン》を二二年夏、東京で取材した。彼も、香港を離れず、記録を続けると言った。「危篤状態にある両親を最期まで看取りたい気持ちだ」

トラムの道を歩いてから、わずか三年。香港は危篤に陥ってしまった。

英国からの返還交渉に携わった鄧小平は、「一国二制度」を選んだ。つながることが持つ暴力性を知っていたからだろう。その約束が破られたいま、人々の心は離反の軌道を走り始めた。

この渦中にあった一八年九月、香港と中国本土を結ぶ初めての高速鉄道が開業した。離れていく心をつなぎとめる政治的な使命を背負ってオレンジのラインの動感(躍動感という意味)号が投入された。

中国の国有企業中国中車（CRRC）製だ。[7] 開業日に香港で取材したが、お祝いムードにはほど遠かった。

線路をつなぐようには人の心はつなげない。

香港を離れる動きも止まらない。二〇二二年末までの一年間で、外国への流出から香港への流入を差し引いた純流出は六万人に上る。[8]

親子でも友人でも同僚どうしでも、香港の未来のありようを語れば断絶が表面化する。言葉を慎重に選びながら、心を探りあうような社会になった。

私はあの日、伍や葉らと歩いたトラムの道を忘れない。時代の激流の後ろをついて歩く人たちから、目を離さないでいたい。社会の膨らみを支える人たちだと思うから。

注

・オンライン資料については二〇二三年五月に閲覧し、確認した。

第一部

序 幻の新幹線輸出計画

(1)『朝日新聞』一九七二年一月一六日朝刊一面。
(2)http://www.gov.cn/premier/2023-03/05/content_5744736.htm
(3)http://www.gov.cn/zhengce/2021-02/24/content_5588654.htm

1 友好の象徴 打算と贖罪

(1)『朝日新聞』一九七八年一〇月二七日朝刊三面。
(2)https://www.mofa.go.jp/mofaj/gaiko/oda/shiryo/jisseki/kuni/j_90sbefore/901-07.htm
(3)瀧山養『遥かなる鉄路を歩みて――ある鉄道マンの激動の軌跡』丹精社、二〇〇五年。
(4)『朝日新聞』一九七八年七月二一日朝刊三面。
(5)中国鉄道部「关于〝八五〟期间开展高速铁路技术攻关的报告」。
(6)中国鉄道部「关于尽快修建高速铁路的建议报告」「北京至上海旅客列车专用高速铁路研究的初步设想」。
(7)王雄『中国速度――中国高速铁路发展纪实』外文出版社、二〇一六年。
(8)『朝日新聞』一九九四年九月一五日朝刊一二面。
(9)村山総理訪中(平成七年五月四日、首脳会談、記者ブリーフ)情報公開制度を通じて外務省より入手した。
(10)https://www.mofa.go.jp/mofaj/press/danwa/07/dmu_0815.html

(11) 日中鉄道友好推進協議会『日中鉄道友好推進協議会――15年のあゆみ』。
(12) 『朝日新聞』一九九四年四月一九日朝刊一〇面。
(13) 外交史料館「韓国京釜新幹線建設計画について」(昭和五六年四月一三日北東アジア課)。
(14) 『朝日新聞』一九九七年八月二五日朝刊三面。
(15) 日中鉄道友好推進協議会、前掲書。
(16) 日中首脳会談概要(平成一一年七月九日)情報公開制度を通じて外務省より入手した。
(17) 笹川陽平『隣人・中国人に言っておきたいこと』PHP研究所、二〇一〇年。
(18) 鴋澤歩『鉄道人とナチス――ドイツ国鉄総裁ユリウス・ドルプミュラーの二十世紀』国書刊行会、二〇一八年。

2 鉄輪VSリニア 紆余曲折

(1) 《朱镕基答记者问》编辑组编『朱镕基答记者问』人民出版社、二〇〇九年。
(2) https://www.chinanews.com.cn/2002-12-31/26/259069.html
(3) https://www.fmprc.gov.cn/web/gjhdq_676201/gj_676203/oz_678770/1206_679086/xgxw_679092/200212/t20021229_9334245.shtml
(4) 高铁见闻『高铁风云录』湖南文艺出版社、二〇一五年。
(5) 『研究铁路机车车辆装备有关问题的会议纪要』 http://www.gov.cn/gzdt/2008-09/04/content_1087202.htm
(6) https://www.gov.cn/ztzl/2005-09/16/content_64413.htm

3 砕けた友好の呪文 政冷経熱

(1) 高铁见闻、前掲書。
(2) 外交に関する世論調査(内閣府) https://survey.gov-online.go.jp/index-gai.html
(3) https://www.meti.go.jp/policy/external_economy/trade_control/boekikanri/trade-remedy/investigation/negi_SG/index.html
(4) https://www.chinanews.com.cn/n/2003-09-19/26/348494.html

(5) https://www.mofa.go.jp/mofaj/area/china/boeki.html
(6) https://www.welt.de/print-welt/article175858/Siemens-verkauft-60-ICE-Zuege-nach-China.html
(7) 日本鉄道車両輸出組合『鉄道車両輸出組合報』。

4 中国高鉄大躍進と急減速

(1) http://www.gov.cn/jrzg/2008-08/01/content_1061620.htm
(2) http://www.gov.cn/jrzg/2008-06/26/content_1027717.htm
(3) http://www.gov.cn/jrzg/2010-02/28/content_1544158_2.htm
(4) http://us.china-embassy.gov.cn/eng/zmgx/zxxx/201012/t20101208_4905781.htm
(5) 『朝日新聞』二〇一一年一月二一日朝刊一面。
(6) 高铁见闻、前掲書。
(7) http://www.gov.cn/xwfb/2011-06/13/content_1882648.htm
(8) http://www.gov.cn/jrzg/2013-07/08/content_2442445.htm
(9) http://politics.people.com.cn/n1/2015/1214/c70731-27926608.html
(10) https://special.caixin.com/event_0225/
(11) http://finance.people.com.cn/n1/2016/0612/c1004-28425861.html
(12) 『中国高铁慢下来』中国新闻周刊二〇一一年二二期。
(13) 『〝新幹線〟愛国主義の行方　北京—上海一番列車に乗った』ＡＥＲＡ二〇一一年七月一一日号。
(14) http://www.gov.cn/ldhd/2011-06/30/content_1896883.htm

5 そして、あの事故　暗転

(1) http://www.gov.cn/xwfb/2011-06/13/content_1882648.htm
(2) http://www.gov.cn/gzdt/2011-12/29/content_2032986.htm
(3) 『鉄道車両と技術』一九五号　レールアンドテック出版。

（4） https://www.jstage.jst.go.jp/article/mscom/86/0/86_KJ00009702257/_pdf
（5） http://www.wzhp.net/xinwen/2385.html
（6） http://culture.ifeng.com/shendu/special/kunqu/kunqu/detail_2011_09/14/9179033_0.shtml
（7） http://www.gov.cn/zmyw201108d/content_1937329.htm
（8） https://www.chinadaily.com.cn/dfpd/jjjhgt/2011-07/15/content_12907887.htm
（9） https://www.chinadaily.com.cn/china/2011-06/28/content_12788619.htm

6 国威を乗せたライバル

（1） http://finance.people.com.cn/n/2012/1227/c1004-20027288.html
（2） http://politics.people.com.cn/n/2012/1226/c70731-20021088.html
（3） 中国中車（CRRC）年次報告書（二〇二三年） https://www1.hkexnews.hk/listedco/listconews/sehk/2023/0418/2023041800417.pdf
（4） https://www.alstom.com/sites/alstom.com/files/2020/02/17/20200217_PR_Acquisition_of_Bombardier_Transportation_EN.pdf
（5） https://press.siemens.com/global/en/pressrelease/siemens-and-alstom-join-forces-create-european-champion-mobility
（6） https://press.siemens.com/global/en/feature/planned-combination-mobility-businesses-siemens-and-alstom
（7） 日立　統合報告書（二〇二二年） https://www.hitachi.co.jp/IR/library/integrated/2022/ar2022j.pdf
（8） http://m.news.cctv.com/2020/10/02/ARTI49A96DZhmjHonYDKoLsz201002.shtml

7 赤い超特急「復興号」と鉄のラクダ

（1） http://kpzg.people.com.cn/n1/2017/0627/c404389-29365652.html
（2） http://tech.sina.com.cn/d/2017-06-28/doc-ifyhmtrw4275551.shtml
（3） http://www.qstheory.cn/dukan/qs/2022-08/16/c_1128913717.htm

（4）http://www.xinhuanet.com/world/2017-07/23/c_129661621.htm
（5）王雄、前掲書。
（6）http://www.xinhuanet.com/fortune/2021-07/20/c_1127673912.htm
（7）https://linear-chuo-shinkansen.jr-central.co.jp/faq/
（8）http://www.china-railway.com.cn/xwzx/rdzt/ghgy/gyqw/202008/t20200812_107636.html
（9）http://www.gov.cn/xinwen/2014-11/16/content_2779457.htm
（10）https://www.youtube.com/watch?v=wuNm9h_XPiI
（11）http://www.gov.cn/ztzl/2005-09/16/content_64418.htm
（12）https://www.ndrc.gov.cn/fggz/zcssfz/zcgh/200906/W020190910670447076716.pdf
（13）http://www.gov.cn/xinwen/2016-03/17/content_5054992.htm
（14）http://www.sasac.gov.cn/n2588025/n2588124/c16324946/content.html
（15）http://www.gov.cn/zhengce/2021-02/24/content_5588654.htm
（16）https://news.stcn.com/news/202209/t20220905_4841267.html
（17）https://www.washingtonpost.com/local/trafficandcommuting/could-a-chinese-made-metro-car-spy-on-us-many-experts-say-yes/2019/01/07/00304b2c-03c9-11e9-b5df-5d3874f1ac36_story.html
（18）https://railsecurity.org/wp-content/uploads/2020/09/RSA-Ways-and-Means-Trade-Subcommitee-Statement-For-The-Record-9.17.20-Final.pdf
（19）https://www.hitachi.co.jp/New/cnews/month/2021/03/0317d.pdf
（20）https://www.railjournal.com/fleet/leo-express-cancels-contract-for-crrc-sirius-emus/
（21）https://www.ndrc.gov.cn/fzggw/jgsj/kfs/sjdt/202208/P020220818311703111697.pdf
（22）https://www.ciftis.org/article/15192845542092800.html
（23）https://www.yidaiyilu.gov.cn/xwzx/gnxw/223960.htm
（24）https://www.jetro.go.jp/biznews/2022/04/7c5f079313fbcbf7.html

コラム　麗しき記憶　初の輸出は台湾

（1）https://www.khi.co.jp/news/detail/topic040130.html
（2）『朝日新聞』一九九九年一二月二九日朝刊一面。
（3）『朝日新聞』一九九八年六月四日朝刊三五面。
（4）https://www.cna.com.tw/news/ahel/202208230366.aspx
（5）菅義偉ツイッター @sugawitter https://twitter.com/sugawitter/status/1377916639824334848?ref_src=twsrc%5Etfw

第二部

序　歴史の貯蔵庫、瀋陽鉄路陳列館で「あじあ」号に出会う

（1）https://www.khi.co.jp/corporate/history/002.html
（2）『瀋陽鉄路陳列館　講述的故事（一）』遼寧人民出版社。
（3）http://www.china-railway.com.cn/tlwh/tlbwg/tllwjhsh/201812/t20181228_91886.html
（4）http://fs7000.com/news/?9171.html

1　三本のレールに歴史あり　中越を結ぶ寝台列車

（1）http://www.caexpo.org/homepage
（2）http://www.gov.cn/jrzg/2009-01/02/content_1194212.htm
（3）http://czt.gxzf.gov.cn/hdjl/shrdhy/t3550411.shtml
（4）http://vn.mofcom.gov.cn/article/todayheader/201605/20160501320767.shtml
（5）https://www.fmprc.gov.cn/web/zyxw/202211/t20221102_10795594.shtml
（6）https://www.henleyglobal.com/passport-index/ranking

（7）http://english.scio.gov.cn/m/beltandroad/2021-11/08/content_77858648.htm
（8）https://www.jetro.go.jp/biznews/2021/11/ccf070d267572f43.html
（9）https://www.jetro.go.jp/biznews/2022/12/b252f796d560bcc.html

2　ラオスの夢か、中国の罠か　「陸鎖国」に乗り込む鉄道

（1）http://www.gov.cn/xinwen/2015-11/15/content_5012746.htm
（2）http://news.cntv.cn/2015/11/16/ARTI1447641403530193.shtml
（3）http://news.cctv.com/world/20061115/101449.shtml
（4）http://www.xinhuanet.com//politics/leaders/2017-11/14/c_1121953758.htm
（5）村上春樹『ラオスにいったい何があるというんですか？　紀行文集』文芸春秋、二〇一五年。
（6）http://ydyl.china.com.cn/2019-02/14/content_74463610.htm
（7）https://www.rfa.org/english/news/laos/railway-workers-04212020175011.html
（8）https://www.mfa.gov.cn/web/ziliao_674904/1179_674909/202002/t20200221_7947942.shtml
（9）http://la.china-embassy.gov.cn/dssghd/index_4.htm
（10）http://jp.china-embassy.gov.cn/jjzgnew/202112/t20211203_10462111.htm
（11）https://www.crrcgc.cc/cedht/g13712/s26554/t314894.aspx
（12）https://www.jiemian.com/article/4228600.html
（13）http://www.yn-hc.cn/nd.jsp?id=39
（14）https://www.chinanews.com.cn/sh/2021/11-22/9613935.shtml
（15）https://datatopics.worldbank.org/debt/ids/country/lao
（16）https://www.ide.go.jp/Japanese/IDEsquare/Overseas/2018/ISQ201830_012.html
（17）https://www.jetro.go.jp/ext_images/world/gtir/2021/13.pdf
（18）https://www.jetro.go.jp/biznews/2019/05/af21021f273d15bf.html

3　マイペースなタイ　マイペンライな新幹線

（1）https://www.bangkokpost.com/business/1759399/govt-mulls-end-of-fast-train-plan
（2）https://www.bangkokpost.com/thailand/general/2523454/bangkok-to-chiang-mai-rail-project-gears-up
（3）https://www.mofa.go.jp/mofaj/s_sa/sea1/th/page2_000059.html
（4）https://www.mofa.go.jp/mofaj/s_sa/sea1/th/page4_001047.html
（5）https://www.fmprc.gov.cn/web/gjhdq_676201/gj_676203/yz_676205/1206_676932/xgxw_676938/201412/t20141223_9303993.shtml
（6）http://world.people.com.cn/n/2014/1119/c1002-26056712.html
（7）https://www.mlit.go.jp/report/press/tetsudo06_hh_000087.html
（8）https://www.bangkokpost.com/thailand/general/558051/japan-agrees-to-press-ahead-with-rail-links
（9）https://www.mlit.go.jp/report/interview/daijin170606.html
（10）http://finance.sina.com.cn/roll/2017-12-26/doc-ifypyuvc1476717.shtml
（11）http://www.gov.cn/xinwen/2017-12/22/content_5249651.htm
（12）柿崎一郎『王国の鉄路――タイ鉄道の歴史』京都大学学術出版会、二〇一〇年。
（13）https://www.fmprc.gov.cn/zyxw/202007/t20200714_348352.shtml
（14）https://www.reuters.com/article/thailand-railway-china-idCNL6S2TY05O
（15）http://world.people.com.cn/n1/2019/1025/c1002-31419617.html
（16）https://www.jetro.go.jp/biznews/2018/04/d73d2885303a1698.html
（17）柿崎一郎、前掲書。
（18）https://www.jica.go.jp/press/2021/20210802_11.html
（19）https://www.facebook.com/trftrm/

4　「マラッカジレンマ」がせきたてるマレーの鉄路

（1）https://www.pmo.gov.sg/Newsroom/pm-lee-hsien-loong-joint-press-conference-malaysian-pm-najib-tun-razak-signing-mou-kuala
（2）https://www.pmo.gov.sg/Newsroom/Joint-Press-Statement-on-the-Kuala-Lumpur-Singapore-High-Speed-Rail-Project
（3）https://www.pmo.gov.sg/Newsroom/PM-Lee-Hsien-Loong-at-the-Joint-Press-Conference-with-Malaysian-PM-Dato-Sri-Ismail-Sabri-Yaakob
（4）https://www.mofa.go.jp/mofaj/area/asem/pdfs/kaigo_s01.pdf
（5）http://energy.people.com.cn/n/2014/1201/c71661-26123641.html
（6）https://www.scmp.com/week-asia/geopolitics/article/3005831/malaysia-decide-today-stalled-china-backed-east-coast-rail
（7）http://my.china-embassy.gov.cn/sgxw/201907/t20190726_1717535.htm
（8）https://twitter.com/chedetofficial/status/1008561952790962176
（9）https://www.huawei.com/en/news/2019/4/malaysian-prime-minister-visit-huawei-2019
（10）https://twitter.com/huaweimalaysia/status/1119045722320490496
（11）https://www.bangkokpost.com/business/1699524/mahathir-champions-caution-in-trade-war
（12）https://www.youtube.com/watch?v=veasiPEfjZ8&list=PLGxDWm1TX6AdLuXnrQsVMq9GjE1oVwRih
（13）https://www.pmo.gov.sg/Newsroom/PM-Lee-Hsien-Loong-at-the-IISS-Shangri-La-Dialogue-2019
（14）柿崎一郎『タイ鉄道と日本軍　鉄道の戦時動員の実像　１９４１～１９４５年』京都大学学術出版会、二〇一八年。
（15）朝日新聞朝刊八頁（一九七〇年一一月七日）、同七頁（七二年七月一二日）、同九頁（七二年一〇月二五日）。
（16）https://kokkai.ndl.go.jp/#/detail?minId=107205261X01319740206&spkNum=0&current=1　クラ地峡についての国会答弁。
（17）『朝日新聞』一九九〇年一月三〇日朝刊九面
（18）https://www.bangkokpost.com/life/social-and-lifestyle/1318871/the-kra-canal-new-gateway-to-maritime-silk-road
（19）https://www.bangkokpost.com/business/1499434/nesdb-to-study-feasibility-of-kra-canal-plan

(20) https://www.thaipost.net/economy-news/209824/?fbclid=IwAR1BYKF4E7Ge1pqOcZejzZmGJ_d041L2pRzMoopd
KhpZm8TGpnMKfcMN6TU

(21) https://www.bangkokpost.com/business/2001843/controversial-thai-canal-back-in-spotlight

コラム　泰緬鉄道の「歴史戦」

(1) https://www.bangkokpost.com/thailand/general/1522174/death-railway-tag-debated-for-world-heritage-application

(2) https://www.jat.or.th/jp/benefits-memorialservice.php

(3) https://en.unesco.org/memoryoftheworld/registry/311

(4) https://www.mofa.go.jp/mofaj/press/danwa/page4_001450.html

(5) https://whc.unesco.org/en/list/1484/

(6) https://www.mofa.go.kr/eng/brd/m_5679/view.do?seq=320005

(7) https://www.bunka.go.jp/seisaku/bunkazai/shokai/sekai_isan/suisenchu/

(8) https://www.korea.net/Government/Briefing-Room/Press-Releases/view?articleId=6747&type=O

5　バンドン・ショックの示唆　インドネシア

(1) http://id.china-embassy.gov.cn/ztbd/ywgt710/201510/t20151020_2341115.htm

(2) https://www.crrcgc.cc/g5122/s23683/t336884.aspx

(3) http://www.news.cn/world/2022-11/17/c_1129135456.htm

(4) https://en.tempo.co/read/704921/soe-minister-confirms-rejection-of-japans-hst-proposal

(5) https://www.thejakartapost.com/news/2015/09/29/ri-sends-envoys-japan-china-discuss-train-project.html

(6) https://www.mofa.go.jp/mofaj/s_sa/sea2/id/page4_001403.html

(7) https://www.thejakartapost.com/business/2022/11/24/govt-to-inject-funds-into-jakarta-bandung-railway-next
-month.html

(8) 『朝日新聞』二〇二三年五月一九日朝刊九面

（9）https://www.jica.go.jp/publication/pamph/ku57pq00002iqnxw-att/indonesia_development.pdf
（10）https://www.jica.go.jp/press/2018/20190325_01.html
（11）「インドネシア経済（高速鉄道：政治経済評論家による日本批判報道）」（平成二七年一〇月九日）情報公開制度を通じて外務省より入手した。

コラム　日本人が愛する中古車両

（1）https://en.tempo.co/read/1698326/kci-explains-plan-to-import-used-trains-from-japan
（2）https://www.thaitrainguide.com/2022/12/15/one-day-trip-with-kiha-183-train-to-chachoengsao-for-1999-baht/
（3）https://www.bangkokpost.com/thailand/general/2179891/donated-trains-stir-controversy

6　「赤いはやぶさ」発車ベルはいつ？　インド

（1）「日印首脳会談（別電３：高速鉄道）」（平成二七年一二月一七日）情報公開制度を通じて外務省より入手した。
（2）https://www.mlit.go.jp/common/001113197.pdf
（3）「日印首脳電話会談（高速鉄道）」（令和二年九月一一日）情報公開制度を通じて外務省より入手した。
（4）https://www.jcp.or.jp/akahata/aik19/2020-02-07/2020020704_01_1.html
（5）https://whc.unesco.org/en/list/945/
（6）M・K・ガーンディー『真の独立への道（ヒンド・スワラージ）』岩波文庫、二〇〇一年。
（7）https://www.mofa.go.jp/mofaj/press/release/press24_000098.html
（8）https://kokkai.ndl.go.jp/#/detail?minId=120105261X00920200207&current=1
（9）インド鉄道省『NATIONAL RAIL PLAN』（二〇二一年）　https://indianrailways.gov.in/railwayboard/uploads/directorate/planning/downloads/Final_Report_With_annexures.pdf

7　「契約一〇年機密」の鉄道　ハンガリー

（1）http://wap.china-railway.com.cn/gjhz/jwxmjj/201812/t20181217_91358.html

（2） https://www.reuters.com/article/hungary-china-railway-loan-idUKL5N2CC373
（3） https://balkaninsight.com/2020/04/22/budapest-to-belgrade-all-aboard-the-secret-express/
（4） https://gyermekvasut.hu/en/home/
（5） https://europa.rs/after-18-years-arches-of-zezelj-bridge-tie-up-backa-and-srem/?lang=en
（6） https://www.srbija.gov.rs/vest/en/105901/official-opening-of-pupin-bridge.php
（7） イボ・アンドリッチ「橋」『イェレナ、いない女　他十三篇』幻戯書房、二〇二〇年。
（8） https://www.theguardian.com/world/2020/apr/13/coronavirus-diplomacy-how-russia-china-and-eu-vie-to-win-over-serbia
（9） http://rs.china-embassy.gov.cn/chn/xbwz/zsgx/qthz/202004/t20200421_3422074.htm
（10） http://cpc.people.com.cn/n1/2020/0323/c419242-31643304.html
（11） http://www.xinhuanet.com/english/europe/2021-11/23/c_1310326523.htm
（12） http://www.xinhuanet.com//world/2016-06/18/c_1119068770.htm
（13） https://www.railwaypro.com/wp/officials-inaugurate-belgrade-novi-sad-line/
（14） https://globaldialogue.isa-sociology.org/articles/chinese-golden-visa-migrants-in-budapest
（15） https://ci.cn/#/site/GlobalConfucius/?key=2
（16） https://www.bbc.co.uk/sounds/play/w3cszbx4

コラム　中国で消えた時刻表が日本で生き続けるわけ

（1） https://www.12306.cn/index/
（2） https://trains.ctrip.com/
（3） https://weibo.com/railvision?refer_flag=1005050010_
（4） https://weibo.com/u/6501506804?refer_flag=1005055013_
（5） http://www.china-rail.org.cn/kpjy/tlkp_1/202002/t20200228_1298.html
（6） https://zh.moegirl.org.cn/%E5%8C%97%E6%96%B9%E9%93%81%E9%81%93%E8%90%8C%E5%8C%96%E9%83

%A8
（7） https://news.cctv.com/2022/04/13/ARTI4FaQrwUQQp4WbKJPC1Jn220413.shtml

8　「ひかり」「のぞみ」が走った鉄路で　韓国

（1） https://www.seoul.co.kr/news/newsView.php?id=20050927550006
（2） https://www.fomo.or.kr/museum/jap/CMS/Contents/Contents.do?mCode=MN3018
（3） 「韓国京釜新幹線建設計画」(一九八一年四月一六日起案)外交史料館。
（4） 「韓国鉄道庁新幹線調査団に関するメモ」(一九八一年四月一六日)外交史料館。

9　デモ隊と歩いたトラムの道　香港

（1） https://www.isd.gov.hk/nationalsecurity/sim/
（2） https://www.legco.gov.hk/yr18-19/chinese/rescindedbc/b201903291/papers/b201903291_ppr.htm
（3） https://www.hktramways.com/en/about-us/
（4） https://www.discoverhongkong.com/content/dam/dhk/zh_tc/corporate/newsroom/press-release/hktb/2020/01-2019%20Full%20Year%20Arrivals-C-Final.pdf
（5） https://www.info.gov.hk/gia/general/201910/23/P2019102300537.htm
（6） https://wap.peopleapp.com/article/4515651/4393178
（7） https://www.crrcgc.cc/qsy/g12764/s3227/t296154.aspx
（8） https://www.censtatd.gov.hk/tc/press_release_detail.html?id=5199

日本と中国・アジアの高速鉄道をめぐる動き

年	日本	中国	その他
一八七二	鉄道開業(新橋―横浜)		
一八七六		鉄道開業(上海―呉淞)	
一九〇六	日本が南満州鉄道(満鉄)設立		
一九三二	日本が傀儡国家「満州国」建国宣言		
一九三四		満鉄あじあ号、大連―新京(現長春)開業、最高時速一一〇キロ超	
一九三七	盧溝橋事件、日中戦争始まる		
一九四〇	弾丸列車(東京―下関)、帝国議会が承認、最高時速一五〇キロ目指す		
一九四三	戦況悪化で弾丸列車構想を中止		
一九四五	敗戦		
一九五九	東海道新幹線(東京―新大阪)着工		
一九六四	東京五輪、東海道新幹線開業、ひかり号最高時速二〇〇キロ		
一九七二	日中国交正常化		
一九七八	中国の改革開放の祖・鄧小平来日、新幹線に乗車		

一九七九	対中援助、第一号案件に鉄道整備も		
一九九〇		中国鉄道省、北京—上海高速鉄道構想報告書を作成	台湾、交通部内に「高速鉄路工程準備処」新設
一九九二	のぞみ号、東海道新幹線にデビュー、最高時速二七〇キロ		
一九九三		高速鉄道国際セミナー(上海)に日独仏など参加	韓国、高速鉄道(ソウル—釜山)に仏方式採用
一九九七			台湾、独仏連合に優先交渉権
一九九八	日中鉄道友好推進協議会(名誉会長・竹下登元首相)訪中、朱鎔基首相と会見、日中鉄道交流協定調印		
一九九九			台湾、一転して日本連合に優先交渉権、受注内定
二〇〇二		上海リニア(約三〇キロ)開業、独が協力。最高時速四三〇キロ	
二〇〇四	川崎重工業、700T型車両を台湾へ出荷。新幹線の初輸出となる	高速鉄道計画を北京—上海以外に大幅拡大。リニアではなく、鉄輪・電車方式を採用 中国国有企業と提携した日仏カナダに時速二〇〇キロ級車両を発注	韓国、高速鉄道(ソウル—東大邱)開業、最高時速三〇〇キロ
二〇〇五		中国国有企業と提携した日独に時速三〇〇キロ級車両を発注	
二〇〇六	川崎重工業、東北新幹線はやて(E	中国鉄道省、大連—ハルビンを日	

二〇〇七	2系)ベースの車両を中国へ輸出	本連合に打診、日本は拒絶	台湾(台北—高雄)開業、最高時速三〇〇キロ
二〇〇八		北京五輪、北京—天津開業、最高時速三五〇キロ	
二〇〇九			トルコ高速鉄道(アンカラ—エスキシェヒル)開業、最高時速二五〇キロ、スペイン製車両投入
二〇一〇		中国の国内総生産(GDP)、日本を抜いて世界第二位に	ベトナム(ハノイ—ホーチミン)、新幹線方式採用を閣議決定
二〇一一		北京—上海開業、最高時速三〇〇キロ。浙江省温州で高速鉄道事故、死傷者二〇〇人以上	ウズベキスタン高速鉄道(タシケント—サマルカンド)開業、最高時速二五〇キロ、スペイン製車両投入
二〇一二	野田佳彦政権、インドと新幹線方式の採用念頭に協議開始で合意		
二〇一三	安倍晋三政権、インフラ輸出を成長戦略の目玉に。はやぶさ号、最高時速三二〇キロに加速	習近平政権、「一帯一路」提唱、インフラ輸出加速	シンガポール—マレーシア、高速鉄道建設で首脳合意 ベトナム、高速鉄道計画を中止
二〇一四	JR東海、リニア中央新幹線、着工。安倍首相、米大使とリニア実験線試乗		
二〇一五	インド(ムンバイ—アーメダバード)、新幹線建設で日印合意 タイ(バンコク—チェンマイ)でも合意	中国国有企業の中国北車と中国南車が合併。世界最大の鉄道車両メーカー中国中車(CRRC)誕生	インドネシア高速鉄道(ジャカルタ—バンドン)、中国へ発注

二〇一六	JR東海、米テキサス高速鉄道の新幹線システム導入を念頭に現地法人設立	ラオスと結ぶ国際鉄道(昆明—ビエンチャン)着工。イランと高速鉄道計画支援で合意	JRなどで作る国際高速鉄道協会(IHRA)が台北で全体会議
二〇一七	インド高速鉄道起工式、安倍首相訪印		タイ、高速鉄道(ナコンラチャシマ—バンコク)、中国の協力で着工
二〇一八		広州—香港開業、最高時速三五〇キロ	サウジアラビア高速鉄道(メッカ—メディナ)など開業、最高時速三〇〇キロ、スペイン製車両投入
二〇二一		高速鉄道網四万キロに。中国中車、最高時速六〇〇キロのリニア車両を公開	シンガポール—マレーシア、高速鉄道計画を撤回。中国ラオス国際鉄道、ラオス国内も開業。最高時速一六〇キロ
二〇二二		冬季五輪会場を結ぶ北京—張家口で自動運転車両を投入。最高時速三五〇キロ。中国、インドネシアへ高速鉄道車両(三五〇キロ級)を初輸出	ベトナム、高速鉄道構想が再浮上。日本にも協力を要請
二〇二三	日立製作所と東芝が台湾向け高速鉄道車両を受注		インドネシア(ジャカルタ—バンドン)開業
二〇二四	北陸新幹線、金沢—敦賀開業予定、新幹線網約三六〇〇キロに		

おわりに

灰色の太い橋脚が、柔らかな若葉を突き刺す。

二〇二三年五月、福井県敦賀市を訪ねた。北陸新幹線(東京—新大阪)が二四年、ここまで到達する。人口六万人の都市とは思えぬほどの巨大な駅舎の建設が進んでいた。

日本政府は一九七三年、北海道、東北、北陸、九州(鹿児島、西九州)の五路線にわたる整備新幹線計画を策定した。六四年に東海道(東京—新大阪)から走り始めた新幹線は、博多を目指して工事が進んでいた時期だった。あれから半世紀が過ぎて、北陸ルートで言えば東京—長野が九七年、長野—金沢が二〇一五年に開業。じわじわと敦賀まで達したものの、終点となる新大阪まで全線が開業する時期は見通せない。環境問題や沿線自治体の費用負担をめぐって意見が割れる。数万筆の反対署名が寄せられている。国家財政が日増しに厳しくなるなか、財源も定まっていない。

日本の新幹線は三五〇〇キロのネットワークを築くまで六〇年近くを要した。かたや、中国の高速鉄道網は約一五年で、四万キロを超えた。

担当官庁の国土交通省幹部は嘆く。「日本の新幹線はしゃくとり虫のようにしか進まない」

限られた財源を何に使うか。優先順位はどうか。そもそも、必要なのか。情報を公開し、熟議し、広く合意を得ながら進めるしかない。それが、日本が戦後、選んだ政治体制である。民主主義のコストを、強みに変える営みこそが試されている。中国共産党の一党支配下にある中国を取材してきた記者として、痛切に感じる。

中国では、これまでの法律や慣習を変えてまで、国家主席で党総書記の習近平への集権が一段と進む。台頭する中国は、米国と競い合う唯一の存在だ。高速鉄道は議論を排して猛スピードで造れたとしても、選挙を経ない指導者が権力を握り続ける政治リスクはもはや、中国内にとどまるものではない。世界にとって、とりわけ隣国日本にとって中国の動向は、死活的に重要だ。

だからこそ、中国を、そしてアジアの隣人たちが中国に注ぐ視線を知る必要がある。

本書では、日本と中国の高速鉄道をめぐる動きを具体的に検証したり、鉄道商戦の舞台となったアジアの国々などを訪ねたりしながら、日中双方の外交やビジネスの「くせ」と言おうか、行動様式を探った。それに対して、第三者にあたる国々がどう対応しているかを取材した。列車に乗って「中国問題」を考える旅を繰り返すうち、いつの間にか日本を問う旅になっていった。

日本政府に情報公開請求しても資料がすでに処分されていたり黒塗りだったり、検証には苦労した。だからこそ今のうちに関係者に会って取材しなければならない。いっそう力が入った。日本側では、閣僚経験者など政治家、国土交通省や外務省、国際協力機構（JICA）、JRグループ、車両や電機メーカー、商社などで政策やビジネスの最前線にいた方々が「きちんと記録を残してほしい」と協力して下さった。匿名が条件だった場合も少なくなく、一人一人のお名前は控えるが、深く感謝する。記録と証言とルポをパズルのピースのように組み合わせて、この本はできた。

印象に残ったことから、ひとつだけここに書いておきたい。日本あるいは日本人は自画像を更新する必要があるということだ。日本がアジアで唯一の高速鉄道を造り、走らせることができた国であった時代は、とうの昔に過ぎ去った。中国や韓国もそれぞれのやり方で造り、走らせている。

新幹線は日本の社会風土のなかで、進化した。時間に正確で清潔で、乗車中にお客が死傷する列車事故も起きていない。分刻みの運行を運転手から清掃担当者まで多くの人が支える。数え上げればきりがないほど自慢の種がある。ただ、高速鉄道を造りたい国には、その国の風土がある。それぞれの優先順位のなかで、予算をはじめとする条件の制約がある。その制約を乗り越える方法を一緒に考える姿勢が肝心だ。日本が「教えてあげる」「造ってあげる」という上から目線が抜けきれないでいると、今まさに成長軌道にある国々はどう、感じるだろうか。

高速鉄道の建設にあたって、インドネシアが中国の協力を選び、日本が猛反発した時、ある現地の政治評論家が言っていた。「国際政治において、「むくれる(ngambek)」という用語などない」「感情的態度を見せようとした日本の脅しは笑い草である」。さらに言えば、アジアの国々にとって日本は「老いて硬直した」(インド生まれの国際政治学者パラグ・カンナ)存在に見え始めている。

彼らも巨大な隣人である中国との付き合い方には迷い、思案している。だからこそ、より水平で対等な視線で向き合い、ともに中国との関係を模索したい。

言うまでもなく、鉄道に限った話ではない。

そんなことを考えながら、敦賀駅から港へ向かった。高度成長期以降は原子力発電所が集積する地として知られる敦賀だが、古くは日本海の交易を担った北前船の拠点だった。明治以降も日本を代表する国際的な港町として栄えた。一九一二年にはヨーロッパとつなぐ欧亜国際連絡列車が発着するようになった。東京・新橋駅を夜に出発した列車は、翌日の昼前には敦賀に着く。夕方に定期船に乗り換えてロシア・ウラジオストクを経由して、シベリア鉄道へとつながる。ロンドンやパリなど欧州の都市まで二週間ほどで結んだ。インド洋経由の海路の半分ほどの時間だった。

西へ行こうか　東へ行こうか　港敦賀は東洋の波止場……。戦前にヒットした大敦賀行進曲の歌詞である。詞は高橋掬太《きくた》郎《ろう》、曲は古関裕而が手がけた。この波止場からは、国際連盟の会合に出席した全権大使松岡洋右、歌人の与謝野晶子、歌舞伎役者の市川左團次らが海を渡った。逆のルートでは、リトアニア駐在の日本人外交官杉浦千畝が発行した「命のビザ」を携えたユダヤ人難民が迫害を逃れて日本にやって来た。

残念なことに日本の場合、朝鮮半島や中国大陸をはじめとして、鉄道で世界とつながった記憶は侵略戦争と切り離せない。私の母も祖父の仕事の関係で旧満州の撫順(遼寧省)で生まれ、敗戦ですし詰めの列車で葫蘆島の港まで逃げだし、博多港まで引き揚げた一人だ。

列車に揺られながら、鉄路が平和の道として、人をつなぎ、モノを運ぶことのありがたさをかみしめた。鉄道は自国の権益を押し広げるナショナリズムの道か。誰かと互いにつながる道なのか。選ぶのは、乗客である私たち自身だと思う。

私の故郷は、岡山の宇野線の沿線にある。単線ながらも宇野駅は、連絡船が発着する四国への玄関口だった。一九八八年に瀬戸大橋が開通して寂れるいっぽうだったが、いつのころからか、対岸の直島(香川県直島町)が現代アートの島として知られるようになり、列車でも外国人観光客の姿を見かけるようになった。子どものころには考えられなかった風景だ。長く走り続けてほしい。

朝日新聞記者として中国に加えてタイを拠点に取材する機会に恵まれた。生涯のテーマだと考える日中関係を大好きな鉄道を通じて綴る機会を得たことは、望外の喜びである。岩波書店の編集者須藤建氏の辛抱強い伴走がなければ、この本は完成しなかった。ありがとうございました。

鉄道は時代とともに変わる。乗客が変えていく。出会いを求めて、これからも列車に乗りたい。

二〇二三年五月　次の旅先、ブダペストへの支度をしながら

吉岡桂子

吉岡桂子
ジャーナリスト．1964年岡山県生まれ．山陽放送アナウンサーから，89年に朝日新聞記者に転じる．中国や日中関係を主に取材している．朝刊に約10年間，「多事奏論」「ザ・コラム」「波聞風問」などコラムを執筆．

対外経済貿易大学(北京)で中国語研修後，上海特派員，二度にわたる北京特派員を務め，中国に通算8年間駐在．

2020年秋まで編集委員として3年半にわたってバンコクを拠点に20数か国を訪ね，中国の影響力を探った．

米・戦略国際問題研究所(CSIS)客員研究員(07〜08年)．ユーラシアから日中関係を考えようと，23年秋からブダペスト・コルヴィヌス大学客員研究員として渡欧．

著書に『人民元の興亡 毛沢東・鄧小平・習近平が見た夢』(小学館)，『問答有用 中国改革派19人に聞く』(岩波書店)，『愛国経済 中国の全球化(グローバリゼーション)』(朝日新聞出版)などがある．

鉄道と愛国
——中国・アジア3万キロを列車で旅して考えた

2023年7月13日 第1刷発行
2023年11月24日 第2刷発行

著 者 吉岡桂子《よしおかけいこ》

発行者 坂本政謙

発行所 株式会社 岩波書店
〒101-8002 東京都千代田区一ツ橋2-5-5
電話案内 03-5210-4000
https://www.iwanami.co.jp/

印刷・三秀舎 製本・松岳社

ISBN 978-4-00-061603-4 Printed in Japan